MW01707951

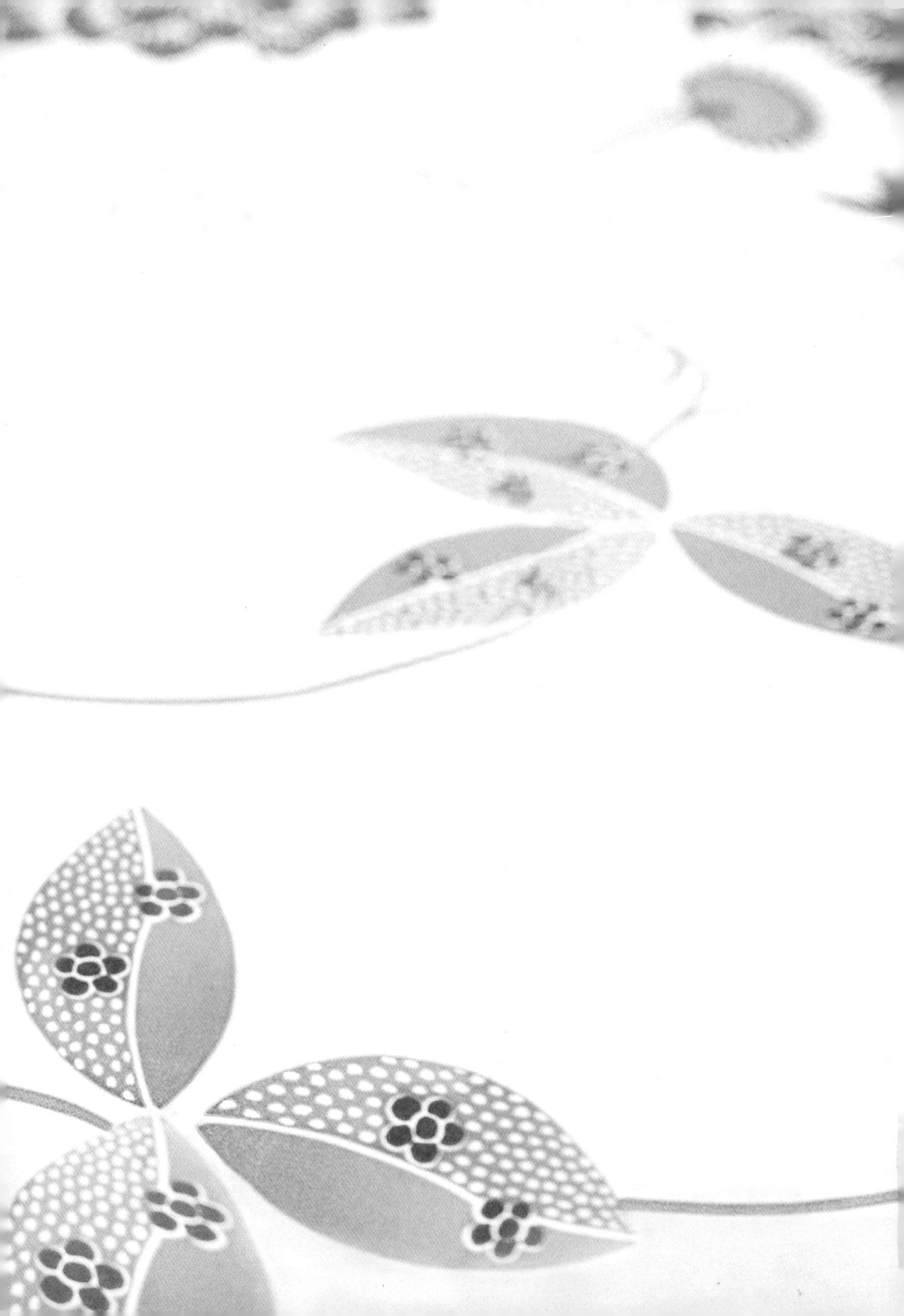

Le tricot en
300 points

KAREN HEMINGWAY

Le tricot en 300 points

MARABOUT

Sommaire

6 Comment utiliser ce livre

9 **Les bases du tricot**

10 Aiguilles et accessoires

12 Les fils

15 Les explications des points et les diagrammes

17 Les abréviations courantes

18 Tenir le fil et les aiguilles

19 Monter les mailles

21 Arrêter le travail

22 Tricoter en mailles endroit

23 Tricoter en mailles envers

24 Les augmentations

26 Les diminutions

27 Comment varier les textures

30 Tricoter avec plusieurs fils

33 Les lisières

34 Corriger les erreurs

36 Les finitions

40 L'entretien des tricots finis

43 **Les points**

44 Les points en mailles endroit et envers

62 Les bandes verticales en mailles endroit et envers

76 Les côtes

90 Les points texturés

110 Les bordures

130 Les points décoratifs en relief

144 Les points ajourés

162 Les torsades

186 La dentelle aux aiguilles

210 Les points texturés de plusieurs couleurs

228 Le jacquard

249 Glossaire

252 Index

COMMENT UTILISER CE LIVRE

Tricoter fait partie des plaisirs simples de la vie. C'est un loisir facile à apprendre, relaxant et qui peut se pratiquer n'importe quand. Il suffit d'avoir une paire d'aiguilles et de connaître quelques points de base pour créer de splendides ouvrages. Si vous aimez les modèles complexes, il existe des milliers de points et de motifs, créés par des tricoteuses inventives et transmis de génération en génération. Ce livre présente les plus connus et bien d'autres encore, à employer sans modération dans vos créations ou à partager avec des amies.

Comment commencer

Ce livre est divisé en douze chapitres. « Les bases du tricot », traite des notions à connaître pour commencer à tricoter. Il décrit les fils et les outils utilisés, explique comment tenir le fil et les aiguilles, former des mailles endroit et envers, faire des augmentations et des diminutions, utiliser plusieurs fils, corriger les erreurs et finir les ouvrages.

Les points de tricot sont expliqués à l'aide d'abréviations qui peuvent sembler hermétiques au premier abord mais n'auront bientôt plus de secret pour vous. Les abréviations courantes sont développées page 17. Lorsqu'un point nécessite une abréviation spéciale, elle est développée avant son explication.

Découvrez des points infiniment variés

Chacun des chapitres suivants est consacré à une famille de points, définie en fonction de la technique employée pour les réaliser. Les points sont expliqués sur les pages gauches, sous forme de texte et/ou de diagramme, et illustrés sur les pages droites à l'aide d'un ou plusieurs échantillons.

« Les points en maille endroit et envers » regroupe des points faciles à tricoter, obtenus en combinant de différentes manières des mailles endroit et envers. Le chapitre suivant présente le même type de point sous forme de bandes verticales, comme celles utilisées pour tricoter les pulls de Guernesey. « Les côtes » présente des côtes de base et des variantes originales et attrayantes. « Les points texturés » vous permettra de créer des textures variées à l'aide de différentes techniques. « Les bordures » offre un vaste choix de points, discrets ou plus exubérants.

Les cinq derniers chapitres élargiront encore votre horizon. Si vous aimez les points en relief, vous apprécierez les nopes, les boules, les smocks et les boucles des « points décoratifs en relief ». Le chapitre consacré aux points ajourés vous fera découvrir des points simples mais charmants. Le suivant, dédié aux torsades, vous permettra de réaliser des pulls irlandais ou d'égayer des surfaces lisses. « Les dentelles aux aiguilles » regorge de points ajourés fins et originaux. Le chapitre suivant, riche en couleurs, prouve que de simples mailles glissées et des fils contrastés permettent de créer de splendides textures. Le livre se termine sur de magnifiques motifs en jacquard, destinés à vous inspirer de subtils mélanges de couleurs.

Comment tirer le meilleur parti de ce livre

Vous pouvez utiliser ce livre de différentes manières en fonction de votre niveau en tricot :

- Pour trouver un point donné, consultez l'index, qui vous enverra directement à la page voulue.
- Pour choisir un point destiné à un modèle particulier, feuilletez le chapitre approprié jusqu'à ce que vous trouviez un point dont l'aspect vous convient.
- Si vous débutez, lisez le chapitre « Les bases du tricot » puis tricotez des points simples en mailles endroit et envers.
- Bien sûr, vous pouvez aussi glisser le livre dans votre sac à ouvrage et le parcourir pour y trouver l'inspiration, seule ou en compagnie d'autres tricoteuses.

Les bases du tricot

Ce chapitre présente les outils nécessaires pour tricoter et les fils susceptibles de l'être. Vous y apprendrez (ou y redécouvrirez) aussi toutes les techniques de base qui vous permettront de réaliser facilement et avec plaisir des points variés.

AIGUILLES ET ACCESSOIRES

Votre collection d'aiguilles grandira avec le nombre de vos ouvrages et vous serez sans doute amenée à acheter quelques aiguilles spéciales en fonction de vos travaux.

AIGUILLES DROITES

Les aiguilles droites sont pointues à une extrémité et dotées d'un arrêt qui empêche les mailles de tomber. Leur taille correspond à leur diamètre (2 à 20 mm) et se choisit en fonction de l'épaisseur du fil. L'étiquette des fils à tricoter indique quel numéro d'aiguilles utiliser. Les aiguilles droites mesurent généralement 30 ou 40 cm de long et sont en métal, en plastique, en bois ou en bambou.

AIGUILLES À DEUX POINTES

Les aiguilles à deux pointes se vendent par quatre (ou cinq pour les plus fines). Elles s'utilisent en répartissant les mailles entre toutes les aiguilles sauf une, employée pour tricoter. Elles permettent de réaliser des tricots tubulaires, dont l'endroit est toujours tourné vers l'extérieur et qui n'ont pas besoin d'être cousus sur les côtés. Elles sont indispensables pour réaliser les ouvrages circulaires contenant peu de mailles.

AIGUILLES CIRCULAIRES

Les aiguilles circulaires sont elles aussi très pratiques pour tricoter en rond. Elles sont constituées de deux pointes reliées par un câble en Nylon et mesurent 40 à 120 cm de long. Chaque longueur exige un minimum de mailles pour éviter de trop étirer le travail. Certaines tricoteuses montent les mailles sur une aiguille droite et les transfèrent sur une aiguille circulaire avant de faire le premier rang. Vérifiez que le rang de montage ne tourne pas autour du câble avant de tricoter le premier rang car vous ne pourriez plus y remédier par la suite. Glissez un anneau marqueur avant la première maille de chaque tour pour savoir à quel rang vous êtes.

AIGUILLES À TORSADE

Les aiguilles à torsade sont des aiguilles courtes à deux pointes, de diamètres variés, conçues pour transférer ou croiser les mailles sans les perdre.

AUTRES ACCESSOIRES

Les tricoteuses ont à leur disposition un certain nombre d'accessoires utiles, mais non indispensables. L'arrêt de maille, qui sert à retenir les mailles en attente, peut être remplacé par du fil et une aiguille ou par une grande épingle de sûreté. Les anneaux marqueurs, utilisés pour marquer des endroits précis comme le début des rangs des tricots circulaires, peuvent être remplacés par des morceaux de fil de couleur contrastée. Le compte-rangs, qui s'emboîte sur une aiguille, est inutile si vous marquez sur une feuille les numéros des rangs au fur et à mesure que vous les tricotez. Les « poissons » en plastique, qui servent à faire des pelotons de fil, très pratiques pour tricoter en intarsia, peuvent être remplacés par de simples bandes de carton.

Vous aurez également besoin de matériel de couture courant : petite paire de ciseaux, mètre-ruban, règle, épingles en acier inoxydable, crochet pour rattraper les mailles perdues et aiguilles à tapisserie pour coudre vos ouvrages. Un carnet et un crayon sont également pratiques pour prendre des notes et une lime à ongles indispensable pour éviter d'accrocher le tricot.

LES FILS

Les boutiques spécialisées proposent une telle variété de fils qu'il est parfois difficile de choisir. Ceux en fibres naturelles sont difficiles à égaler mais on trouve également depuis peu de splendides fils synthétiques ou mélangés. Pour obtenir un résultat réussi, votre fil doit être adapté à l'objet auquel vous le destinez.

LES FILS NATURELS

La **laine** (de mouton) a pendant longtemps été la matière première préférée des tricoteuses. Elle donne un tricot chaud, isolant et solide. Son élasticité naturelle facilite la réalisation de points en relief et permet de confectionner des vêtements qui ne se déforment pas. La laine a aussi l'avantage de se teindre facilement, ce qui permet d'en trouver de couleurs très variées. Certaines laines sont particulièrement douces, comme la laine **lambswool**, issue de la première tonte et la laine **mérinos**, prélevée sur les moutons du même nom.

Les autres fibres naturelles donnent également des fils splendides, dont les plus chers sont souvent mélangés avec de la laine de mouton. **L'alpaga**, fil doux et soyeux disponible dans des teintes neutres et douces, vient de lamas et d'alpagas. Les longs poils luxuriants des chèvres angoras produisent le **mohair**, fil légèrement brillant, solide et duveteux, dont une version particulièrement douce est vendue sous le nom de **kid mohair**. La laine **angora**, qui vient du lapin angora, a des fibres très longues, soyeuses et duveteuses. Mieux vaut toutefois éviter de l'utiliser pour de la layette car elle perd facilement ses fibres. Le **cachemire**, fil luxueux issu des chèvres du Cachemire, est fin, léger, doux et chaud mais n'est pas très solide, se feutre facilement et doit être lavé avec soin pour ne pas rétrécir. La **soie**, produite par les vers à soie, a, quant à elle, la particularité d'être très solide.

Les fibres végétales produisent aussi des fils magnifiques. Le **coton** est disponible dans une vaste gamme de couleurs, d'épaisseurs et de finitions. Il n'a pas l'élasticité de la laine et met plus longtemps à sécher mais a l'avantage de résister aux mites. Le coton mercerisé est filé de manière à accentuer son éclat et sa solidité. Le **lin**, plus dense que le coton, se trouve souvent sous forme de fils plus fins. De texture flammée, il est souvent mélangé avec du coton.

LES FILS SYNTHÉTIQUES

Bien que les matériaux synthétiques comme l'acrylique, le polyester et la viscose n'aient pas la douceur des fibres naturelles, ils donnent également de très beaux fils et sont souvent mélangés avec des fibres naturelles. Ils résistent aux mites, sont solides, faciles à entretenir et sèchent vite mais ont tendance à se déformer facilement. Leur légèreté les rend économiques à tricoter.

L'ÉPAISSEUR DES FILS

L'épaisseur d'un fil dépend de son nombre de brins et de l'épaisseur de ces derniers. Les fils à tricoter classiques sont composés de plusieurs brins torsadés ensemble. La plupart des fils ayant le même nombre de brins sont de même épaisseur mais en réalité, un brin peut avoir n'importe quelle épaisseur et un fil composé de deux brins épais pourra se tricoter avec les mêmes aiguilles qu'un fil à quatre brins fins. Si vous souhaitez remplacer un fil par un autre pour réaliser un modèle, mieux vaut comparer leurs échantillons que leurs nombres de brins.

Les fils très fins comme les fils d'Écosse sont parfaits pour réaliser des dentelles aux aiguilles. Les fils fins sont très utilisés pour la layette et permettent de confectionner toutes sortes de vêtements. Les fils moyennement épais sont parfaits pour les pulls et les gros fils conviennent aux vêtements d'extérieur. Les pulls de Guernesey se tricotent traditionnellement avec un fil à cinq brins torsadé serré et les pulls irlandais avec un fil moyennement épais à gros.

Les matériaux récents comme les rubans et les fils métallisés ne sont pas tous composés de brins tor-

sadés mais ont tous une étiquette qui indique quel numéro d'aiguilles utiliser et le nombre de mailles et rangs contenus dans un échantillon de 10 cm.

Si vous souhaitez changer le fil d'un modèle, vérifiez que le nouveau fil a la même épaisseur et se tricote avec les mêmes aiguilles que l'ancien. Dans le cas contraire, l'objet fini ne pourra en aucun cas avoir les dimensions voulues. Comparez également la longueur de fil par pelote pour en acheter suffisamment.

LES ÉTIQUETTES

Le fil à tricoter est vendu en pelotes, en écheveaux, en bobines ou en cônes. Le conditionnement le plus fréquent est de 50 g mais on trouve également des pelotes de 25 g ou 100 g. Le fil est généralement accompagné d'une étiquette qui fournit des informations concernant son tricotage et son entretien.

Les étiquettes des fils fournissent des informations pratiques comme la composition du fil, le poids de la pelote, la longueur de fil qu'elle contient, la couleur et le numéro de son bain de teinture, le numéro d'aiguilles conseillé, le nombre de mailles et de rangs contenus dans un carré de 10 cm de côté tricoté en jersey et les instructions concernant l'entretien du tricot. Lorsque vous souhaitez remplacer un fil par un autre, comparez leur longueur par pelote afin d'en acheter suffisamment du même bain pour tricoter tout votre ouvrage. (Les différences de bain se voient toujours une fois le fil tricoté.)

COMMENT CHOISIR LE BON FIL

Le choix est si vaste qu'il est fréquent d'acheter un fil sur un coup de cœur. Mieux vaut pourtant pour vos finances commencer par vous demander si le fil en question convient vraiment à l'ouvrage que vous souhaitez confectionner. Ce dernier sera-t-il purement décoratif ou devra-t-il être solide ? Préférez-vous tricoter un modèle simple et uni ou rêvez-vous de vous lancer dans un travail plus complexe ?

Plus un fil est torsadé serré plus il sera solide et mettra en valeur les jours et les points en relief. Les couleurs unies mettent en valeur les points texturés et les motifs en couleurs. Les fils lâches, comme les fils bouclette, et les fils mèche, comme ceux en lin, conviennent aux tricots simples qui n'ont pas besoin d'être particulièrement solides. Les fils bigarrés sont également à réserver aux points simples car leurs changements de couleur imprévisibles risqueraient de « noyer » des points en relief.

ASTUCE Ne changez jamais de fil au milieu d'un rang. Défaites le début du rang s'il ne vous reste pas assez de fil pour le finir ou vérifiez avant de commencer le rang que vous aurez assez de fil pour le tricoter en entier (environ 3 ou 4 fois la largeur du rang, en fonction du point).

LES EXPLICATIONS DES POINTS ET LES DIAGRAMMES

Tous les points de ce livre sont illustrés par des photographies. Certains sont présentés sous forme de diagrammes, comme les jacquards, afin de vous aider à les visualiser. Faites toujours un échantillon avant d'employer un point.

LES EXPLICATIONS

Les explications des points sont toutes rédigées selon la même formule. Commencez par monter un nombre de mailles multiple du nombre indiqué, plus, le cas échéant, le nombre voulu de mailles supplémentaires (et deux mailles lisières si vous le souhaitez). Les abréviations employées sont développées page 17. L'endroit et l'envers du travail sont indiqués, à moins que le point soit réversible. Suivez les instructions rang par rang, en répétant les instructions entre parenthèses ou entre astérisques. Vous pouvez cocher les rangs au fur et à mesure que vous les tricotez jusqu'à ce que vous connaissiez le point par cœur ou dessiner le point sous forme de diagramme.

LES ABRÉVIATIONS

Les explications de tricot contiennent beaucoup d'abréviations, dont les plus courantes vous seront bientôt familières. Celles utilisées dans ce livre sont expliquées page 17 et sur le deuxième rabat de la jaquette, pour vous permettre de vous y reporter facilement en cours de travail. Lisez entièrement les explications avant de commencer à tricoter, pour comprendre la structure du point et vous familiariser avec les abréviations employées.

LES DIAGRAMMES

Les diagrammes présentent les points de manière visuelle, sous forme de grille. Leurs cases contiennent des symboles ou sont colorées dans des couleurs qui indiquent, grâce à une légende, comment tricoter les mailles correspondantes.

Les diagrammes des jacquards

Les grilles des jacquards montrent clairement l'aspect des motifs finis. Chaque case représente une maille. Les cases colorées représentent les motifs et les cases blanches le fond pour vous laisser libre du choix des couleurs. L'essentiel est d'associer une couleur claire et une foncée afin de faire ressortir le motif.

Le nombre de mailles à répéter est indiqué sous le diagramme et une ou deux lignes verticales orange indiquent les endroits où le bord du motif ne coïncide pas avec celui du diagramme. Montez un nombre de mailles divisible par le nombre indiqué puis ajoutez les mailles nécessaires pour créer un ensemble équilibré.

Tricotez en suivant le diagramme rang par rang, de bas en haut. Commencez au bord de la grille et tricotez le premier rang en mailles endroit, de droite à gauche, en répétant les mailles du motif. Terminez en tricotant les mailles ajoutées pour équilibrer le motif. Si vous utilisez des aiguilles droites, tricotez le second rang en mailles envers, en suivant le diagramme de gauche à droite et continuez en jersey endroit. Si vous tricotez en rond, tricotez tous les rangs de droite à gauche, en mailles endroit, en glissant un anneau marqueur au début de chaque rang.

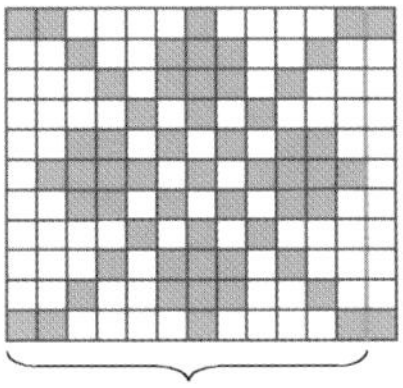

12 m.

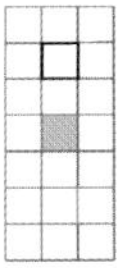

Couleur(s) du fond

Couleur(s) du motif

Début de la séquence à répéter

Les diagrammes des torsades

Les diagrammes des torsades indiquent comment tricoter les mailles grâce à des symboles dessinés sur les cases qui les représentent. Les rangs endroit sont numérotés à droite du diagramme et les rangs envers à gauche.

Tricotez le premier rang en commençant au bord de la grille. Le premier rang se fait généralement de droite à gauche mais certains points se font en commençant par un rang tricoté sur l'envers du travail. Tricotez le second rang en sens inverse et continuez en tricotant en aller-retour en répétant le motif jusqu'à ce que le tricot ait la hauteur voulue.

Les diagrammes des points ajourés

Les diagrammes des points ajourés donnent eux aussi une représentation visuelle des points mais leurs cases et leurs symboles peuvent fournir une instruction concernant plusieurs mailles. Le nombre de mailles peut changer d'un rang à l'autre et ces variations sont représentées par des cases colorées, indiquant des zones qui ne font pas partie du diagramme. Les rangs sont numérotés sur les côtés du diagramme, comme pour les diagrammes des torsades.

Commencez chaque rang au bord du diagramme. Répétez les instructions fournies entre les deux lignes orange et terminez le rang en tricotant les mailles indiquées sur le diagramme après la deuxième ligne orange.

Si vous avez du mal à suivre un diagramme, utilisez un compte-rangs, cochez les rangs sur le diagramme ou couvrez-les avec un ruban adhésif repositionnable au fur et à mesure que vous les tricotez. Une fois le motif tricoté une fois ou deux, il est souvent plus facile de continuer en vous basant sur le tricot qu'en suivant le diagramme.

VAGUES AJOURÉES

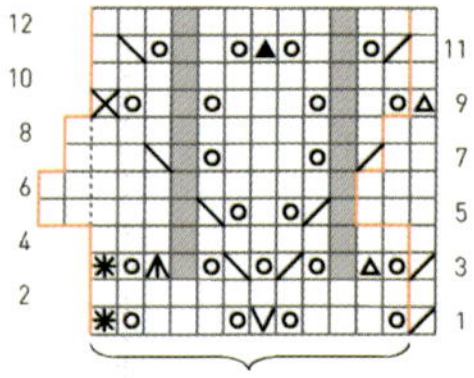

répéter ces mailles

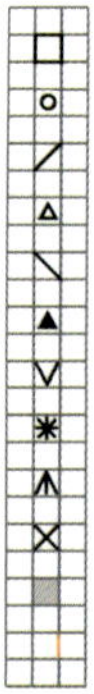

- 1 m. end. sur l'end.du trav. et 1 m. env. sur l'env. du trav.
- 1 jeté
- tric. 2 m. ens. à l'end.
- tric. 3 m. ens. à l'end.
- S.S.
- S.D.
- 1 aug. B end.
- S.D. (S.S. pour la dern. rép.)
- 2 m. glis., 1 m. end., rab. les m. glis. sur la m. end.
- 2 m. glis., 1 m. end., rab. les m. glis. sur la m. end., remettre sur l'aig. G, rab. les 2 m. suiv. sur la m. tric.
- ne fait pas partie du diagramme
- début et fin de la répétition

L'ÉCHANTILLON

Une fois votre échantillon tricoté, épinglez-le sur une surface plane. Piquez deux épingles espacées de 10 cm sur un même rang et comptez le nombre de mailles entre elles. Répétez verticalement pour trouver le nombre de rangs pour 10 cm.

Si vous ne trouvez pas le même nombre de mailles et de rangs que sur l'échantillon du modèle, recommencez avec des aiguilles plus grosses ou plus fines. Veillez surtout à avoir le même nombre de mailles (un nombre de rangs légèrement différent peut souvent être compensé en tricotant un peu moins ou un peu plus de rangs que sur le modèle).

Les abréviations courantes

Ce tableau regroupe les abréviations les plus courantes utilisées dans ce livre. Certains points et motifs requièrent des abréviations spéciales, développées avant les explications des points et motifs concernés.

aig.	aiguille
aig. aux.	aiguille auxiliaire
aig. D	aiguille droite
aig. G	aiguille gauche
aug. B end.	(augmentation barrée tricotée à l'endroit) tric. 2 m. end. dans la même m., en piq. sous son brin av. puis sous son brin arr.
aug. int.	(augmentation intercalaire) soulever le brin horizontal situé avant la m. suiv. et tric. à l'end. en piq. sous son brin arr.
av.	avant
bcle	boucle
comm.	commencer
D	droite
derr.	derrière
dev.	devant
ds	dans
end.	endroit
ens.	ensemble
env.	envers
G	gauche
glis.	glisser, glissée. Sauf indication contraire, les m. glis. sont prises comme pour les tric. à l'env.
incl.	inclinée
jers.	jersey
jeté	fil « lancé » devant l'aig. D pour former une nouvelle m.
m.	maille(s)
m. D	(maille double) tric. 1 m. end. en piq. dans la m. située sous la m. suiv. (formée au rg précédent)
m. glis.	glis. 1 m. en la prenant comme pour la tric.
à l'end.	à l'end.
nbre	nombre
piq.	piquer, piquant
rab.	rabattre
rép.	répéter, répétition
rest.	restante(s)
rg(s)	rang(s)
SD	(surjet double) = glis. 1 m., tric. 2 m. ens. à l'end. sur l'end. ou à l'env. sur l'env., rab. la m. glis.
SS	(surjet simple) = glis. 1 m., tric. 1 m. l'end. ou à l'env. (comme indiqué), rab. la m. glis.
ST	(surjet triple) = glis. 1 m., tric. 3 m. ens. à l'end. sur l'end., rab. la m. glis.
2ECD	glis. 1 m. sur 1 aig. aux. placée derr. le trav., tric. 1 m. end. puis tric. à l'end. la m. de l'aig. aux.
2ECG	glis. 1 m. sur 1 aig. aux. placée dev. le trav., tric. 1 m. end. puis tric. à l'end. la m. de l'aig. aux.
3ECD	glis. 1 m. sur 1 aig. aux. placée derr. le trav., tric. 2 m. end. puis tric. à l'end. la m. de l'aig. aux.
3ECG	glis. 2 m. sur 1 aig. aux. placée dev. le trav., tric. 1 m. end. puis tric. à l'end. les 2 m. de l'aig. aux.
4ECD	glis. 2 m. sur 1 aig. aux. placée derr. le trav., tric. 2 m. end. puis tric. à l'end. les 2 m. de l'aig. aux.
4ECG	glis. 2 m. sur 1 aig. aux. placée dev. le trav., tric. 2 m. end. puis tric. à l'end. les 2 m. de l'aig. aux.
6ECD	glis. 3 m. sur 1 aig. aux. placée derr. le trav., tric. 3 m. end. puis tric. à l'end. les 3 m. de l'aig. aux.
6ECG	glis. 3 m. sur 1 aig. aux. placée dev. le trav., tric. 3 m. end. puis tric. à l'end. les 3 m. de l'aig. aux.
term.	terminer, terminant
torse	m. tric. en piq. sous son brin arr., pour la retourner

TENIR LE FIL ET LES AIGUILLES

Vous pouvez tenir le fil de travail dans la main gauche ou dans la main droite et l'enrouler autour de plus ou de moins de doigts, tant qu'il n'est pas bloqué et vous permet de former des mailles régulières. Si vous parvenez à tenir le fil indifféremment dans une main ou dans l'autre, vous pourrez tricoter avec deux fils, en en tenant un dans chaque main (voir page 31). Prenez une aiguille à tricoter dans chaque main. Placez les pouces le long des aiguilles, les index près des pointes et repliez les autres doigts vers le bas pour soutenir les aiguilles. L'aiguille gauche porte les mailles déjà tricotées et l'aiguille droite reçoit les nouvelles mailles au fur et à mesure de leur formation.

TENIR LE FIL DANS LA MAIN DROITE

Paume droite vers vous, faites passer le fil autour de votre petit doigt, devant votre annulaire et votre majeur et derrière votre index (1).

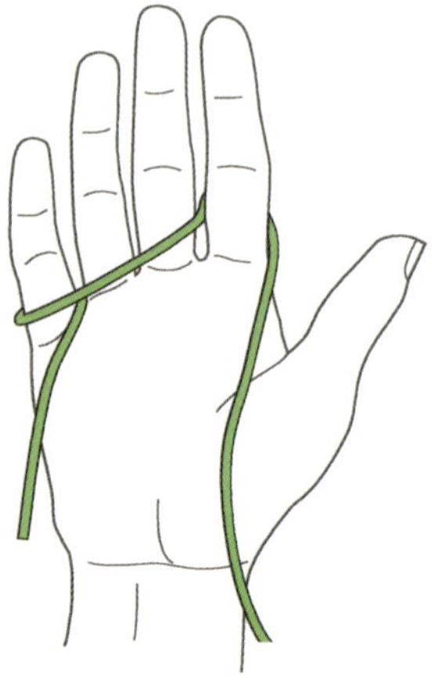

(1)

L'index droit fait passer le fil autour de l'aiguille droite pour former les mailles pendant que le petit doigt contrôle la tension du fil. L'index et le pouce de la main gauche poussent les mailles de l'aiguille gauche vers sa pointe et contrôlent les mouvements des pointes des aiguilles.

TENIR LE FIL DANS LA MAIN GAUCHE

Paume gauche tournée vers vous, faites passer le fil de travail autour de votre petit doigt, devant votre annulaire et votre majeur et derrière votre index (2).

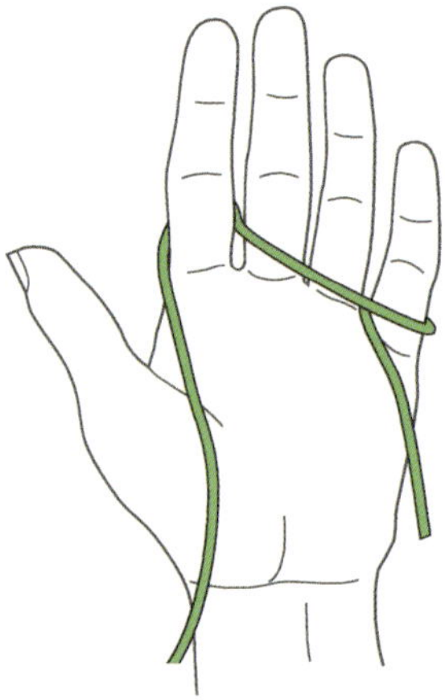

(2)

Contrôlez la tension du fil en le tendant entre l'aiguille et l'index gauche. Utilisez le pouce gauche pour contrôler les mailles et la pointe de l'aiguille gauche et le pouce et l'index droit pour former les nouvelles mailles, avec l'aiguille droite.

MONTER LES MAILLES

Monter les mailles consiste à former les mailles qui serviront de base à l'ouvrage. Il existe plusieurs façons de procéder, qui donnent des bords légèrement différents, adaptés à différents types de tricots. La première maille est un nœud coulant.

FAIRE UN NŒUD COULANT

Faites une boucle à environ 20 cm du début du fil. Tenez-la dans une main, glissez une aiguille à tricoter dedans et ramenez le fil au travers pour former le nœud (1). Tirez sur le fil relié à la pelote pour serrer le nœud ou sur son extrémité pour le défaire.

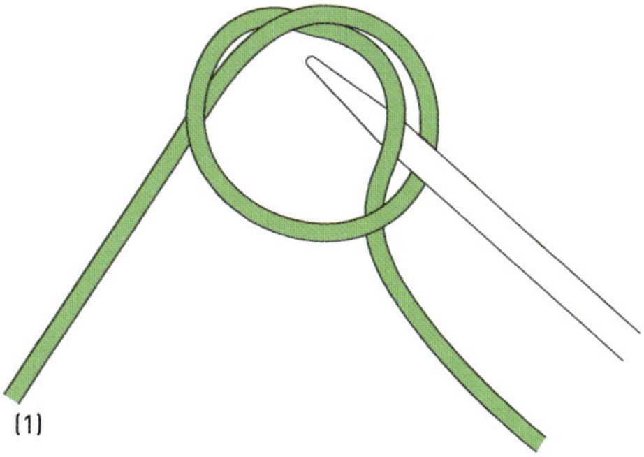

(1)

MONTAGE DES MAILLES AVEC LE POUCE ET UNE AIGUILLE

Cette méthode facile à maîtriser donne un bord assez souple.

Faites un nœud coulant en laissant pendre suffisamment de fil pour disposer d'environ 2 cm par maille. Glissez le nœud sur l'aiguille. Tenez l'aiguille et le fil de travail dans la main droite. Prenez l'extrémité du fil dans la main gauche et faites passer votre pouce gauche dessous, d'arrière en avant, pour former une boucle. Glissez l'aiguille dans la boucle (2). Faites passer le fil de travail autour de la pointe de l'aiguille (3). Faites passer la boucle située sur votre pouce par-dessus la pointe de l'aiguille, ôtez votre pouce et tirez doucement sur le fil pour resserrer la maille (4). Répétez jusqu'à ce que vous ayez le nombre de mailles voulu.

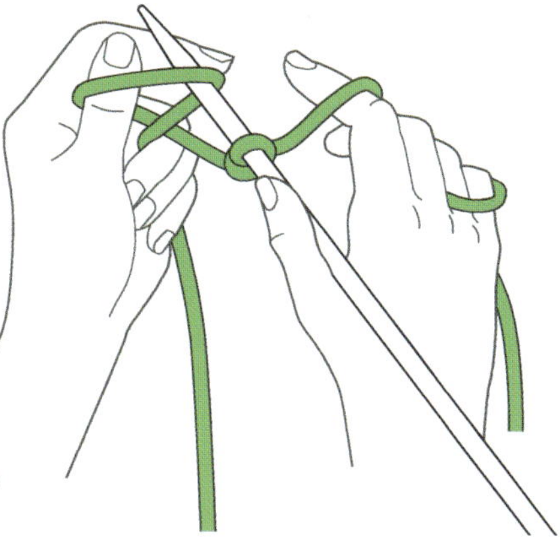

(2)

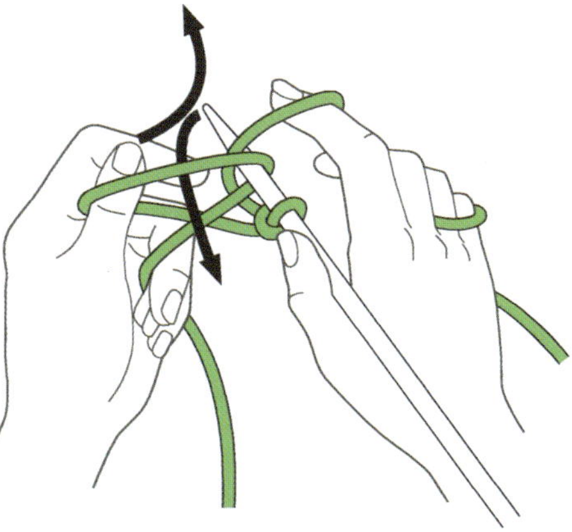

(3)

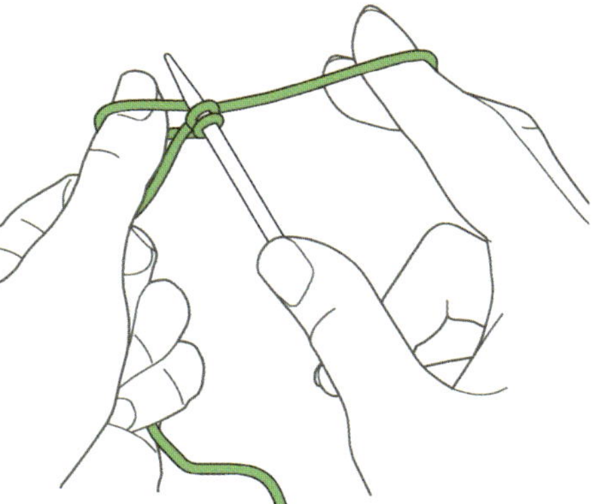

(4)

MONTAGE AVEC DEUX AIGUILLES

Cette méthode donne un bord souple quand on pique sous les brins avant des mailles et un bord ferme quand on pique sous leurs brins arrière.

Glissez un nœud coulant sur l'aiguille gauche. Piquez dans le nœud avec l'aiguille droite. Faites passer le fil de travail autour de la pointe de l'aiguille droite (5).

(5)

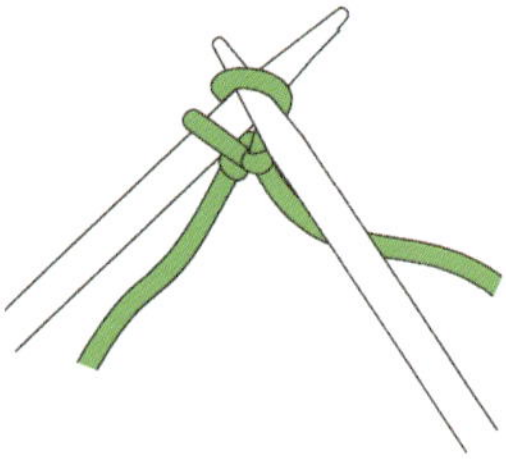

(6)

Avec la pointe de l'aiguille droite, ramenez le fil à travers le nœud coulant pour former une nouvelle maille. Mettez la nouvelle maille sur l'aiguille gauche en veillant à l'orienter comme la maille précédente (6). Sans retirer l'aiguille droite de la maille, répétez jusqu'à ce que vous ayez le nombre de mailles voulu.

MONTAGE AVEC DEUX AIGUILLES À L'ANGLAISE

Il permet d'obtenir un bord ferme et solide. Montez les deux premières mailles comme expliqué ci-dessus mais, une fois la deuxième maille sur l'aiguille gauche, retirez l'aiguille droite. Glissez l'aiguille droite entre les deux mailles. Formez une nouvelle maille et mettez-la sur l'aiguille gauche (7). Répétez jusqu'à ce que vous ayez le nombre de mailles voulu.

(7)

MONTAGE FIN SUR UNE AIGUILLE

Cette méthode forme un bord fin parfait pour les dentelles aux aiguilles.

Glissez un nœud coulant sur l'aiguille. Tenez l'aiguille dans la main droite et le fil de travail dans la main gauche. Faites passer votre pouce gauche sous le fil d'arrière en avant pour former une boucle. Glissez l'aiguille dans la boucle pour former une maille (8) et tirez doucement sur le fil pour la resserrer. Répétez jusqu'à ce que vous ayez le nombre de mailles voulu.

(8)

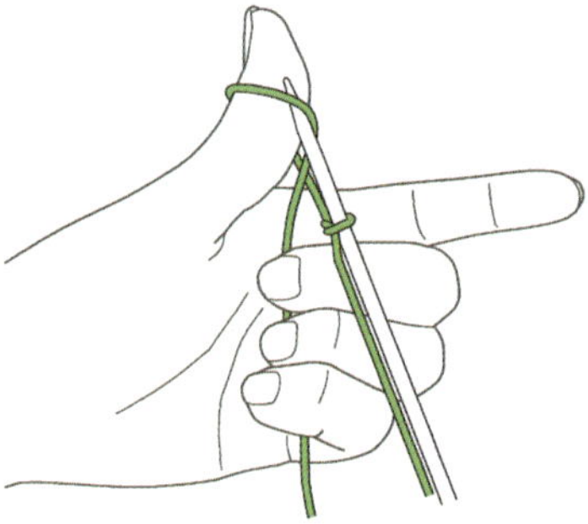

MONTAGE INVISIBLE

Cette méthode donne un bord solide qui convient particulièrement bien aux côtes 1/1.

Montez la moitié du nombre de mailles voulu, à l'aide de la méthode de montage à l'anglaise (voir à gauche). Si nécessaire, ajoutez une maille pour obtenir un nombre de mailles pair. En commençant par un rang de mailles envers, tricotez deux rangs de jersey avec un fil de couleur contrasté puis quatre rangs avec le fil du tricot.

Au rang suivant, tricotez une maille envers. Avec l'aiguille droite, relevez la boucle située entre la maille située sous la dernière maille tricotée et la suivante du premier rang fait avec le fil de l'ouvrage. Glissez-la sur l'aiguille gauche puis tricotez-la à l'endroit. Répétez jusqu'au bout du rang. Vous devez obtenir le double des mailles du rang de montage moins une maille. Continuez en côtes sur la hauteur voulue. Coupez et ôtez le fil de couleur contrastée.

ARRÊTER LE TRAVAIL

Arrêter le travail consiste à tricoter les mailles de manière à ce qu'elles ne puissent pas se défaire, pour terminer un tricot ou diminuer le nombre de mailles.

TERMINAISON EN MAILLES RABATTUES

Cette méthode est la plus utilisée. Elle donne au tricot un bord net et ferme. Elle se fait en tricotant les mailles comme elles se présentent (à moins d'instructions contraires), en formant des mailles souples et régulières.

Tricotez les deux premières mailles en suivant le modèle. Fil derrière le travail, glissez l'aiguille gauche de gauche à droite sous le brin avant de la première maille (désormais située sur l'aiguille droite). Soulevez la maille et faites-la passer pardessus la seconde (1). Vous avez rabattu une maille.

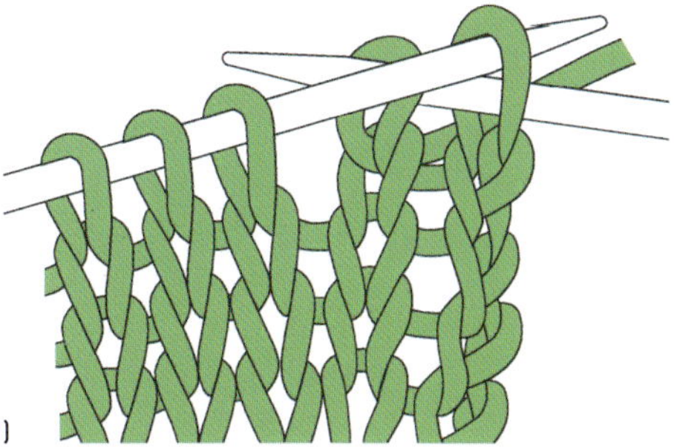

(1)

Tricotez la maille suivante et répétez l'opération jusqu'à ce que vous ayez rabattu le nombre voulu de mailles.

COUTURE EN MAILLES RABATTUES

Cette méthode permet d'assembler de manière presque invisible deux bords ayant le même nombre de mailles. Elle est parfaite pour coudre les épaules droites qui ne nécessitent pas une couture trop rigide. Pour la réaliser, vous aurez besoin de trois aiguilles à tricoter.

Tenez les morceaux à assembler dans la main gauche, endroit contre endroit, aiguilles tournées vers la droite. Avec une troisième aiguille, piquez sous le brin arrière de la première maille de l'aiguille de devant puis sous le brin avant de la première maille de l'aiguille de derrière (2).

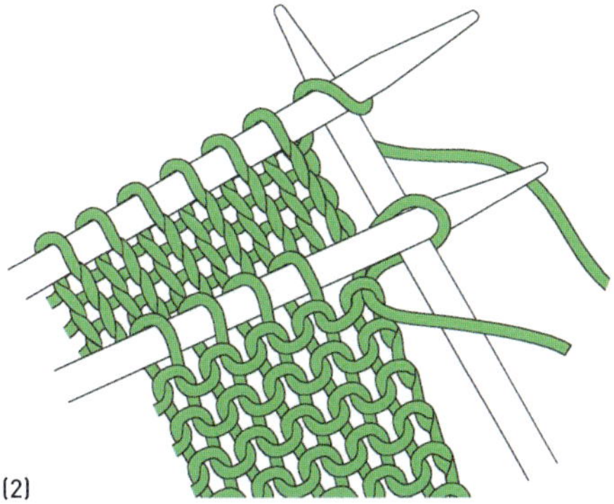

(2)

Tricotez les deux mailles ensemble à l'endroit. Tricotez ensemble de la même façon les deux mailles suivantes. Avec la pointe d'une des aiguilles gauches, rabattez la première maille de l'aiguille droite sur la seconde. Continuez à rabattre les mailles deux par deux de la même façon.

ARRÊTER LE FIL

Une fois toutes les mailles rabattues, coupez le fil assez loin du tricot pour pouvoir le rentrer. Faites-le passer dans la dernière maille (3) et tirez pour resserrer cette dernière.

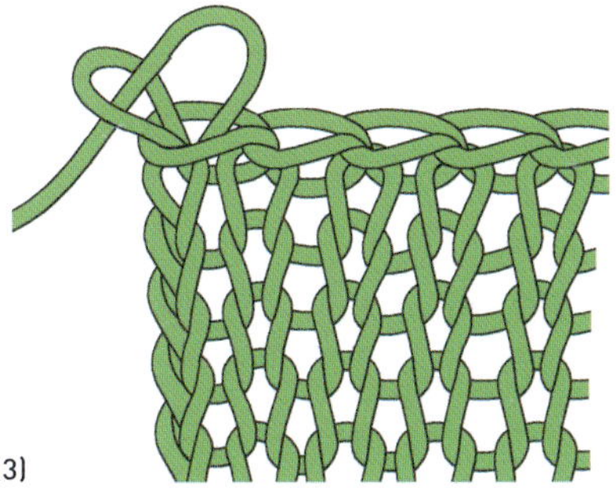

(3)

TRICOTER EN MAILLES ENDROIT

La maille endroit est l'une des deux mailles de base du tricot (la seconde étant la maille envers). Le fil est placé sur l'envers du travail et forme une boucle verticale plate sur l'endroit. Les deux méthodes qui suivent présentent deux manières différentes de contrôler la tension du fil, en le tenant dans la main gauche ou dans la main droite, mais les mailles se forment toujours en faisant passer le tricot de l'aiguille gauche sur l'aiguille droite.

FIL DANS LA MAIN DROITE

Tenez l'aiguille qui porte les mailles dans la main gauche et le fil de travail dans la main droite, derrière le tricot (voir page 18). Piquez l'aiguille droite sous le brin avant de la première maille, de gauche à droite. Faites passer le fil par-dessous puis par-dessus sa pointe (1) puis ramenez l'aiguille en tirant le fil à travers la maille de départ (2). Poussez la pointe de l'aiguille gauche avec votre index droit et faites glisser la nouvelle maille sur l'aiguille droite. Répétez jusqu'à ce que toutes les mailles aient été tricotées et transférées sur l'aiguille droite, où elles forment un nouveau rang.

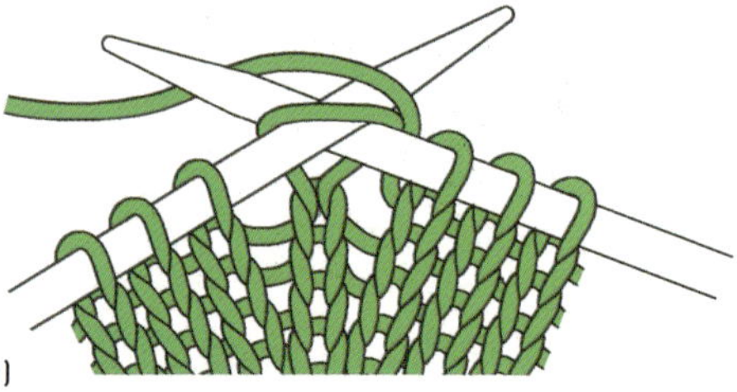

(1)

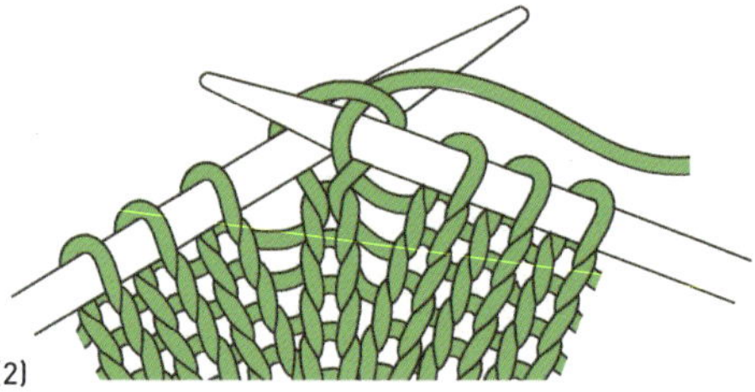

(2)

FIL DANS LA MAIN GAUCHE

Tenez dans la main gauche le fil (voir page 18) et l'aiguille qui porte les mailles. Fil derrière le travail, piquez avec l'aiguille droite sous le brin avant de la première maille, de gauche à droite. Faites pivoter la pointe de l'aiguille droite pour qu'elle passe sous puis derrière le fil (3).

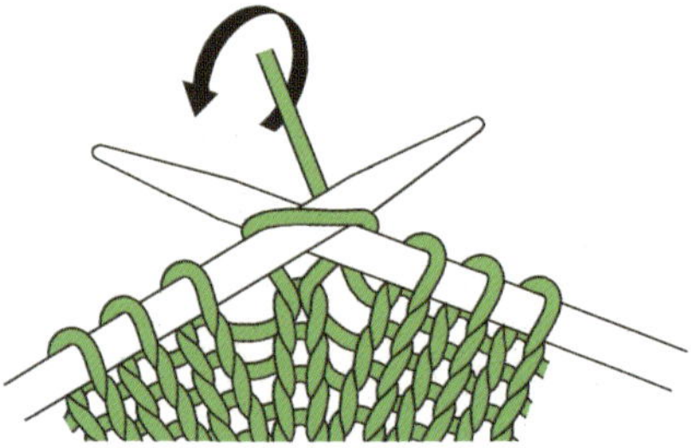

(3)

Ramenez l'aiguille droite en tirant le fil à travers la maille de départ (4) et faites glisser la nouvelle maille sur l'aiguille droite. Répétez avec toutes les mailles suivantes pour former un nouveau rang.

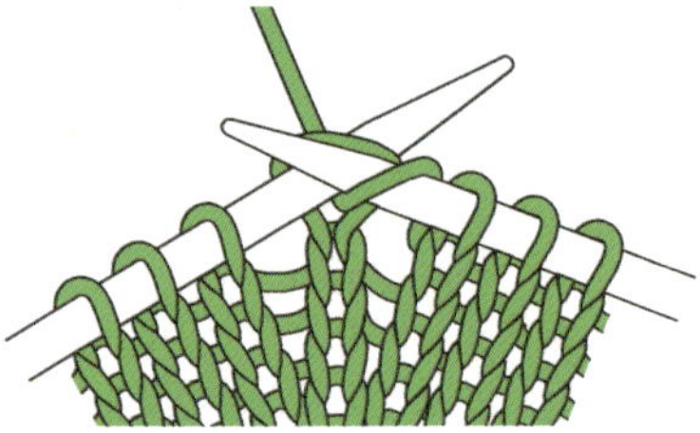

(4)

TRICOTER EN MAILLES ENVERS

La maille envers, seconde maille de base du tricot, est l'inverse de la maille endroit. Elle se tricote en plaçant le fil devant le travail et forme un trait horizontal sur l'endroit. Elle peut se faire en tenant le fil dans la main droite ou dans la main gauche.

FIL DANS LA MAIN DROITE

Tenez l'aiguille qui porte les mailles dans la main gauche et le fil de travail, placé devant l'ouvrage, dans la main droite (voir page 18). Piquez avec l'aiguille droite sous le brin avant de la première maille, de droite à gauche. Faites passer le fil par-dessus puis par-dessous la pointe de l'aiguille droite (1) puis ramenez-la en tirant le fil à travers la maille de départ (2). Poussez la pointe de l'aiguille gauche avec l'index droit et faites glisser la nouvelle maille sur l'aiguille droite. Répétez jusqu'à ce que toutes les mailles aient été tricotées et transférées sur l'aiguille droite.

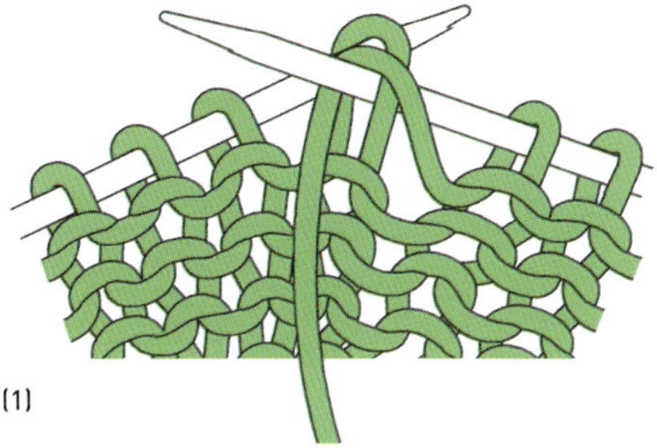

(1)

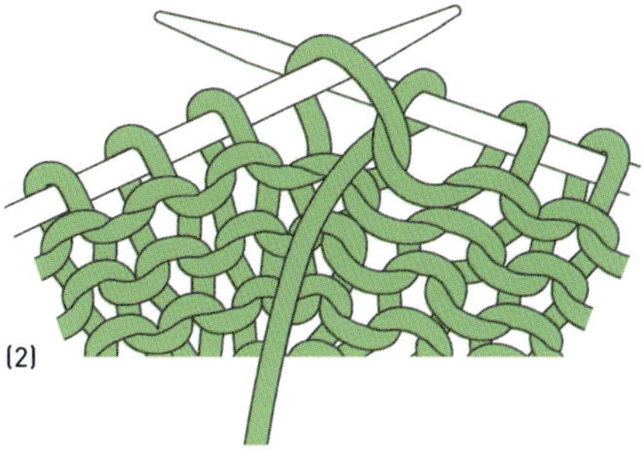

(2)

FIL DANS LA MAIN GAUCHE

Tenez dans la main gauche le fil de travail (voir page 18) et l'aiguille qui porte les mailles. Placez le fil devant le tricot et piquez avec l'aiguille droite sous le brin avant de la première maille, de droite à gauche (3). Faites pivoter votre poignet gauche pour placer le fil sous la pointe de l'aiguille droite. Faites pivoter la pointe de l'aiguille droite vers le bas pour la faire passer sur puis derrière le fil puis ramenez-le à travers la maille de départ (4). Faites glisser la maille sur l'aiguille droite. Répétez jusqu'à la fin du rang.

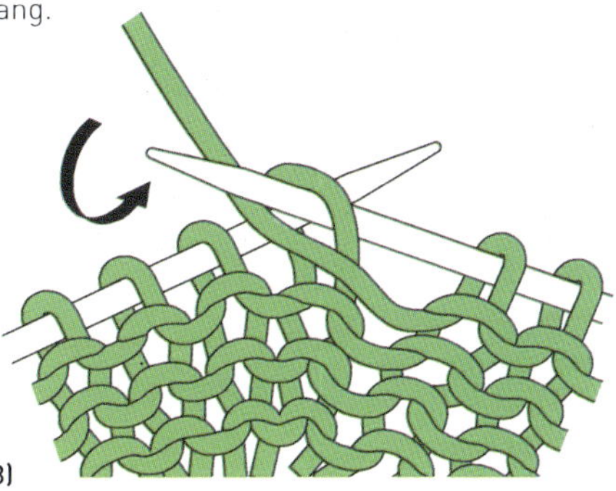

(3)

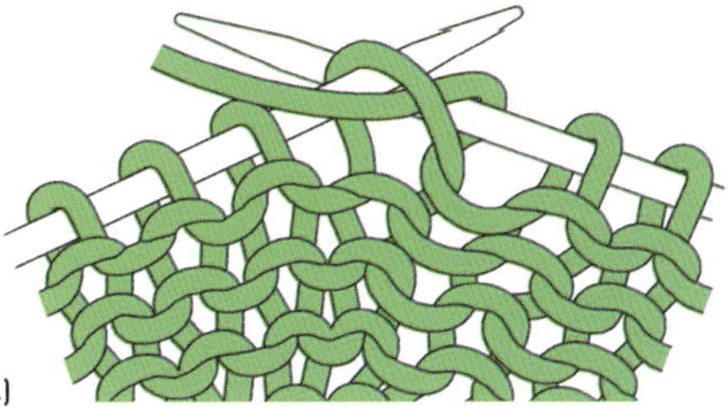

(4)

LES AUGMENTATIONS

Il existe différentes façons d'augmenter le nombre de mailles, pour accroître la largeur ou créer des points en relief ou ajourés.

LES AUGMENTATIONS BARRÉES

Cette méthode forme sur les nouvelles mailles une petite barre qui permet de les compter facilement. Elle est très utile pour ajouter une maille au début ou à la fin d'un rang. La barre étant située juste après la maille d'origine, l'augmentation doit être faite sur l'avant-dernière maille du rang et non sur la dernière.

Augmentation barrée tricotée à l'endroit

◆ aug. B end.

Tricotez une maille à l'endroit normalement, en piquant sous son brin avant, mais avant de la faire tomber de l'aiguille gauche, tricotez-la une seconde fois à l'endroit en piquant sous son brin arrière (1).

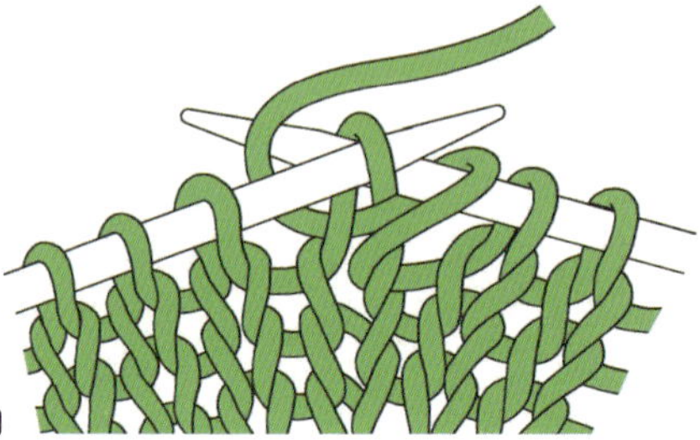

(1)

Augmentation barrée tricotée à l'envers

◆ aug. B env.

Tricotez une maille à l'envers normalement, en piquant sous son brin avant, mais avant de la faire tomber de l'aiguille gauche, tricotez-la une seconde fois à l'envers en piquant sous son brin arrière (2).

ASTUCE Pour obtenir des finitions soignées, faites vos augmentations et vos diminutions à quelques mailles du bord.

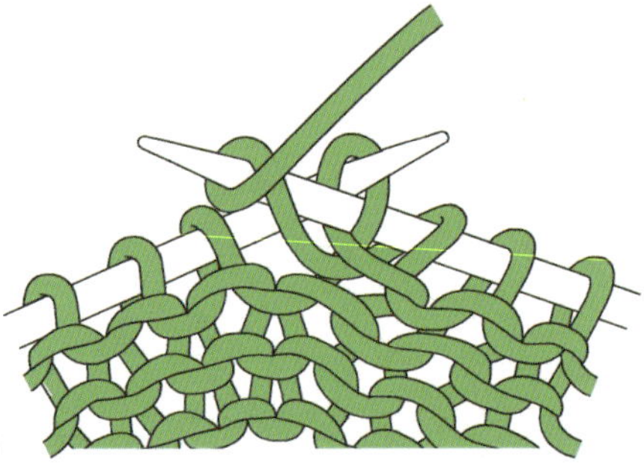

(2)

LES AUGMENTATIONS INTERCALAIRES

La méthode qui suit permet d'ajouter une maille endroit ou envers en cours de travail et de faire des augmentations discrètes au cours du premier rang tricoté après des côtes.

◆ aug. int. (augmentation intercalaire)

Avec l'aiguille droite, soulevez le fil situé entre la dernière maille tricotée et la suivante et placez-le sur l'aiguille gauche. Tricotez une maille endroit en piquant sous le brin arrière de la boucle et faites glisser la nouvelle maille sur l'aiguille droite (3).

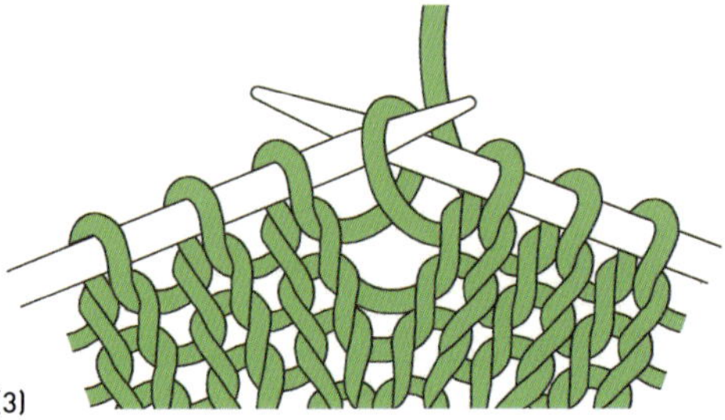

(3)

LES JETÉS

Les jetés servent à créer des mailles supplémentaires et à former des trous minuscules, généralement en cours de travail. Quand ils sont suivis d'une diminution, ils sont particulièrement utiles pour créer des œillets et des jours et peuvent servir à confectionner de petites boutonnières.

◆ Comment faire un jeté avant une maille endroit

Laissez ou amenez le fil devant le travail. Faites-le passer par-dessus l'aiguille droite et tricotez la maille suivante à l'endroit. Au rang suivant, tricotez le jeté comme une maille normale (4).

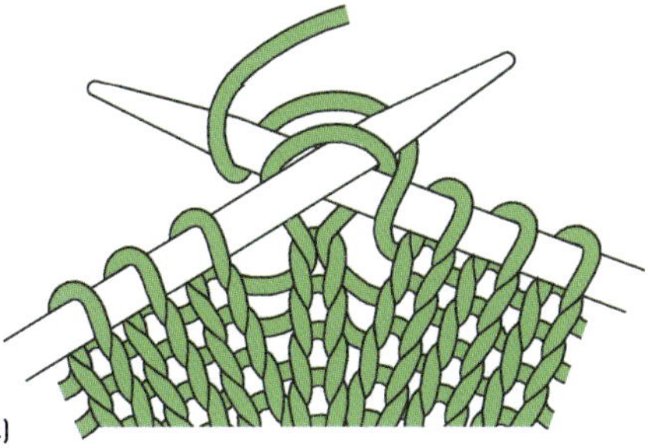

(4)

◆ Comment faire un jeté avant une maille envers

Laissez ou amenez le fil devant le travail. Faites-le passer sur puis sous l'aiguille droite pour le remettre sur l'avant afin de former une maille supplémentaire (5). Tricotez la maille suivante à l'envers.

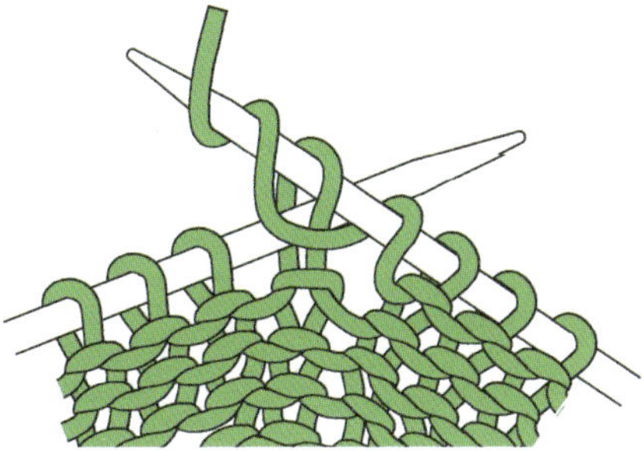

(5)

FAIRE PLUSIEURS AUGMENTATIONS DANS UNE MAILLE

Il est parfois nécessaire de créer trois mailles ou plus à partir d'une seule, par exemple pour faire une nope.

Créations de mailles endroit

Tricotez le nombre de mailles endroit voulu en piquant alternativement sous le brin avant et sous le brin arrière (6) de la même maille avant de la faire tomber de l'aiguille gauche.

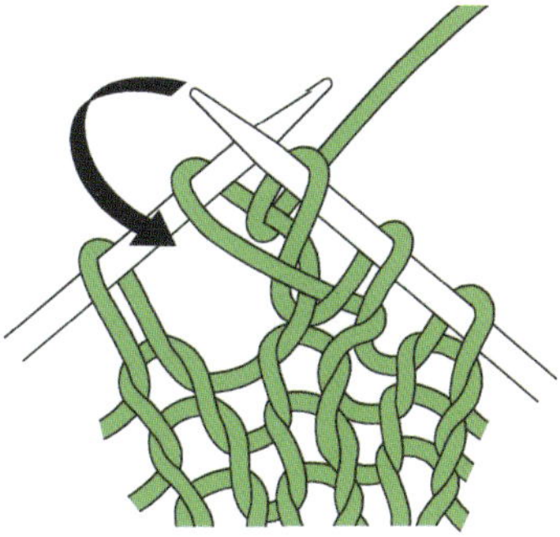

(6)

Création de mailles envers

Tricotez le nombre de mailles envers voulu en piquant alternativement sous le brin avant et sous le brin arrière de la même maille avant de la faire tomber de l'aiguille gauche.

AUGMENTATION PAR MONTAGE DE MAILLES

Il est très simple d'ajouter n'importe quel nombre de mailles au début d'un rang en les montant à partir de la première maille de ce dernier, à l'aide d'une ou deux aiguilles (voir page 19 et 20).

ASTUCE Pour former un grand jour, faites un jeté multiple en enroulant plusieurs fois le fil autour de l'aiguille. Au rang suivant, tricotez plusieurs mailles dans le jeté en alternant une maille endroit et une maille envers.

LES DIMINUTIONS

Il existe différentes façons de diminuer le nombre de mailles d'un tricot pour en réduire la largeur ou créer des points texturés ou ajourés.

LES MAILLES TRICOTÉES ENSEMBLE

◆ Tric. 2 m. ens. à l'end. ou à l'env. (tricotez 2 mailles ensemble à l'endroit ou à l'envers)

Cette méthode crée une diminution simple inclinée à droite et sert souvent à diminuer d'une maille à la fin d'un rang de jersey et à créer des jours. Pour une diminution double inclinée, à droite, il suffit de tricoter trois mailles ensemble, à l'endroit ou à l'envers (tric. 3 m. ens. à l'end. ou à l'env.).

Glissez la pointe de l'aiguille droite sous les brins avant des deux mailles suivantes et tricotez-les ensemble à l'endroit (1) ou à l'envers, selon les instructions.

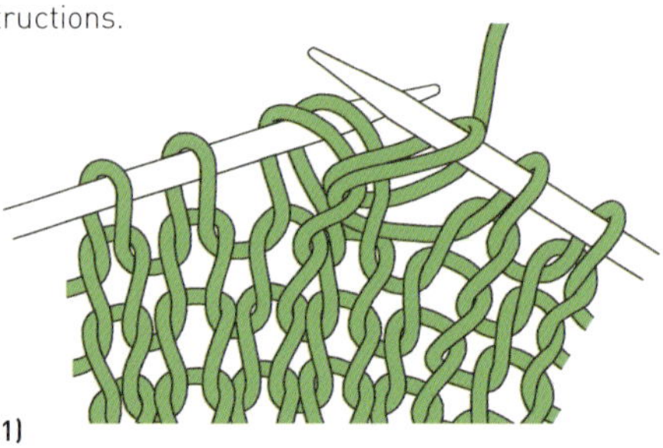

(1)

◆ Tric. 2 m. ens. à l'end. ou à l'env. torses (tricotez 2 mailles ensemble à l'endroit ou à l'envers en piquant sous leurs brins arrière)

Cette méthode crée une diminution simple inclinée à gauche. Pour une diminution double inclinée à gauche, tricotez 3 mailles ensemble de la même manière (tric. 3 m. ens. à l'end. ou à l'env. torses).

Glissez deux mailles sur l'aiguille droite, l'une après l'autre, en les prenant comme pour les tricoter à l'endroit. Remettez-les sur l'aiguille gauche en les tournant puis tricotez-les à l'endroit (2) ou à l'envers, en piquant sous leurs brins arrière.

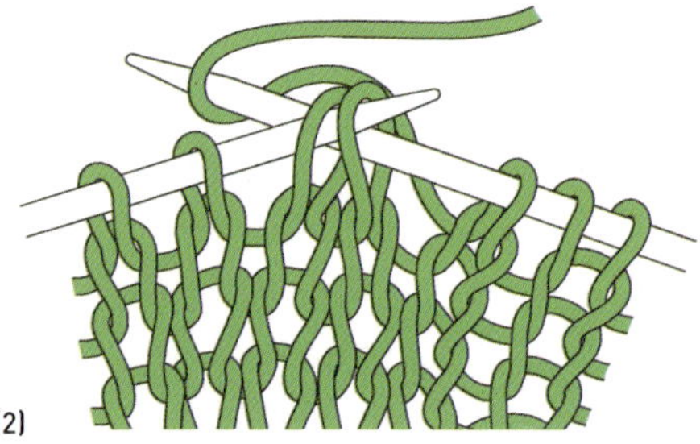

(2)

LES DIMINUTIONS À MAILLE RABATTUE

◆ Dim. incl. à G (diminution inclinée à gauche)

Les diminutions inclinées à gauche tricotées à l'endroit, ou « surjets », servent souvent à diminuer d'une maille au début d'un rang de jersey. Dans ce livre, les surjets sont torses.

Pour un surjet simple (torse), glissez une maille. Tricotez la suivante à l'endroit. Piquez l'aiguille gauche sous le brin avant de la maille glissée et rabattez-la sur la maille tricotée (3).

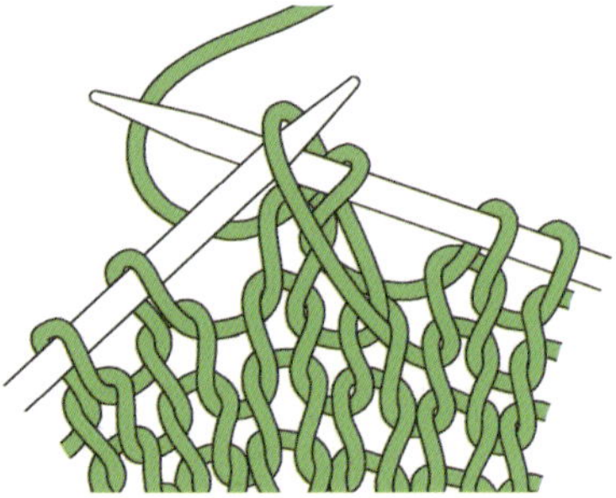

(3)

◆ Dim. incl. à D (diminution inclinée à droite)

Tricotez une maille à l'endroit ou à l'envers et remettez-la sur l'aiguille gauche. Piquez l'aiguille droite sous le brin avant de la maille suivante et faites-la passer sur la maille tricotée (4). Remettez la maille tricotée sur l'aiguille droite.

Pour diminuer de deux mailles, rabattez la maille glissée sur deux mailles tricotées ensemble, à l'endroit ou à l'envers.

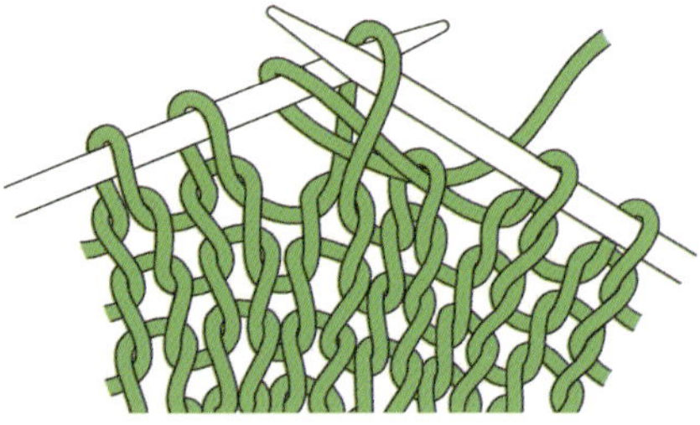

(4)

VARIER LES TEXTURES

En plus des tricots plats à texture lisse, le tricot permet de créer de multiples points en relief. Vous trouverez ci-dessous les plus simples et en découvrirez beaucoup d'autres dans la suite du livre.

LES MAILLES « MIXTES » (ENDROIT ET ENVERS) CROISÉES

La méthode qui suit permet d'incliner une ou plusieurs mailles endroit sur un fond en mailles envers. Pour croiser plus de deux mailles, vous aurez besoin d'une aiguille auxiliaire.

◆ 2MCD (2 m. mixtes croisées à droite)
Tricotez la seconde maille de l'aiguille gauche à l'endroit (après l'avoir élargie avec la pointe de l'aiguille) (1) puis tricotez la première maille de l'aiguille gauche à l'envers. Transférez les deux mailles sur l'aiguille droite.

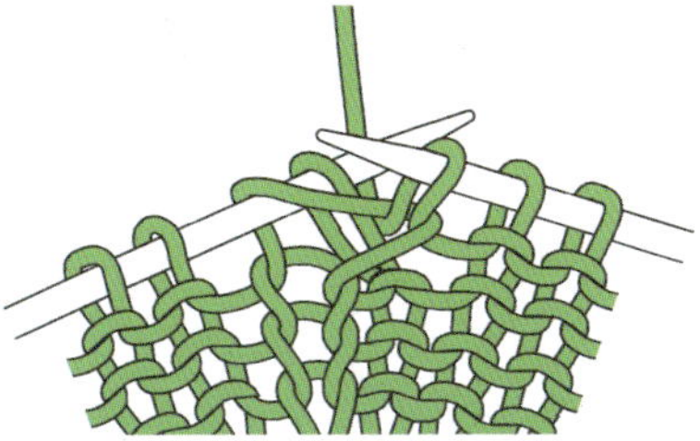
(1)

◆ 2MCG (2 m. mixtes croisées à gauche)
Tricotez à l'envers la seconde maille de l'aiguille gauche en piquant sous son brin arrière (2) puis tricotez à l'endroit la première maille de l'aiguille gauche et faites glisser les deux mailles sur l'aiguille droite.

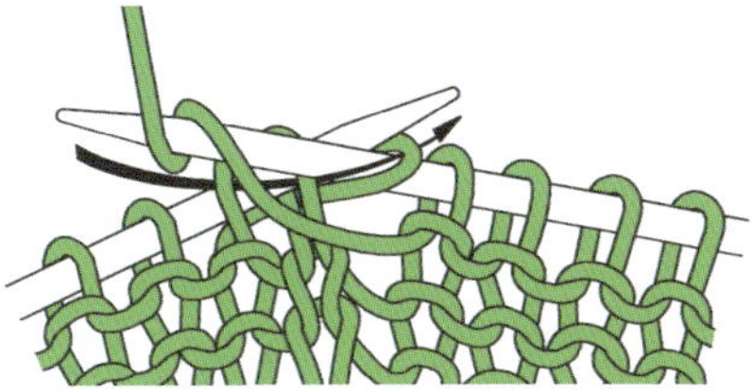
(2)

LES MAILLES FANTAISIE CROISÉES

La méthode qui suit consiste à croiser des mailles endroit ou envers, torses ou non, pour créer des effets variés. Vous aurez besoin d'une aiguille auxiliaire pour croiser plus de deux mailles.

◆ 2FCD (end.) (2 mailles fantaisie croisées à droite, tricotées à l'end.)
Sur un rang endroit, tricotez à l'endroit la seconde (3) puis la première maille de l'aiguille gauche. Faites glisser les deux mailles sur l'aiguille droite. Sur l'envers, tricotez les mailles à l'envers.

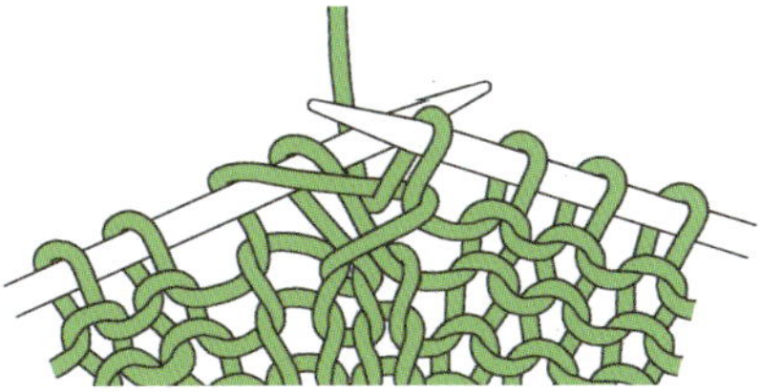
(3)

◆ 2FCG (end.) (2 mailles fantaisie croisées à gauche, tricotées à l'end.)
Sur un rang endroit, tricotez à l'endroit la deuxième maille de l'aiguille gauche en piquant sous son brin arrière (4) puis tricotez à l'endroit la première maille de l'aiguille gauche avant de les transférer ensemble sur l'aiguille droite. Sur un rang envers, répétez mais en tricotant les mailles à l'envers.

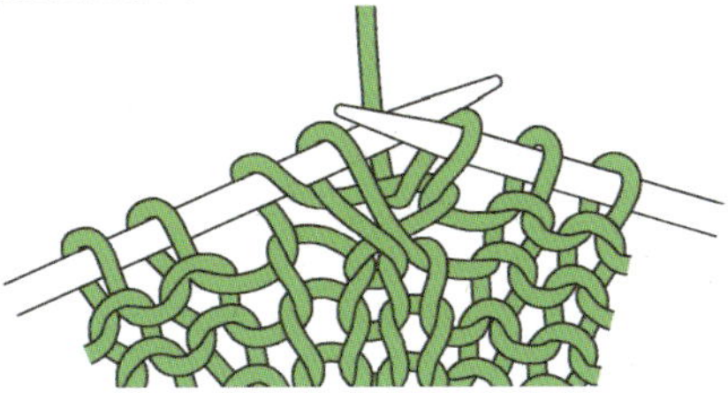
(4)

◆ 3FCD (3 mailles fantaisie croisées à droite)
Sur un rang endroit, glissez 2 mailles sur une aiguille auxiliaire placée devant le travail. Tricotez la maille suivante à l'endroit. Remettez la dernière maille glissée sur l'aiguille gauche et tricotez-la à l'envers. Tricotez à l'endroit la maille de l'aiguille auxiliaire.

LES TORSADES

Les torsades, qui caractérisent les pulls irlandais, peuvent aussi orner d'autres types d'ouvrages. Les plus courantes sont composées de deux colonnes d'au moins deux mailles endroit croisées à intervalle régulier pour produire un motif qui ressemble à une corde. Elles se font à l'aide d'une aiguille auxiliaire.

◆ 4ECD (torsade de 4 mailles croisées à droite)

Glissez deux mailles sur une aiguille auxiliaire placée derrière le travail (5) . Tricotez à l'endroit les deux mailles suivantes puis les deux mailles de l'aiguille auxiliaire.

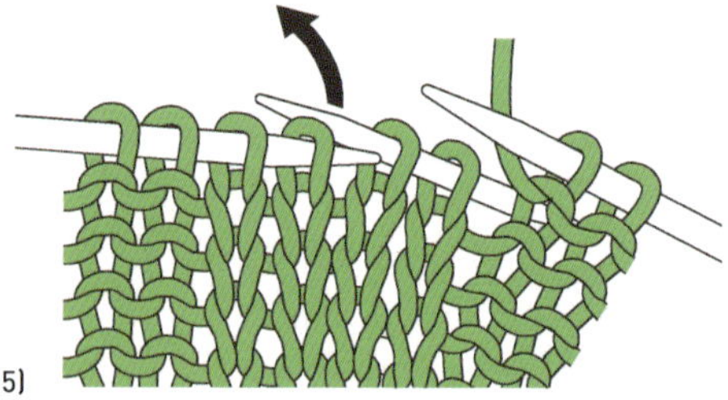

(5)

◆ 4ECG (torsade de 4 mailles croisées à gauche)

Glissez deux mailles sur une aiguille auxiliaire placée devant le travail. Tricotez à l'endroit les deux mailles suivantes (6) puis les deux mailles de l'aiguille auxiliaire.

(6)

LES MAILLES ALLONGÉES

Les deux méthodes qui suivent permettent de créer des mailles allongées pour varier les effets.

◆ Les mailles à plusieurs jetés

Cette méthode forme une bande ajourée (voir l'échantillon photographié en haut de la page 109). Sur un rang endroit, piquez l'aiguille droite dans la première maille de l'aiguille gauche. Enroulez le fil deux ou trois fois autour de l'aiguille droite puis ramenez-le comme pour former une maille ordinaire (7). Au rang suivant, tricotez une seule fois chaque maille allongée, en faisant tomber les jetés supplémentaires (8).

(7)

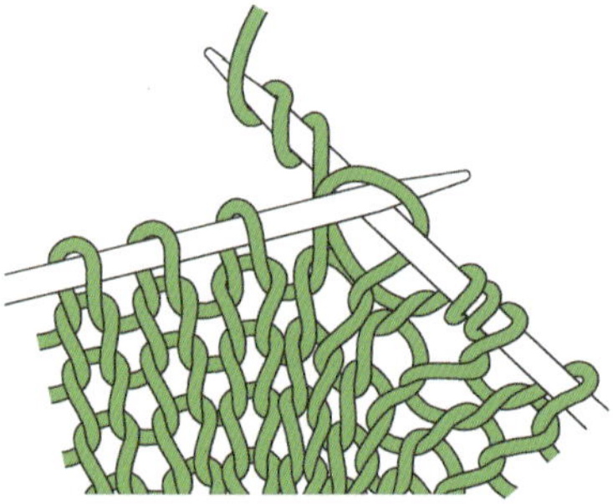

(8)

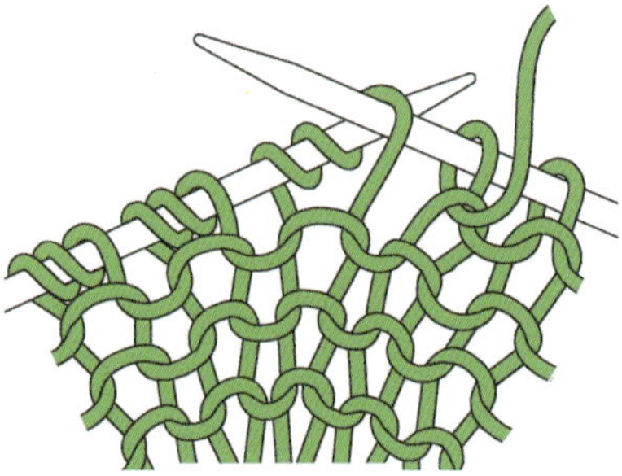

◆ m. glis. (maille glissée)

Les mailles glissées forment de longues boucles verticales sur un côté du travail et peuvent donner des résultats spectaculaires quand elles sont faites avec des fils contrastés (voir les échantillons photographiés pages 211 à 227). Glisser une maille consiste à la faire passer sur l'aiguille droite sans la tricoter, en la prenant comme pour la tricoter à l'envers sauf indication contraire.

L'AJOUT DE PERLES ET DE SEQUINS

Les perles et les sequins peuvent former des motifs indépendants sur des tricots lisses, embellir des points complexes comme ceux des dentelles aux aiguilles ou servir à créer des bordures décoratives. Choisissez des perles et des sequins assez légers pour ne pas déformer le tricot et susceptibles d'être enfilés sur votre fil. Les perles de rocailles et les sequins troués près d'un bord sont parfaits pour cela.

Enfilez les perles ou les sequins sur le fil de travail avant de commencer à tricoter. Pour cela, coupez un morceau de fil à coudre, pliez-le en deux et enfilez ses extrémités dans le chas d'une aiguille à coudre. Glissez 15 cm de fil à tricoter dans la boucle. Enfilez vos perles ou vos sequins sur l'aiguille à coudre, dans l'ordre inverse de celui dans lequel ils seront placés sur le tricot, faites-les glisser sur le fil à tricoter (9) puis rembobinez ce dernier.

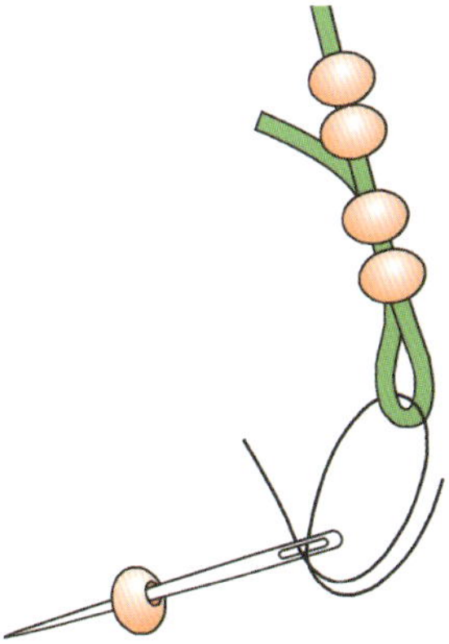

(9)

Mettre en place une perle

Pour mettre une perle en place, tricotez jusqu'à son emplacement. Mettez le fil devant le travail et faites glisser la perle jusqu'au tricot [10]. Glissez une maille. Mettez le fil derrière le travail et tricotez la maille suivante. La perle doit reposer horizontalement sur l'ouvrage.

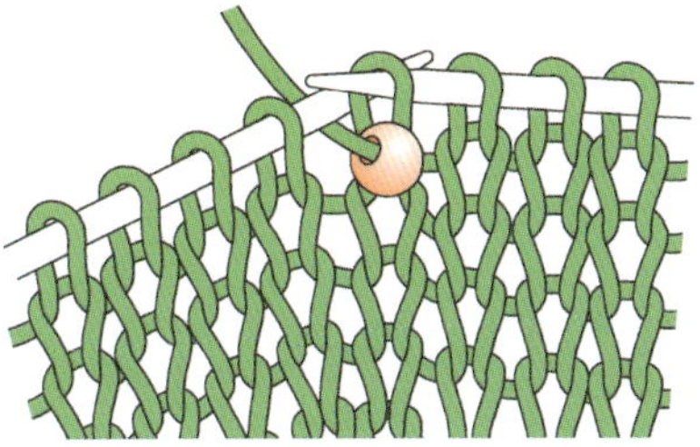

(10)

Mettre en place un sequin

Pour fixer un sequin, tricotez jusqu'à son emplacement. Laissez le fil sur l'envers du travail et amenez le sequin près de la dernière maille tricotée [11]. Tricotez la maille suivante en piquant sous son brin arrière et ramenez le sequin sur l'avant du travail avec la nouvelle maille. Le sequin doit reposer verticalement sur le tricot.

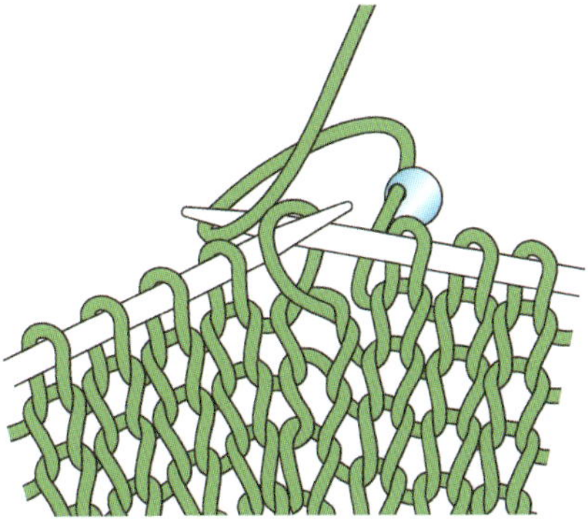

(11)

TRICOTER AVEC PLUSIEURS FILS

Employer des fils de différentes couleurs vous ouvrira de nouveaux horizons. De simples rayures ou des mailles glissées faites avec deux fils de couleurs différentes peuvent donner des résultats originaux et créatifs. Apprendre à tendre ou fixer les fils sur l'envers du travail et à utiliser des pelotons vous permettra de réaliser des jacquards et des tricots en intarsia.

FAIRE SUIVRE LE FIL SUR LES BORDS D'UN TRICOT

Il est parfois nécessaire de changer de couleur à la fin d'un rang, par exemple pour faire des rayures horizontales. Si vous tricotez des bandes contenant un nombre de rangs pair, vous pouvez faire courir les fils en attente le long du bord du tricot, à condition de ne pas en avoir trop pour éviter de former un bourrelet.

Au moment de changer de couleur, laissez pendre le premier fil au bord du travail et continuez avec le fil suivant. Quand vous revenez du même côté, croisez les fils (1) et continuez à tricoter avec celui de la couleur voulue.

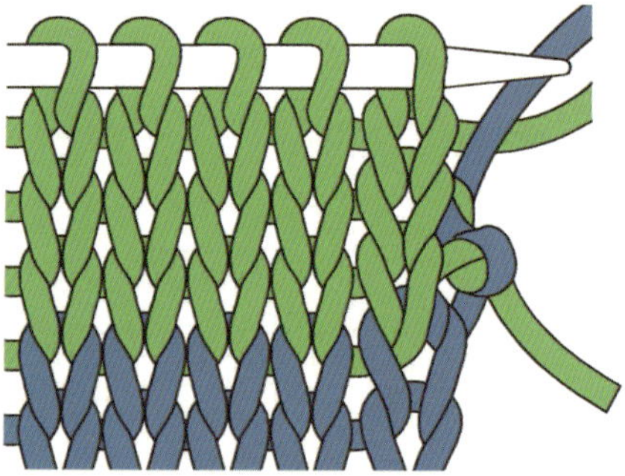

(1)

ASTUCE Si vos rayures ont un nombre de rangs impair, le fil peut se trouver du mauvais côté du tricot au moment où vous en aurez besoin. Pour palier ce problème, utilisez des aiguilles à deux pointes ou tricotez en allers et retours sur une aiguille circulaire, en inversant les mailles endroit et envers aux rangs voulus pour suivre le diagramme.

TENDRE LES FILS SUR L'ENVERS

Quand un même rang se tricote avec deux ou trois fils, chacun peut passer derrière cinq mailles avant d'être tricoté. Ne tendez pas trop les fils sur l'envers pour éviter de froncer le travail et d'en réduire l'élasticité. Pour obtenir un travail souple et régulier, répartissez bien les mailles sur l'aiguille droite. Tendez les fils jusqu'aux bords du tricot pour produire un tricot épais et croisez-les aux extrémités des rangs pour obtenir des bords nets.

Fils tenus dans une main

Tricotez avec le premier fil jusqu'au changement de couleur. Piquez dans la maille suivante, lâchez le premier fil, prenez le suivant et tricotez le nombre de mailles voulues. Continuez à changer de couleur de la même façon jusqu'au bout du rang.

Fils tenus dans les deux mains

Sur un rang de mailles endroit, tricotez jusqu'au changement de couleur en tenant le fil de travail dans la main droite et l'autre dans la main gauche, éloigné des aiguilles (2). Écartez le premier fil des aiguilles et continuez avec le second, tenu dans la main gauche (voir page 22) (3).

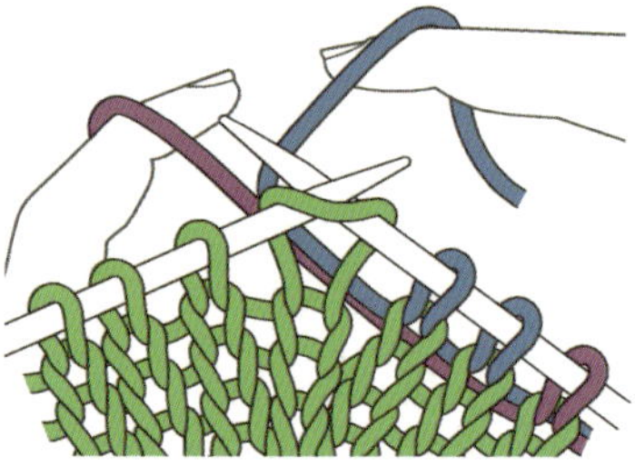

(2)

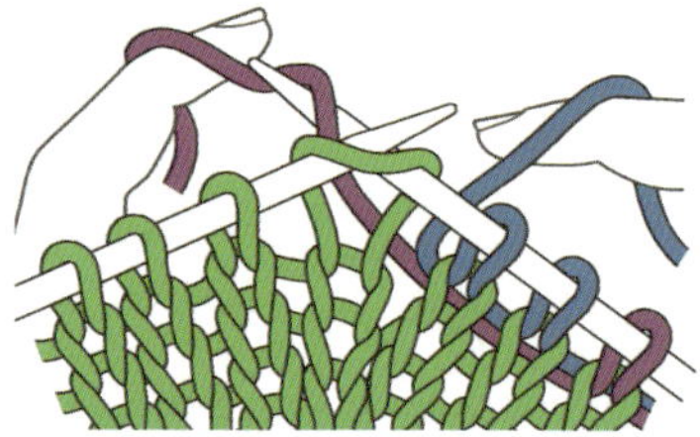

(3)

Sur un rang envers, commencez avec le fil de la main droite en tenant le second fil devant le travail et en l'écartant des aiguilles avec la main gauche (4). Pour changer de couleur, écartez le premier fil avec la main droite et continuez avec le deuxième fil, guidé par votre pouce et votre index gauche (5).

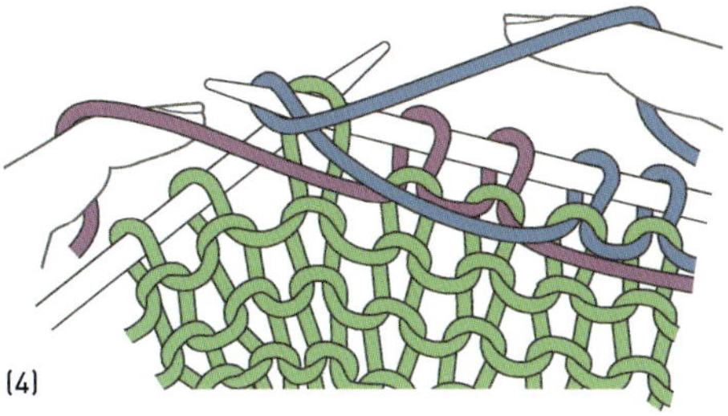

(4)

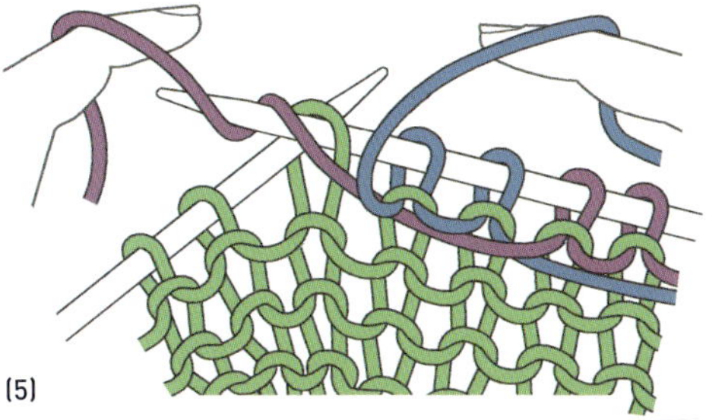

(5)

FIXER LES FILS SUR L'ENVERS DU TRAVAIL

Quand vous travaillez avec deux fils de couleurs différentes qui doivent passer derrière plus de cinq mailles, il faut les fixer sur l'envers du travail toutes les trois ou quatre mailles pour éviter qu'ils pendent et obtenir un travail régulier. Veillez à ne pas fixer les fils entre les mêmes mailles pour ne pas former de lignes visibles sur l'endroit. Cette méthode donne un tricot épais un peu moins souple que lorsque les fils sont seulement tendus entre les mailles tricotées.

Fils tenus dans les deux mains

Cette méthode est plus rapide quand on tient un fil dans chaque main mais peut être adaptée pour les tenir tous les deux dans la main droite.

Sur un rang endroit, tricotez avec le fil de la main droite jusqu'à l'emplacement du changement de couleur. Piquez l'aiguille droite dans la maille suivante. Faites passer le fil de la main gauche (voir page 22) sous le premier fil et sur l'aiguille droite, d'arrière en avant (6). Tricotez la maille avec le premier fil (7), en faisant passer la nouvelle maille sous la boucle formée avec le second fil de manière à la faire tomber de l'aiguille droite. Rabaissez le second fil avec le pouce gauche pour le fixer au travail en tricotant la maille suivante, avec le premier fil.

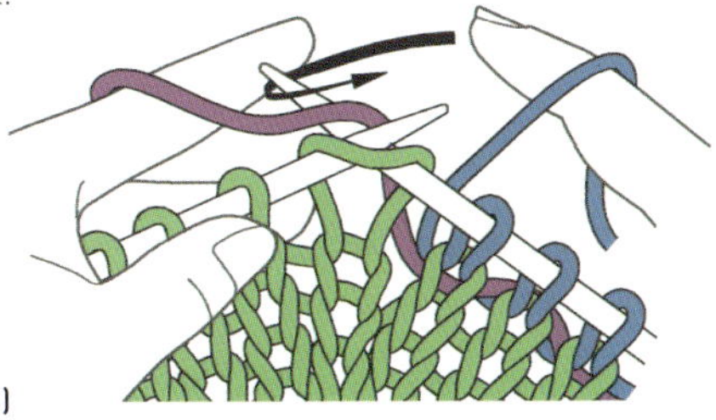

(6)

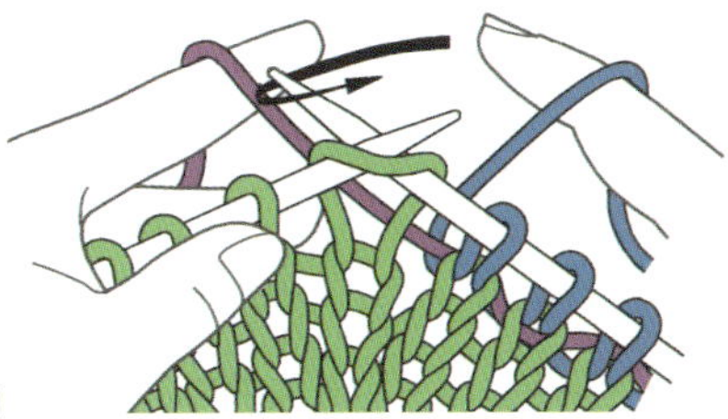

(7)

Sur un rang envers, tenez le fil comme précédemment. Piquez dans la maille voulue en la prenant comme pour la tricoter à l'envers et faites passer le second fil par-dessus l'aiguille droite, d'avant en arrière (8). Tricotez la maille à l'envers avec le premier fil, en faisant passer la nouvelle maille sous la boucle formée par le second fil pour faire tomber cette dernière de l'aiguille droite (9). Rabaissez le second fil avant de tricoter la maille suivante.

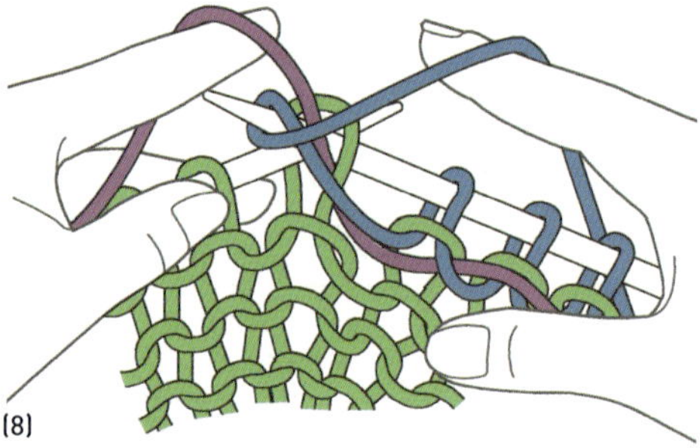

(8)

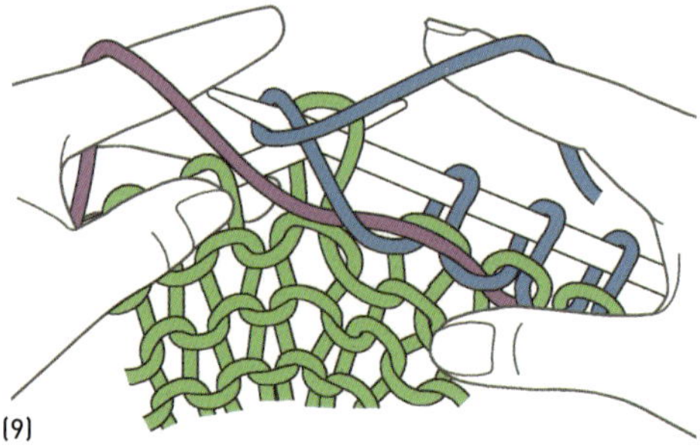

(9)

L'INTARSIA

Quand un rang contient plusieurs zones colorées comme lors de la réalisation de rayures verticales ou de motifs en intarsia, il est impossible de faire courir les fils derrière le travail car cela nuirait à sa régularité. La méthode employée consiste alors à faire des pelotons en enroulant un peu de chaque fil autour d'une bobine avant de commencer à tricoter.

Croiser les fils

Tricotez avec la première couleur indiquée sur le modèle jusqu'à l'emplacement du second fil. Faites la première maille de la seconde couleur à environ 10 cm du début du nouveau fil pour pouvoir le rentrer par la suite. Tricotez le nombre de mailles voulu avec le second fil puis laissez pendre son peloton sur l'envers du travail. Commencez le troisième fil de la même façon.

Aux rangs suivants, commencez les nouveaux fils comme expliqué ci-dessus et croisez les fils entre les zones colorées pour éviter que se forment des trous (10, 11).

Une fois une zone colorée terminée, coupez le fil à 10 cm du tricot pour pouvoir le rentrer par la suite.

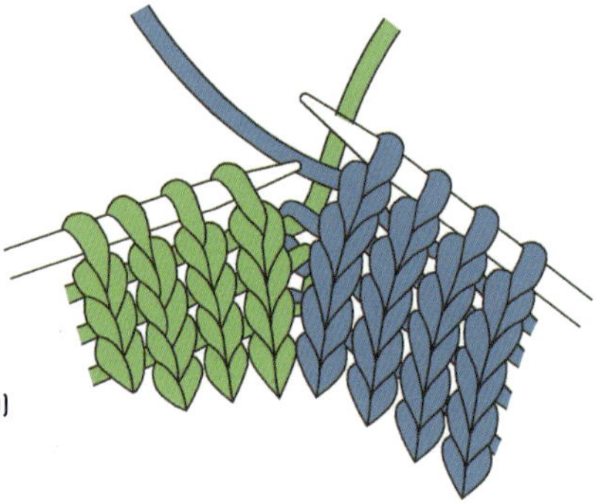

(10)

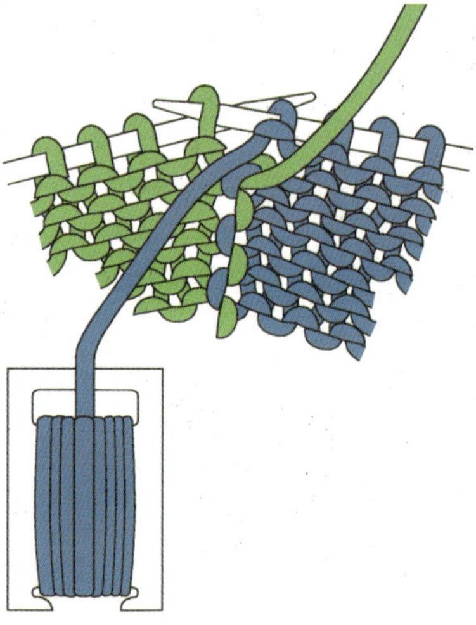

(11)

LES LISIÈRES

Les mailles lisière permettent d'obtenir des bords latéraux bien nets. Les lisières d'une seule maille facilitent l'assemblage des morceaux et aident à relever des mailles sur le bord du tricot. Les lisières de deux mailles forment un bord décoratif parfait pour les morceaux dont les bords resteront tels quels. Il est parfois indispensable d'ajouter des mailles au bord du tricot afin que le motif se poursuive de part et d'autre d'une couture.

LISIÈRE D'UNE MAILLE EN JERSEY

Cette lisière convient aux morceaux destinés à être cousus bord à bord ou le long desquels vous devrez relever des mailles (1). Sur les rangs endroit, glissez la première maille en la prenant comme pour la tricoter à l'endroit et tricotez la dernière maille à l'endroit. Sur les rangs envers, glissez la première maille en la prenant comme pour la tricoter à l'envers et tricotez la dernière maille à l'envers.

LISIÈRE D'UNE MAILLE EN POINT MOUSSE

Cette technique forme un bord plat de part et d'autre des morceaux tricotés en point mousse (2). À chaque rang, glissez la première maille en la prenant comme pour la tricoter à l'envers, mettez le fil derrière le travail et tricotez toutes les mailles à l'endroit jusqu'à la fin du rang.

LISIÈRE D'UNE MAILLE EN POINT DE RIZ

Cette lisière donne un bord ferme aux morceaux en jersey et permet de réaliser des coutures rigides (3). Tricotez à l'endroit la première et la dernière maille de chaque rang.

LISIÈRE DE DEUX MAILLES EN POINT MOUSSE

Cette méthode forme un bord ferme et régulier qui ne roule pas (4). À chaque rang, glissez la première maille en la prenant comme pour la tricoter à l'endroit puis tricotez à l'endroit la seconde maille, terminez le rang par deux mailles endroit.

(1)

(2)

(3)

(4)

CORRIGER LES ERREURS

Regarder attentivement votre tricot tous les quelques rangs pour vérifier que vous n'avez pas fait d'erreur. (Plus tôt vous les remarquerez, plus elles seront faciles à corriger.)

COMMENT DÉFAIRE UN RANG

Sans enlever les aiguilles, glissez la pointe de l'aiguille gauche d'avant en arrière dans la maille située sous la première maille de l'aiguille droite. Tirez l'aiguille droite en arrière pour libérer la maille du dessus et transférer celle du dessous sur l'aiguille gauche (1). Répétez jusqu'à ce que vous puissiez retricoter correctement les mailles que vous souhaitiez défaire.

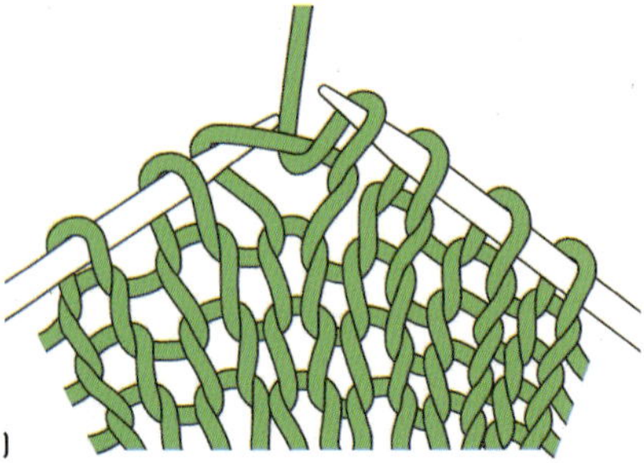

(1)

RATTRAPER UNE MAILLE PERDUE

Commencez par défaire les mailles du dernier rang ou par tricoter celles du rang suivant jusqu'à l'emplacement de la maille perdue.

Rattraper une maille endroit

Tenez le travail endroit vers vous. Glissez la pointe de l'aiguille droite d'avant en arrière dans la maille perdue puis sous le fil horizontal situé juste au-dessus. Piquez l'aiguille gauche dans la maille, d'arrière en avant, et faites-la passer par-dessus le fil horizontal avant de la laisser tomber (2). Remettez la maille sur l'aiguille gauche et tricotez-la normalement.

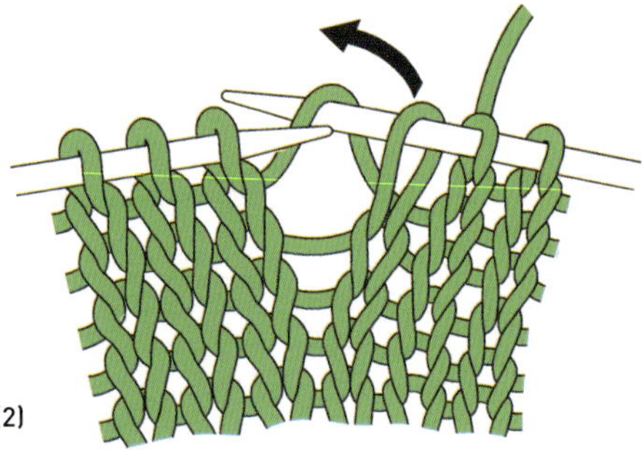

(2)

Rattraper une maille envers

Envers du tricot face à vous, glissez l'aiguille droite d'arrière en avant dans la maille perdue puis sous le fil horizontal situé au-dessus. Piquez l'aiguille gauche dans la maille, d'avant en arrière, faites-la passer par-dessus le fil horizontal et laissez-la tomber de l'aiguille droite (3), remettez la maille sur l'aiguille gauche et tricotez-la normalement.

(3)

Rattraper une maille sur plusieurs rangs

Cette technique est plus facile à faire sur du jersey mais peut être adaptée pour remailler d'autres points simples. Vous pouvez l'employer pour corriger une erreur située à quelques rangs, en créant une « échelle » jusqu'à l'endroit voulu. Ne l'utilisez que sur quatre ou cinq rangs. Au-delà, mieux vaut défaire l'ouvrage et le retricoter pour obtenir un résultat régulier.

Éloignez les mailles des pointes des aiguilles et posez le tricot à plat, endroit vers le haut. Glissez un crochet dans la maille située à la base de « l'échelle » puis sous le fil horizontal situé juste au-dessus (4). Faites pivoter le crochet et ramenez le fil à travers la maille. Répétez jusqu'en haut de l'échelle et mettez la dernière maille sur l'aiguille gauche

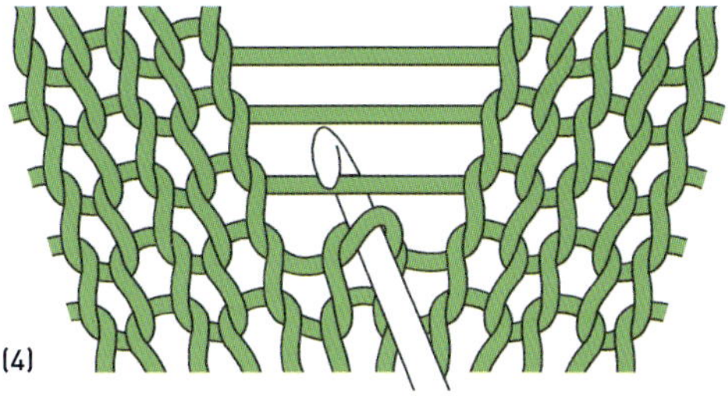

(4)

DÉFAIRE PLUSIEURS RANGS

Ôtez le tricot des aiguilles et tenez-le dans une main. Défaites soigneusement chaque rang jusqu'à celui situé au-dessus du rang contenant l'erreur. Remettez les mailles sur une aiguille et défaites le dernier rang comme expliqué page 34.

CORRIGER UNE ERREUR DANS UN POINT COMPLEXE

Il est souvent plus facile et préférable de défaire les tricots ajourés, à torsades ou en jacquard mais, dans certains cas, il est possible de corriger une erreur sans avoir à tout défaire.

Repartir d'un rang situé sous une erreur

Enfilez une aiguille plus fine que celles utilisées pour tricoter sous le premier brin de chaque maille d'un rang situé sous celui qui contient l'erreur. Choisissez un rang qui ne contient pas trop de mailles fantaisie pour bien les distinguer. Défaites le travail jusqu'à la nouvelle aiguille (5). Transférez les mailles sur une aiguille de la taille voulue en veillant à les orienter dans le bon sens.

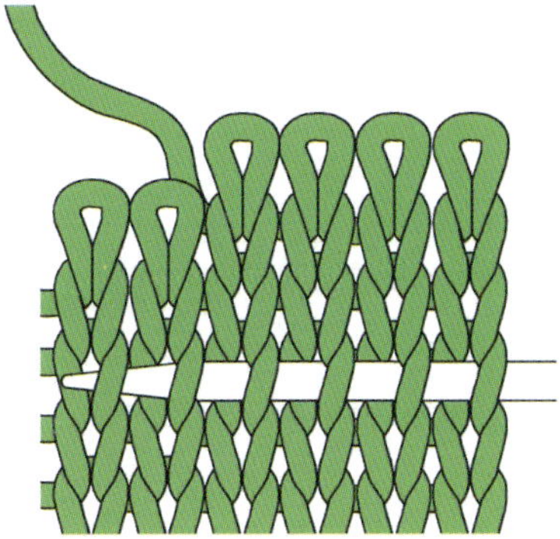

(5)

Corriger les erreurs de couleur

Si vous avez fait un ou plusieurs rangs avec un fil d'une mauvaise couleur, vous pouvez y remédier grâce à la méthode du grafting.

Glissez une aiguille plus fine que celles utilisées pour tricoter dans les mailles des rangs situés juste au-dessus et au-dessous du ou des rangs à remplacer. Coupez le fil au milieu de la bande de la mauvaise couleur et défaites-la pour obtenir deux morceaux de tricot. Retricotez le nombre de rangs voulu moins un sur le morceau du bas.

Posez les morceaux bord à bord. Enfilez une aiguille à tapisserie avec le fil voulu pour le rang de jonction. Faites sortir l'aiguille d'arrière en avant dans la première maille du morceau du bas.

Piquez dans la boucle située à la base de la première maille du morceau du haut puis repiquez dans la première maille du morceau du bas.

Continuez de la même façon jusqu'au bout du rang, en changeant de couleur aux endroits voulus et en veillant à former des mailles régulières. Vous rentrerez les fils une fois l'ouvrage fini.

ASTUCE Quand vous arrivez au bout d'une pelote, n'en commencez jamais une autre en cours de rang, même si vous continuez avec le même fil. Changez toujours de fil au bord du travail. Pour cela, faites les premières mailles du rang avec le nouveau fil puis nouez-le à l'ancien au bord du tricot. Une fois l'ouvrage fini, vous déferez les nœuds et rentrerez les fils dans les coutures (voir page 36).

LES FINITIONS

Une fois les morceaux tricotés, vous devez rentrer tous les fils et mettre l'ouvrage en forme et/ou le repasser. Si vous avez tricoté un vêtement, vous devrez aussi coudre ses différents morceaux et relever des mailles à certains endroits pour tricoter des bordures.

COMMENT RENTRER LES FILS

Les extrémités des fils se trouvent normalement au bord des morceaux (sauf pour les ouvrages en intarsia). Avec une aiguille à tapisserie, rentrez-les souplement sur environ 5 cm dans les mailles lisières (1) puis coupez-les.

(1)

Si vous avez changé de fil en cours de rang, comme dans les tricots en intarsia, rentrez-les en les faisant passer sous les boucles formées par les mailles sur l'envers, pour qu'ils ne se voient pas sur l'endroit du travail (2). Ne tirez pas trop sur l'aiguille et essayez de rentrer tous les fils derrière des zones de la même couleur.

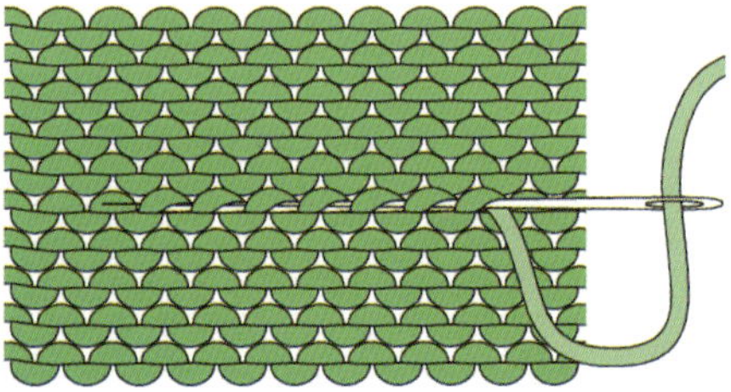

(2)

MISE EN FORME ET REPASSAGE

Consultez les étiquettes des pelotes. Si elles ne mentionnent pas l'entretien du fil, faites un essai sur l'échantillon. Le repassage et la mise en forme sont recommandés pour les tricots en jersey car ils lissent et atténuent leurs irrégularités. Toutefois, la plupart des matières synthétiques ne supportent pas ces traitements, qui font également perdre leur élasticité aux côtes. Vous pouvez mettre en forme les ouvrages contenant des points en relief ou ajourés mais mieux vaut ne pas les repasser.

Mise en forme d'un ouvrage

La mise en forme permet de donner aux morceaux de tricot exactement la forme et les dimensions voulues. Étalez une feuille de plastique sur une grande surface plane. Ajoutez une couverture pliée et/ou des serviettes de toilette épaisses et terminez par un vieux drap. Épinglez le tricot sur le tout, endroit vers le haut, en plaçant des épingles en acier inoxydable à des endroits stratégiques [3].

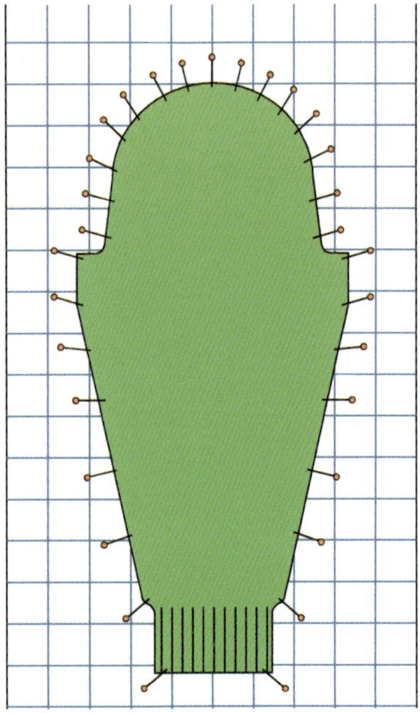

(3)

Vérifiez que les rangs et les mailles sont droits et que le tricot a les dimensions voulues. Épinglez les bords du tricot tous les 5 cm ou plus près le long des courbes, pour les empêcher de rouler. Ne tirez pas trop sur l'ouvrage (mais étendez les points ajourés, qui ont avantage à être légèrement étirés). Ne placez pas d'épingle le long des côtes. Vaporisez un peu d'eau froide sur le tricot et laissez sécher complètement, loin de toute source de chaleur.

Le repassage

Posez le tricot endroit vers le bas sur une surface plane rembourrée. Épinglez-le perpendiculairement à ses bords, en enfonçant dans le rembourrage des épingles en acier inoxydable. N'épinglez pas et ne repassez pas les côtes.

Si l'ouvrage est en fibres naturelles, utilisez une pattemouille en coton et un fer à vapeur réglé sur la température qui convient au fil. S'il est en fibres mélangées, posez dessus un morceau de coton sec et réglez le fer sur une température basse. Appliquez brièvement le fer, sans appuyer, et déplacez-le en le soulevant et non en le faisant glisser.

Mieux vaut éviter de repasser les points en relief et certaines fibres, comme le mohair ou l'angora, mais rien ne vous empêche de leur donner un « bain de vapeur ». Posez un linge humide sur le tricot et tenez un fer à vapeur réglé sur une température modérée au-dessus du linge pour envoyer de la vapeur sur le tricot.

RELEVER DES MAILLES SUR UN BORD

Il est parfois nécessaire de relever des mailles le long du bord du tricot, par exemple pour tricoter les bandes de boutonnage ou les cols. Pour répartir les mailles régulièrement le long du bord, piquez dedans des épingles à intervalles réguliers et relevez le même nombre de mailles dans chaque intervalle (4).

Endroit du travail vers vous, piquez dans une maille avec une aiguille plus fine que celles utilisées pour tricoter. Faites passer le fil d'une nouvelle pelote autour de l'aiguille et tirez pour former une maille. Répétez le nombre de fois voulu.

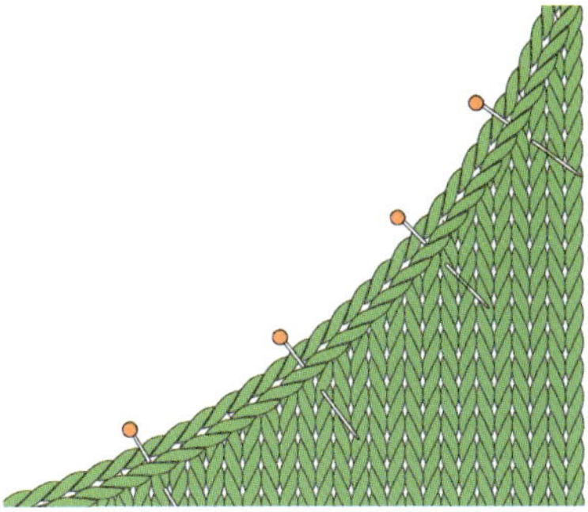
(4)

Le long d'un bord vertical, par exemple pour tricoter une bande de boutonnage, relevez la première maille en piquant entre la première et la seconde maille du premier rang (5) et les mailles suivantes en piquant entre les mailles situées juste au-dessus.

(5)

Le long d'un rang de finition, par exemple au début d'une encolure ouverte, piquez au centre des mailles du rang situé sous le rang de finition (6).

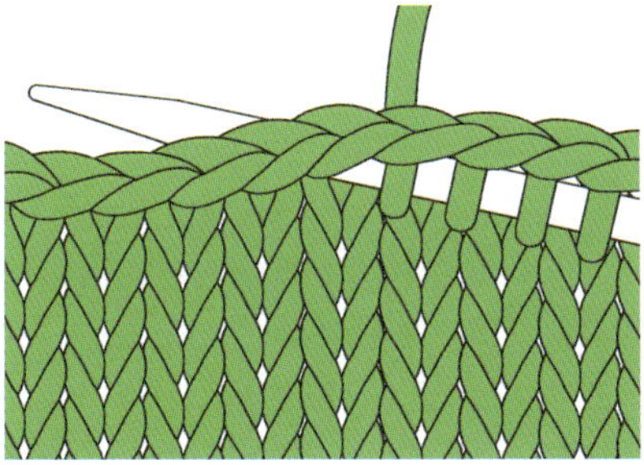
(6)

Veillez à relever vos mailles le long d'une ligne continue, sans créer de trous. Pour cela, lorsque vous relevez des mailles au bord d'une encolure, montez un peu plus de mailles que nécessaire et faites quelques diminutions en tricotant le premier rang des côtes.

LES BOUTONNIÈRES

Les boutonnières sont à la fois pratiques et faciles à faire en cours de travail. Les plus solides se forment en rabattant des mailles. Elles sont en général horizontales sur les bandes de boutonnage tricotées séparément et verticales sur celles tricotées en partant d'un bord.

Endroit du travail vers vous, tricotez la bande de boutonnage jusqu'à l'emplacement de la boutonnière. Rabattez le nombre de mailles voulu (souvent deux à quatre, en fonction de l'épaisseur du fil et de la taille des boutons) (7). Terminez le rang normalement.

Au rang suivant, tricotez jusqu'aux mailles rabattues. Montez le même nombre de mailles (8) et terminez le rang normalement.

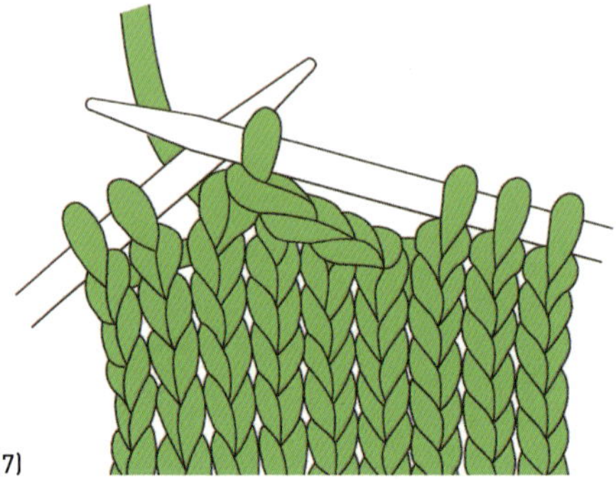
(7)

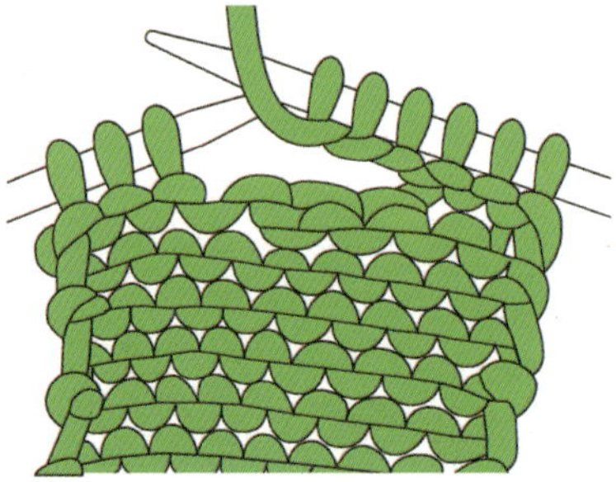
(8)

ASTUCE Pour faire une petite boutonnière, par exemple pour un vêtement de bébé, faites un jeté et tricotez deux mailles ensemble au rang suivant.

LA COUTURE

Des coutures souples et régulières sont essentielles à la confection d'un vêtement pratique et confortable. Vous pouvez coudre les bords ou les tricoter ensemble.

Utilisez une aiguille à tapisserie et 20 cm de fil à tricoter. Si votre fil est particulièrement irrégulier ou fragile, optez pour un fil lisse de même couleur et de même composition. Une fois la couture finie, rentrez les extrémités du fil dans l'ouvrage.

Couture invisible

Cette technique forme un assemblage régulier et invisible, parfait pour les coutures des côtes.

Posez les morceaux côte à côte sur une surface plane, endroit vers le haut. Le long d'un bord vertical, piquez entre les deux premières mailles du premier rang. Le long d'un rang de finition, piquez au milieu de la première maille du bord. Ressortez deux rangs plus loin si le tricot est en jersey endroit et un rang plus loin s'il est en jersey envers, en laissant pendre un peu de fil. Piquez au même endroit sur l'autre bord. Ressortez deux rangs plus haut. Repiquez à l'endroit d'où sort le fil sur le premier bord et ressortez deux rangs plus haut (9).

Continuez sur environ 2 cm, tirez sur le fil pour rapprocher les bords puis étirez légèrement la couture pour lui rendre sa souplesse.

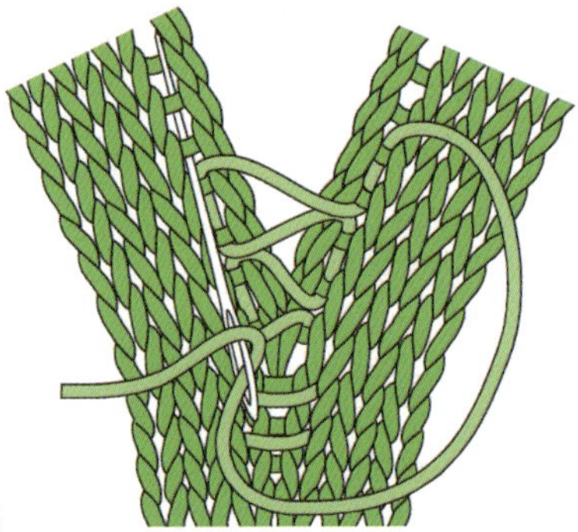
(9)

Le point arrière

Le point arrière est pratique pour réunir des bords qui ne contiennent pas le même nombre de mailles, comme ceux des manches montées, et les épaules rabattues en plusieurs fois.

Posez les morceaux l'un sur l'autre, endroit contre endroit. Piquez à une maille du bord du tricot, en laissant pendre un peu de fil. Ressortez deux mailles plus à gauche. Repiquez une maille à droite du point de sortie du fil (10). Continuez en formant les points à une maille du bord pour obtenir une couture nette des deux côtés.

(10)

Le grafting

Le grafting consiste à réunir deux morceaux de tricot en reformant un rang de mailles entre eux pour créer une couture invisible. Il ne peut servir à assembler que des bords ayant le même nombre de mailles, comme ceux des épaules droites. Il ne convient pas aux fils très épais, qui risquent d'alourdir une manche et de déformer les mailles de la couture.

Sans enlever les aiguilles, tenez les deux morceaux à assembler dans la main gauche, envers contre envers, ou posez-les bord à bord sur une surface plane, endroit vers le haut.

Si l'ouvrage est en jersey endroit, faites sortir l'aiguille d'arrière en avant dans la première maille du bord inférieur puis du bord supérieur. Repiquez dans la première maille du bord inférieur et ressortez dans la maille suivante du même bord. Répétez sur l'autre bord (11). Continuez à assembler les mailles deux par deux de la même façon jusqu'à l'extrémité de la couture (12).

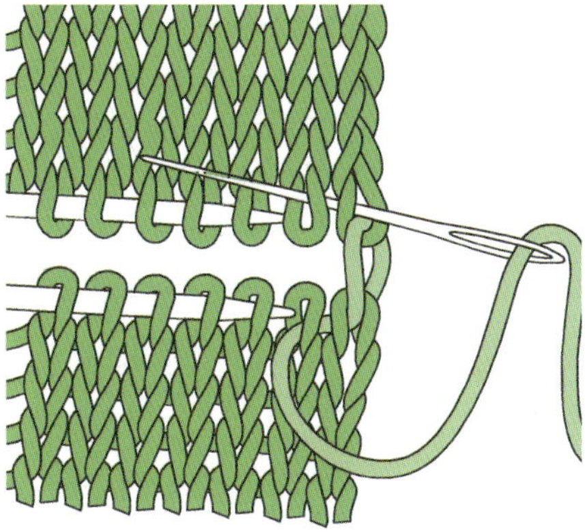

(11)

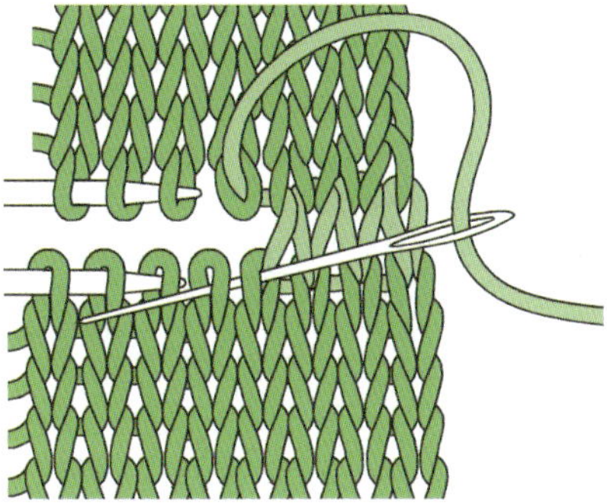

(12)

Si l'ouvrage est en point mousse, faites sortir l'aiguille dans la première maille de chaque bord comme précédemment. Repiquez dans la maille suivante du bord supérieur puis dans la première maille du bord inférieur. Répétez jusqu'à la fin de la couture.

L'ENTRETIEN DES TRICOTS FINIS

Après avoir passé des heures à tricoter un vêtement ou un article d'ameublement, vous espérez sûrement pouvoir en profiter pendant de nombreuses années. Les tricots bien entretenus conservent normalement leurs couleurs, leur texture et leur forme originale.

LE NETTOYAGE

Beaucoup de fils à tricoter se lavent en machine. Vous trouverez normalement des instructions concernant leur entretien sur les étiquettes des pelotes. En cas de doute, lavez vos articles à la main (à moins d'indications contraires).

Lavez les tricots à la main avec du savon en paillettes ou une lessive douce et de l'eau froide ou tiède. Retournez les vêtements avant de les laver. Ne frottez pas le tricot. Soulevez-le délicatement et plongez-le dans l'eau pour faire mousser le savon. Rincez deux ou trois fois pour éliminer toute trace de produit. Ne tordez jamais un tricot pour l'essorer. Pressez-le doucement avec les deux mains pour en extraire le maximum d'eau. Épinglez ou roulez l'article dans une serviette de toilette pour absorber le reste d'eau. Ne mettez jamais un article en laine dans un séchoir à tambour.

Posez l'article à plat sur une surface qui ne risque pas de déteindre et procédez à sa mise en forme. Laissez sécher loin de toutes sources de chaleur ou de lumière naturelle. Une fois l'ouvrage sec, vous pourrez le suspendre à l'extérieur, en plaçant des épingles sous ses emmanchures.

Pour laver et sécher un tricot en machine, suivez les instructions fournies par les étiquettes des pelotes. Retournez les vêtements avant de les mettre en machine. Vous pouvez également placer vos ouvrages dans des taies d'oreiller pour éviter qu'ils se déforment. Retirez l'article de la machine dès que la lessive est terminée pour qu'il ne se froisse pas. Laissez sécher à plat en redonnant sa forme à l'ouvrage, comme précédemment.

Les ouvrages qui ont séché en forme n'ont normalement pas besoin d'être repassés. Si cela s'avère quand même nécessaire, suivez les instructions fournies par les étiquettes du fil et reportez-vous à la page 37.

LE RANGEMENT

Ne suspendez jamais un vêtement tricoté à un cintre, son poids le déformerait irrémédiablement. Les tricots se plient et se rangent dans des tiroirs ou sur des étagères. Si vous souhaitez laisser un article rangé pendant une période assez longue, mettez-le dans un sac ou une boîte en plastique avec un antimite naturel.

LES PETITES RÉPARATIONS

Gardez toujours un peu de fil et quelques boutons supplémentaires pour pouvoir réparer les petits accrocs. Si un fil du tricot a été tiré, ne le coupez pas, vous ne feriez que créer un trou. Au lieu de cela, reformez chaque maille avec une aiguille à tapisserie, en allant du fil tiré vers l'extrémité de l'accroc. Si l'ouvrage peluche, ôtez délicatement les petites boules de fibres, à la main ou avec du ruban adhésif.

Réparez immédiatement les petits trous, pour les empêcher de grandir. Prenez une aiguille à tapisserie et un fil assorti à l'ouvrage. Faites sortir l'aiguille sur l'endroit du travail, dans la première maille située à droite du trou. Passez alternativement dans les mailles situées au-dessus et au-dessous du trou pour reconstituer les mailles manquantes. Pour terminer, rentrez les extrémités du fil sur l'envers du travail.

SYMBOLES D'ENTRETIEN DU LINGE

LAVAGE :
le numéro indiqué dans le cuvier indique la température maximale à utiliser.

Coton
(pas de trait sous le cuvier)
Le fil supporte une action mécanique normale à la température indiquée

Synthétiques
(un trait sous le cuvier)
Le fil supporte une action mécanique réduite à la température indiquée

Laine
(ligne brisée sous le cuvier)
Le fil supporte une action mécanique très réduite à la température indiquée

Lavage à la main
Ne pas laver en machine

SÉCHAGE EN TAMBOUR

Séchage en tambour autorisé

Séchage en tambour autorisé sans restriction concernant la température

Séchage en tambour à température réduite

Séchage en tambour interdit

REPASSAGE

Supporte un fer très chaud (200° maximum)

Supporte un fer chaud (150° maximum)

Repasser à basse température (110° maximum)

Ne pas repasser

Nettoyage à sec
Les lettres inscrites dans le cercle indiquent aux professionnels quel solvant utiliser

Peut être nettoyé à sec

Ne pas nettoyer à sec

CHLORAGE

Traitement à l'eau de javel autorisé

Chlorage interdit

SÉCHAGE

Faire sécher à plat

Les points

Vous trouverez dans les pages suivantes plus de 300 points de tricot, pour la plupart faciles à réaliser, destinés à séduire les expertes comme les débutantes. Légèrement texturés ou très en relief, unis ou multicolores, ils vous permettront de tricoter toutes sortes d'ouvrages, des pulls de Guernesey aux pulls irlandais en passant par des modèles ajourés et des jacquards. Tournez la page et vous n'aurez plus que l'embarras du choix !

Les points en mailles endroit et envers

Les mailles de base (endroit et envers) permettent de créer des points aux textures variées. Les pages suivantes présentent les plus connus, souvent utilisés pour tricoter des fonds destinés à mettre en valeur des points texturés, comme des torsades et des points ajourés.

Ce chapitre donne un aperçu des centaines de points conçus par des générations de tricoteuses. Certains sont très connus alors que d'autres portent des noms différents selon les régions. La plupart doivent leur nom à leur aspect ou à leur lieu de « naissance ».

Que vous optiez pour le motif discret du semis piqué simple, le relief marqué du point de riz ou la texture plus prononcée du point mosaïque, choisissez un fil simple, lisse et uni, et tricotez serré plutôt que lâche pour mettre les points en valeur.

JERSEY ENDROIT

Réalisable sur n'importe quel nbre de mailles

Rg 1: (end. du trav.) tric. ttes les m. à l'end.

Rg 2: tric. ttes les m. à l'env.

Rép. ces 2 rgs.

JERSEY ENVERS

Réalisable sur n'importe quel nbre de mailles

Rg 1: (end. du trav.) tric. ttes les m. à l'env.

Rg 2: tric. ttes les m. à l'end.

Rép. ces 2 rgs.

Point MOUSSE (réversible)

Réalisable sur n'importe quel nbre de mailles

Tous les rgs : tric. ttes les m. à l'end.

JERSEY ENDROIT (haut)
JERSEY ENVERS (milieu)
POINT MOUSSE (bas)

SEMIS PIQUÉ SIMPLE

Multiple de 4 m. plus 1

Rg 1 : (end. du trav.) 1 m. env. * 3 m. end., 1 m. env., rép. depuis * jusqu'à la fin du rg.

Rg 2 : tric. ttes les m. à l'env.

Rg 3 : tric. ttes les m. à l'end.

Rg 4 : tric. ttes les m. à l'env.

Rg 5 : 2 m. end., 1 m. env., *3 m. end., 1 m. env., rép. depuis * jusqu'à 2 m. de la fin du rg, 2 m. end.

Rg 6 : tric. ttes les m. à l'env.

Rg 7 : tric. ttes les m. à l'end.

Rg 8 : tric. ttes les m. à l'env.

Rép. ces 8 rgs.

LOSANGES AU POINT DE RIZ

Multiple de 12 m. plus 1

Rg 1 : (end. du trav.) *1 m. end., 1 m. env., 9 m. end., 1 m. env., rép. depuis * jusqu'à 1 m. de la fin du rg, 1 m. end.

Rg 2 : 1 m. end., *1 m. env., 1 m. end., 7 m. env., 1 m. end., 1 m. env., 1 m. end., rép. depuis * jusqu'à la fin du rg.

Rg 3 : *2 fs (1 m. end., 1 m. env.), 5 m. end., 1 m. env., 1 m. end., 1 m. env., rép. depuis * jusqu'à 1 m. de la fin du rg, 1 m. end.

Rg 4 : 1 m. end., *2 fs (1 m. env., 1 m. end.), 3 m. env., 1 m. end., 1 m. env., 1 m. end., 2 m. env., rép. depuis * jusqu'à la fin du rg.

Rg 5 : *3 m. end., 1 m. env., 3 fs (1 m. end., 1 m. env.), 2 m. end., rép. depuis * jusqu'à 1 m. de la fin du rg, 1 m. end.

Rg 6 : 1 m. env., *3 m. env., 1 m. end., 2 fs (1 m. env., 1 m. end.), 4 m. env., rép. depuis * jusqu'à la fin du rg.

Rg 7 : *5 m. end., 1 m. env., 1 m. end., 1 m. env., 4 m. end., rép. depuis * jusqu'à 1 m. de la fin du rg, 1 m. end.

Rg 8 : comme le rg 6.

Rg 9 : comme le rg 5.

Rg 10 : comme le rg 4.

Rg 11 : comme le rg 3.

Rg 12 : 1 m. end., *1 m. env., 1 m. end., 7 m. env., 1 m. end., 1 m. env., 1 m. end., rép. depuis * jusqu'à la fin du rg.

Rép. ces 12 rgs.

Point de RIZ (réversible)

Multiple de 2 m.

Rg 1 : *1 m. end., 1 m. env., rép. depuis * jusqu'à la fin du rg.

Rg 2 : *1 m. env., 1 m. end., rép. depuis * jusqu'à la fin du rg.

Rép. ces 2 rgs.

Multiple de 2 m. plus 1

Rg 1 : *1 m. end., 1 m. env., rép. depuis * jusqu'à 1 m. de la fin du rg, 1 m. end.

Rép. ce rg.

SEMIS PIQUÉ SIMPLE (haut)
LOSANGES AU POINT DE RIz (milieu)
POINT DE RIZ (bas)

Point de DAMIER 2/2

(réversible)

Multiple de 4 m. plus 2

Rg 1 : *2 m. end., 2 m. env., rép. depuis * jusqu'à 2 m. de la fin du rg, 2 m. end.

Rg 2 : *2 m. env., 2 m. end., rép. depuis * jusqu'à 2 m. de la fin du rg, 2 m. env.

Rg 3 : comme le rg 2.

Rg 4 : comme le rg 1.

Rép. ces 4 rgs.

CHEVRON PIQUÉ

Multiple de 8 m.

Rg 1 : (end. du trav.) *1 m. env., 3 m. end., rép. depuis * jusqu'à la fin du rg.

Rg 2 : *1 m. end., 5 m. env., 1 m. end., 1 m. env., rép. depuis * jusqu'à la fin du rg.

Rg 3 : *2 m. end., 1 m. env., 3 m. end., 1 m. env., 1 m. end., rép. depuis * jusqu'à la fin du rg.

Rg 4 : *2 m. env., 1 m. end., 1 m. env., 1 m. end., 3 m. env., rép. depuis * jusqu'à la fin du rg.

Rép. ces 4 rgs.

CÔTES EN CHEVRONS (réversible)

Multiple de 12 m.

Rg 1 : *3 m. end., 5 m. env., 3 m. end., 1 m. env., rép. depuis * jusqu'à la fin du rg.

Rg 2 : *1 m. end., 3 m. env., 5 m. end., 3 m. env., rép. depuis * jusqu'à la fin du rg.

Rg 3 : 1 m. env., *3 m. end., 3 m. env., rép. depuis * jusqu'à 5 m. de la fin du rg, 3 m. end., 2 m. env.

Rg 4 : 2 m. end., 3 m. env., *3 m. end., 3 m. env., rép. depuis * jusqu'à 1 m. de la fin du rg, 1 m. end.

Rg 5 : *2 m. env., 3 m. end., 1 m. env., 3 m. end., 3 m. env., rép. depuis * jusqu'à la fin du rg.

Rg 6 : *3 m. end., 3 m. env., 1 m. end., 3 m. env., 2 m. end., rép. depuis * jusqu'à la fin du rg.

Rg 7 : *3 m. env., 5 m. end., 3 m. env., 1 m. end., rép. depuis * jusqu'à la fin du rg.

Rg 8 : *1 m. env., 3 m. end., 5 m. env., 3 m. end., rép. depuis * jusqu'à la fin du rg.

Rg 9 : 1 m. end., *3 m. env., 3 m. end., rép. depuis * jusqu'à 5 m. de la fin du rg, 3 m. env., 2 m. end.

Rg 10 : 2 m. env., 3 m. end., *3 m. env., 3 m. end., rép. depuis * jusqu'à 1 m. de la fin du rg, 1 m. env.

Rg 11 : *2 m. end., 3 m. env., 1 m. end., 3 m. env., 3 m. end., rép. depuis * jusqu'à la fin du rg.

Rg 12 : *3 m. env., 3 m. end., 1 m. env., 3 m. end., 2 m. env., rép. depuis * jusqu'à la fin du rg.

Rép. ces 12 rgs.

POINT DE DAMIER 2/2 (haut)
CHEVRON PIQUÉ (milieu)
CÔTES EN CHEVRONS (bas)

Point PIQUÉ OBLIQUE

Multiple de 5 m.

Rg 1 : (end. du trav.) *4 m. end., 1 m. env., rép. depuis * jusqu'à la fin du rg.

Rg 2 : *1 m. env., 1 m. end., 3 m. env., rép. depuis * jusqu'à la fin du rg.

Rg 3 : *2 m. end., 1 m. env., 2 m. end., rép. depuis * jusqu'à la fin du rg.

Rg 4 : *3 m. env., 1 m. end., 1 m. env., rép. depuis * jusqu'à la fin du rg.

Rg 5 : *1 m. env., 4 m. end., rép. depuis * jusqu'à la fin du rg.

Rg 6 : *1 m. end., 4 m. env., rép. depuis * jusqu'à la fin du rg.

Rg 7 : *3 m. end., 1 m. env., 1 m. end., rép. depuis * jusqu'à la fin du rg.

Rg 8 : *2 m. env., 1 m. end., 2 m. env., rép. depuis * jusqu'à la fin du rg.

Rg 9 : *1 m. end., 1 m. env., 3 m. end., rép. depuis * jusqu'à la fin du rg.

Rg 10 : *4 m. env., 1 m. end., rép. depuis * jusqu'à la fin du rg.

Rép. ces 10 rgs.

Astuce

Les points en diagonale ont tendance à se déformer. Pour limiter ce phénomène, préférez les fils torsadés serré aux fils lâches et ne tordez pas le tricot quand vous le lavez.

DAMIER EN JERSEY ET CÔTES

Multiple de 13 m.

Rg 1 : (end. du trav.) *5 m. end., 4 fs (1 m. env., 1 m. end.), rép. depuis * jusqu'à la fin du rg.

Rg 2 : *4 fs (1 m. env., 1 m. end.), 5 m. env., rép. depuis * jusqu'à la fin du rg.

Rgs 3, 5 et 7 : comme le rg 1.

Rgs 4, 6 et 8 : comme le rg 2.

Rg 9 : *4 fs (1 m. end., 1 m. env.), 5 m. end., rép. depuis * jusqu'à la fin du rg.

Rg 10 : *5 m. env., 4 fs (1 m. end., 1 m. env.), rép. depuis * jusqu'à la fin du rg.

Rgs 11, 13 et 15 : comme le rg 1.

Rgs 12, 14 et 16 : comme le rg 2.

Rép. ces 16 rgs.

Point de RIZ DOUBLE (réversible)

Multiple de 2 m.

Rg 1 : *1 m. end., 1 m. env., rép. depuis * jusqu'à la fin du rg.

Rg 2 : comme le rg 1.

Rg 3 : *1 m. env., 1 m. end., rép. depuis * jusqu'à la fin du rg.

Rg 4 : comme le rg 3.

Rép. ces 4 rgs.

Multiple de 2 m. plus 1

Rg 1 : *1 m. end., 1 m. env., rép. depuis * jusqu'à 1 m. de la fin du rg, 1 m. end.

Rg 2 : *1 m. env., 1 m. end., rép. depuis * jusqu'à 1 m. de la fin du rg, 1 m. env.

Rg 3 : comme le rg 2.

Rg 4 : comme le rg 1.

Rép. ces 4 rgs.

POINT PIQUÉ OBLIQUE (haut)
DAMIER EN JERSEY ET CÔTES (milieu)
POINT DE RIZ DOUBLE (bas)

CHEVRONS BRISÉS

Multiple de 8 m. plus 1

Rg 1 : (end. du trav.) 2 m. end., 2 m. env., 1 m. end., 2 m. env., *3 m. end., 2 m. env., 1 m. end., 2 m. env., rép. depuis * jusqu'à 2 m. de la fin du rg, 2 m. end.

Rg 2 : 3 m. env., 1 m. end., 1 m. env., 1 m. end., *5 m. env., 1 m. end., 1 m. env., 1 m. end., rép. depuis * jusqu'à 3 m. de la fin du rg, 3 m. env.

Rg 3 : 1 m. end., *1 m. env., 5 m. end., 1 m. env., 1 m. end., rép. depuis * jusqu'à la fin du rg.

Rg 4 : 1 m. env., *2 m. end., 3 m. env., 2 m. end., 1 m. env., rép. depuis * jusqu'à la fin du rg.

Rép. ces 4 rgs.

Point de GRILLE

Multiple de 8 m.

Rg 1 : (end. du trav.) *1 m. env., 7 m. end., rép. depuis * jusqu'à la fin du rg.

Rg 2 : *1 m. end., 5 m. env., 1 m. end., 1 m. env., rép. depuis * jusqu'à la fin du rg.

Rg 3 : *2 m. end., 1 m. env., 3 m. end., 1 m. env., 1 m. end., rép. depuis * jusqu'à la fin du rg.

Rg 4 : *2 m. env., 1 m. end., 1 m. env., 1 m. end., 3 m. env., rép. depuis * jusqu'à la fin du rg.

Rg 5 : *4 m. end., 1 m. env., 3 m. end., rép. depuis * jusqu'à la fin du rg.

Rg 6 : comme le rg 4.

Rg 7 : comme le rg 3.

Rg 8 : comme le rg 2.

Rép. ces 8 rgs.

PAVÉS de 4 mailles (réversible)

Multiple de 8 m.

Rgs 1, 2 et 3 : *4 m. end., 4 m. env., rép. depuis * jusqu'à la fin du rg.

Rgs 4, 5 et 6 : *4 m. env., 4 m. end., rép. depuis * jusqu'à la fin du rg.

Rép. ces 6 rgs.

CHEVRONS BRISÉS (haut)
POINT DE GRILLE (milieu)
PAVÉS DE 4 MAILLES (bas)

CHENILLES HORIZONTALES

Multiple de 10 m.

Rg 1 : (end. du trav.) *4 m. end., 6 m. env., rép. depuis * jusqu'à la fin du rg.

Rg 2 : tric. ttes les m. à l'env.

Rg 3 : tric. ttes les m. à l'end.

Rg 4 : tric. ttes les m. à l'env.

Rg 5 : *5 m. env., 4 m. end., 1 m. env., rép. depuis * jusqu'à la fin du rg.

Rg 6 : tric. ttes les m. à l'env.

Rg 7 : comme le rg 3.

Rg 8 : tric. ttes les m. à l'env.

Rép. ces 8 rgs.

Point PIQUÉ EN SAUTOIR

Multiple de 8 m.

Rg 1 : (end. du trav.) *2 m. env., 4 m. end., rép. depuis * jusqu'à la fin du rg.

Rg 2 : tric. ttes les m. à l'env.

Rg 3 : comme le rg 1.

Rg 4 : tric. ttes les m. à l'env.

Rg 5 : 3 m. end., *2 m. env., 4 m. end., rép. depuis * jusqu'à 3 m. de la fin du rg, 2 m. env., 1 m. end.

Rg 6 : tric. ttes les m. à l'env.

Rg 7 : comme le rg 5.

Rg 8 : tric. ttes les m. à l'env.

Rép. ces 8 rgs.

Point de MANNE

Multiple de 6 m.

Rg 1 : (end. du trav.) tric. ttes les m. à l'end.

Rg 2 : tric. ttes les m. à l'env.

Rg 3 : *1 m. end., 4 m. env., 1 m. end., rép. depuis * jusqu'à la fin du rg.

Rg 4 : *1 m. env., 4 m. end., 1 m. env., rép. depuis * jusqu'à la fin du rg.

Rg 5 : comme le rg 3.

Rg 6 : comme le rg 4.

Rg 7 : tric. ttes les m. à l'end.

Rg 8 : tric. ttes les m. à l'env.

Rg 9 : *2 m. env., 2 m. end., 2 m. env., rép. depuis * jusqu'à la fin du rg.

Rg 10 : *2 m. end., 2 m. env., 2 m. end., rép. depuis * jusqu'à la fin du rg.

Rg 11 : comme le rg 9.

Rg 12 : comme le rg 10.

Rép. ces 12 rgs.

CHENILLES HORIZONTALES (haut)
POINT PIQUÉ EN SAUTOIR (bas
POINT DE MANNE (milieu))

Point ANDALOU

Multiple de 2 m.

Rg 1 : (end. du trav.) tric. ttes les m. à l'end.

Rg 2 : tric. ttes les m. à l'env.

Rg 3 : *1 m. end., 1 m. env., rép. depuis * jusqu'à la fin du rg.

Rg 4 : tric. ttes les m. à l'env.

Rép. ces 4 rgs.

CHEVRONS (réversible)

Multiple de 8 m. plus 1

Rg 1 : (end. du trav.) *1 m. env., 7 m. end., rép. depuis * jusqu'à 1 m. de la fin du rg, 1 m. env.

Rg 2 : 2 m. end., *5 m. env., 3 m. end., rép. depuis * jusqu'à 7 m. de la fin du rg, 5 m. env., 2 m. end.

Rg 3 : 3 m. env., *3 m. end., 5 m. env., rép. depuis * jusqu'à 6 m. de la fin du rg, 3 m. end., 3 m. env.

Rg 4 : 4 m. end., *1 m. env., 7 m. end., rép. depuis * jusqu'à 5 m. de la fin du rg, 1 m. env., 4 m. end.

Rg 5 : *1 m. end., 7 m. env., rép. depuis * jusqu'à 1 m. de la fin du rg, 1 m. end.

Rg 6 : 2 m. env., *5 m. end., 3 m. env., rép. depuis * jusqu'à 7 m. de la fin du rg, 5 m. end., 2 m. env.

Rg 7 : 3 m. end., *3 m. env., 5 m. end., rép. depuis * jusqu'à 6 m. de la fin du rg, 3 m. env., 3 m. end.

Rg 8 : 4 m. env., *1 m. end., 7 m. env., rép. depuis * jusqu'à 5 m. de la fin du rg, 1 m. end., 4 m. env.

Rép. ces 8 rgs.

CÔTES TRIANGULAIRES (horizontales)

Multiple de 5 m.

Rg 1 : (end. du trav.) tric. ttes les m. à l'end.

Rg 2 : *1 m. end., 4 m. env., rép. depuis * jusqu'à la fin du rg.

Rg 3 : *3 m. end., 2 m. env., rép. depuis * jusqu'à la fin du rg.

Rg 4 : comme le rg 3.

Rg 5 : comme le rg 2.

Rg 6 : tric. ttes les m. à l'end.

Rép. ces 6 rgs.

POINT ANDALOU (haut)
CHEVRONS (milieu)
CÔTES TRIANGULAIRES (bas)

TRIANGLES

Multiple de 8 m. plus 1

Rg 1 : (end. du trav.) *1 m. end., 7 m. env., rép. depuis * jusqu'à 1 m. de la fin du rg, 1 m. end.

Rg 2 : 1 m. env., *7 m. end., 1 m. env., rép. depuis * jusqu'à la fin du rg.

Rg 3 : *2 m. end., 5 m. env., 1 m. end., rép. depuis * jusqu'à 1 m. de la fin du rg, 1 m. end.

Rg 4 : 1 m. env., *1 m. env., 5 m. end., 2 m. env., rép. depuis * jusqu'à la fin du rg.

Rg 5 : *3 m. end., 3 m. env., 2 m. end., rép. depuis * jusqu'à 1 m. de la fin du rg, 1 m. end.

Rg 6 : 1 m. env., *2 m. env., 3 m. end., 3 m. env., rép. depuis * jusqu'à la fin du rg.

Rg 7 : *4 m. end., 1 m. env., 3 m. end., rép. depuis * jusqu'à 1 m. de la fin du rg, 1 m. end.

Rg 8 : 1 m. env., *3 m. env., 1 m. end., 4 m. env., rép. depuis * jusqu'à la fin du rg.

Rg 9 : *4 m. env., 1 m. end., 3 m. env., rép. depuis * jusqu'à 1 m. de la fin du rg, 1 m. env.

Rg 10 : 1 m. end., *3 m. end., 1 m. env., 4 m. end., rép. depuis * jusqu'à la fin du rg.

Rg 11 : *3 m. env., 3 m. end., 2 m. env., rép. depuis * jusqu'à 1 m. de la fin du rg, 1 m. env.

Rg 12 : 1 m. end., *2 m. end., 3 m. env., 3 m. end., rép. depuis * jusqu'à la fin du rg.

Rg 13 : *2 m. env., 5 m. end., 1 m. env., rép. depuis * jusqu'à 1 m. de la fin du rg, 1 m. env.

Rg 14 : 1 m. end., *1 m. end., 5 m. env., 2 m. end., rép. depuis * jusqu'à la fin du rg.

Rg 15 : *1 m. env., 7 m. end., rép. depuis * jusqu'à 1 m. de la fin du rg, 1 m. env.

Rg 16 : *1 m. end., 7 m. env., 1 m. end., rép. depuis * jusqu'à la fin du rg.

Rép. ces 16 rgs.

DAMIER AU POINT DE RIZ

Multiple de 10 m. plus 5

Rg 1 : (end. du trav.) *5 m. end., 2 fs (1 m. env., 1 m. end.), 1 m. env., rép. depuis * jusqu'à 5 m. de la fin du rg, 5 m. end.

Rg 2 : 5 m. env., *2 fs (1 m. env., 1 m. end.), 6 m. env., rép. depuis * jusqu'à la fin du rg.

Rgs 3 et 5 : comme le rg 1.

Rgs 4 et 6 : comme le rg 2.

Rg 7 : *2 fs (1 m. end., 1 m. env.), 1 m. end., 5 m. env., rép. depuis * jusqu'à 5 m. de la fin du rg, 2 fs (1 m. end., 1 m. env.), 1 m. end.

Rg 8 : *2 fs (1 m. end., 1 m. env.), 6 m. end., rép. depuis * jusqu'à 5 m. de la fin du rg, 2 fs (1 m. end., 1 m. env.), 1 m. end.

Rg 9 : comme le rg 1.

Rg 10 : comme le rg 2.

Rg 11 : comme le rg 1.

Rg 12 : comme le rg 2.

Rép. ces 12 rgs.

Point MOSAÏQUE

Multiple de 20 m. plus 10

Rg 1 : (end. du trav.) *2 m. env., 2 m. end., rép. depuis * jusqu'à 2 m. de la fin du rg, 2 m. env.

Rg 2 : *2 m. end., 2 m. env., rép. depuis * jusqu'à 2 m. de la fin du rg, 2 m. end.

Rg 3 : 2 fs (2 m. end., 2 m. env.), *4 m. end., 2 m. env., 2 m. end., 2 m. env., rép. depuis * jusqu'à 2 m. de la fin du rg, 2 m. end.

Rg 4 : 2 fs (2 m. env., 2 m. end.), *4 m. env., 2 m. end., 2 m. env., 2 m. end., rép. depuis * jusqu'à 2 m. de la fin du rg, 2 m. env.

Rép. les rgs 1 à 4 une fois.

Rép. les rgs 1 et 2 une fois.

Rg 11 : comme le rg 2.

Rg 12 : comme le rg 1.

Rg 13 : comme le rg 3.

Rg 14 : comme le rg 4.

Rgs 15 à 18 : Rép. les rgs 11 à 14.

Rgs 19 et 20 : Rép. les rgs 11 et 12.

Rép. ces 20 rgs.

TRIANGLES (milieu)
DAMIER AU POINT DE RIZ (haut)
POINT MOSAÏQUE (bas)

CHENILLES VERTICALES

Multiple de 6 m. plus 2

Rg 1 : (end. du trav.) 2 m. env., *1 m. end., 5 m. env., rép. depuis * jusqu'à la fin du rg.

Rg 2 : *5 m. end., 1 m. env., rép. depuis * jusqu'à 2 m. de la fin du rg, 2 m. end.

Rg 3 : comme le rg 1.

Rg 4 : comme le rg 2.

Rg 5 : comme le rg 1.

Rg 6 : comme le rg 2.

Rg 7 : *5 m. env., 1 m. end., rép. depuis * jusqu'à 2 m. de la fin du rg, 2 m. end.

Rg 8 : 2 m. end., *1 m. env., 5 m. end., rép. depuis * jusqu'à la fin du rg.

Rg 9 : comme le rg 7.

Rg 10 : comme le rg 8.

Rg 11 : comme le rg 7.

Rg 12 : comme le rg 8.

Rép. ces 12 rgs.

HARRIS TWEED (réversible)

Multiple de 4 m.

Rg 1 : *2 m. end., 2 m. env., rép. depuis * jusqu'à la fin du rg.

Rg 2 : comme le rg 1.

Rg 3 : tric. ttes les m. à l'end.

Rg 4 : tric. ttes les m. à l'env.

Rgs 5 et 6 : comme le rg 1.

Rg 7 : tric. ttes les m. à l'env.

Rg 8 : tric. ttes les m. à l'end.

Rép. ces 8 rgs.

SEMIS DE LOSANGES

Multiple de 6 m.

Rg 1 : (end. du trav.) *1 m. end., 1 m. env., 4 m. end., rép. depuis * jusqu'à la fin du rg.

Rg 2 : *4 m. env., 1 m. end., 1 m. env., rép. depuis * jusqu'à la fin du rg.

Rg 3 : *1 m. env., 1 m. end., 1 m. env., 3 m. end., rép. depuis * jusqu'à la fin du rg.

Rg 4 : *3 m. env., 1 m. end., 1 m. env., 1 m. end., rép. depuis * jusqu'à la fin du rg.

Rg 5 : comme le rg 1.

Rg 6 : comme le rg 2.

Rg 7 : *4 m. end., 1 m. env., 1 m. end., rép. depuis * jusqu'à la fin du rg.

Rg 8 : *1 m. env., 1 m. end., 4 m. env., rép. depuis * jusqu'à la fin du rg.

Rg 9 : *3 m. end., 1 m. env., 1 m. end., 1 m. env., rép. depuis * jusqu'à la fin du rg.

Rg 10 : *1 m. end., 1 m. env., 1 m. end., 3 m. env., rép. depuis * jusqu'à la fin du rg.

Rg 11 : comme le rg 7.

Rg 12 : comme le rg 8.

Rép. ces 12 rgs.

CHENILLES VERTICALES (haut)
HARRIS TWEED (milieu)
SEMIS DE LOSANGES (bas)

Les bandes verticales en mailles endroit et envers

Les mailles endroit et envers permettent de tricoter facilement les bandes verticales des pulls de Guernesey. Ces pulls solides, originaires des communautés de pêcheurs des îles de la Manche et de la côte Est de l'Angleterre et de l'Écosse, sont aujourd'hui appréciés dans le monde entier. Deux points suffisent pour obtenir de splendides résultats. L'échantillon photographié ci-contre a été tricoté en alternant des bandes ornées d'arbres de vie et de fines bandes tricotées au point de riz. Jadis, les motifs étaient transmis oralement d'une génération à l'autre. Ils s'inspiraient souvent d'éléments de la vie quotidienne (filets de pêche, ancres, « arêtes de hareng », etc.) mais on trouve aussi des motifs plus symboliques comme l'« arbre de vie » et les zigzags, qui symbolisent les hauts et les bas de la vie de couple.

Point de RIZ (réversible)

Multiple de 2 m.

Rg 1 : *1 m. end., 1 m. env., rép. depuis * jusqu'à la fin du rg.

Rg 2 : *1 m. env., 1 m. end. , rép. depuis * jusqu'à la fin du rg.

Rép. ces 2 rgs.

Multiple de 2 m. plus 1

Rg 1 : *1 m. end., 1 m. env., rép. depuis * jusqu'à 1 m. de la fin du rg., 1 m. end.

Rép. ce rg.

ARBRE DE VIE

Motif de 17 m. sur fond en jers. end.

Rg 1 : (end. du trav.) 6 m. end., 2 m. env., 1 m. end., 2 m. env., 6 m. end.

Rg 2 : 5 m. env., 2 m. end., 3 m. env., 2 m. end., 5 m. env.

Rg 3 : 4 m. end., 2 m. env., 2 fs (1 m. end., 1 m. env.), 1 m. end., 2 m. env., 4 m. end.

Rg 4 : 3 m. env., 3 fs (2 m. end., 1 m. env.), 2 m. end., 3 m. env.

Rg 5 : 2 m. end., 2 m. env., 1 m. end., 2 m. env., 3 m. end., 2 m. env., 1 m. end., 2 m. env., 2 m. end.

Rg 6 : 1 m. env., 2 fs (2 m. end., 1 m. env.), 1 m. end., 1 m. env., 1 m. end., 2 fs (1 m. env., 2 m. end.), 1 m. env.

Rg 7 : 5 fs (2 m. env., 1 m. end.), 2 m. env.

Rg 8 : 1 m. end., 2 fs (1 m. env., 2 m. end.), 3 m. env., 2 fs (2 m. end., 1 m. env.), 1 m. end.

Rg 9 : 1 m. end., 2 fs (2 m. env., 1 m. end.), 1 m. env., 1 m. end., 1 m. env., 2 fs (1 m. end., 2 m. env.), 1 m. end.

Rg 10 : 1 m. env., 1 m. end., 4 fs (1 m. env., 2 m. end.), 1 m. env., 1 m. end., 1 m. env.

Rg 11 : comme le rg 5.

Rg 12 : 2 m. env., 1 m. end., 1 m. env., 2 m. end., 2 fs (1 m. env., 1 m. end.), 1 m. env., 2 m. end., 1 m. env., 1 m. end., 2 m. env.

Rg 13 : 3 m. end., 3 fs (2 m. env., 1 m. end.), 2 m. env., 3 m. end.

Rg 14 : 3 m. env., 1 m. end., 1 m. env., 2 m. end., 3 m. env., 2 m. end., 1 m. env., 1 m. end., 3 m. env.

Rg 15 : comme le rg 3.

Rg 16 : 4 m. env., 1 m. end., 2 fs (1 m. env., 2 m. end.), 1 m. env., 1 m. end., 4 m. env.

Rg 17 : 5 m. end., 2 m. env., 3 m. end., 2 m. env., 5 m. end.

Rg 18 : 5 m. env., 3 fs (1 m. end., 1 m. env.), 1 m. end., 5 m. env.

Rg 19 : comme le rg 1.

Rg 20 : 6 m. env., 1 m. end., 3 m. env., 1 m. end., 6 m. env.

Rg 21 : 7 m. end., 1 m. env., 1 m. end., 1 m. env., 7 m. end.

Rg 22 : 7 m. env., 1 m. end., 1 m. env., 1 m. end., 7 m. env.

Rép. ces 22 rgs.

ARBRE DE VIE

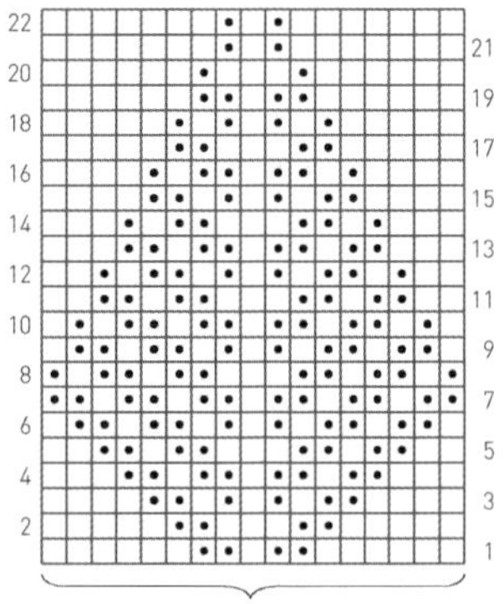

Motif de 17 m.

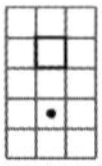

tric. à l'end. sur l'end. du trav. et à l'env. sur l'env.

tric. à l'env. sur l'end. du trav. et à l'end. sur l'env.

Point de RIZ (bords et milieu)

ARBRE DE VIE (motif principal)

TORSADE EN TROMPE-L'ŒIL

Multiple de 7 m. plus 2

Rg 1 : (end. du trav.) *3 m. env., 4 m. end., rép. depuis * jusqu'à 2 m. de la fin du rg, 2 m. env.

Rg 2 : *2 m. end., 3 m. env., 2 m. end., rép. depuis * jusqu'à 2 m. de la fin du rg, 2 m. end.

Rg 3 : *2 m. env., 1 m. end., 2 m. env., 2 m. end., rép. depuis * jusqu'à 2 m. de la fin du rg, 2 m. env.

Rg 4 : *2 m. end., 1 m. env., 2 m. end., 2 m. env., rép. depuis * jusqu'à 2 m. de la fin du rg, 2 m. end.

Rg 5 : *2 m. env., 3 m. end., 2 m. env., rép. depuis * jusqu'à 2 m. de la fin du rg, 2 m. env.

Rg 6 : *3 m. end., 4 m. env., rép. depuis * jusqu'à 2 m. de la fin du rg, 2 m. end.

Rg 7 : *2 m. env., 5 m. end., rép. depuis * jusqu'à 2 m. de la fin du rg, 2 m. env.

Rg 8 : *2 m. end., 5 m. env., rép. depuis * jusqu'à 2 m. de la fin du rg, 2 m. end.

Rép. ces 8 rgs.

LOSANGES AU POINT DE RIZ DOUBLE

Bande de 13 m., fond en jers. end.

Rg 1 : (end. du trav.) 6 m. end., 1 m. env., 6 m. end.

Rg 2 : 6 m. env., 1 m. end., 6 m. env.

Rg 3 : 5 m. end., 1 m. env., 1 m. end., 1 m. env., 5 m. end.

Rg 4 : 5 m. env., 1 m. end., 1 m. env., 1 m. end., 5 m. env.

Rg 5 : 4 m. end., 1 m. env., 2 fs (1 m. end., 1 m. env.), 4 m. end.

Rg 6 : 4 m. env., 1 m. end., 2 fs (1 m. env., 1 m. end.), 4 m. env.

Rg 7 : 3 m. end., 1 m. env., 3 fs (1 m. end., 1 m. env.), 3 m. end.

Rg 8 : 3 m. env., 1 m. end., 3 fs (1 m. env., 1 m. end.), 3 m. env.

Rg 9 : 2 m. end., 1 m. env., 1 m. end., 1 m. env., 3 m. end., 1 m. env., 1 m. end., 1 m. env., 2 m. end.

Rg 10 : 2 m. env., 1 m. end., 1 m. env., 1 m. end., 3 m. env., 1 m. end., 1 m. env., 1 m. end., 2 m. env.

Rg 11 : 2 fs (1 m. end., 1 m. env.), 5 m. end., 2 fs (1 m. env., 1 m. end.).

Rg 12 : 2 fs (1 m. env., 1 m. end.), 5 m. env., 2 fs (1 m. end., 1 m. env.).

Rg 13 : comme le rg 9.

Rg 14 : comme le rg 10.

Rg 15 : comme le rg 7.

Rg 16 : comme le rg 8.

Rg 17 : comme le rg 5.

Rg 18 : comme le rg 6.

Rg 19 : comme le rg 3.

Rg 20 : comme le rg 4.

Rép. ces 20 rgs.

CHEVRONS BRISÉS

Multiple de 15 m.

Rg 1 : (end. du trav.) 5 m. end., 2 fs (1 m. env., 1 m. end.), 1 m. env., 5 m. end.

Rg 2 : 4 m. env., 2 fs (1 m. end., 2 m. env.), 1 m. end., 4 m. env.

Rg 3 : 3 m. end., 3 fs (1 m. env., 3 m. end.).

Rg 4 : 2 m. env., 2 fs (1 m. end., 4 m. env.), 1 m. end., 2 m. env.

Rg 5 : 1 m. end., 2 fs (1 m. env., 5 m. end.), 1 m. env., 1 m. end.

Rg 6 : 2 fs (1 m. end., 6 m. env.), 1 m. end.

Rép. ces 6 rgs.

TORSADE EN TROMPE-L'ŒIL (gauche)
LOSANGES AU POINT DE RIZ DOUBLE (milieu)
CHEVRONS BRISÉS (droite)

ÉCHELLE

Bande de 11 m., fond en jers. end.

Rgs 1 et 3: (end. du trav.) 1 m. end., 1 m. env., 7 m. end., 1 m. env., 1 m. end.

Rg 2 : 1 m. env., 1 m. end., 7 m. env., 1 m. end., 1 m. env.

Rg 4 : 1 m. env., 9 m. end., 1 m. env.

Rép. ces 4 rgs.

ESCALIER

Bande de 5 m., fond en jers. end.

Rg 1 : (end. du trav.) tric. ttes les m. à l'env.

Rg 2 : 2 fs (1 m. end., 1 m. env.), 1 m. end.

Rép. ces 2 rgs.

ANCRE MARINE

Motif de 11 m., fond en jers. end.

Rg 1 : (end. du trav.) 5 m. end., 1 m. env., 5 m. end.

Rg 2 : 4 m. env., 1 m. end., 1 m. env., 1 m. end., 4 m. env.

Rg 3 : 3 m. end., 2 fs (1 m. env., 1 m. end.), 1 m. env., 3 m. end.

Rg 4 : 2 m. env., 1 m. end., 5 m. env., 1 m. end., 2 m. env.

Rg 5 : 1 m. end., 2 fs (1 m. env., 3 m. end.), 1 m. env., 1 m. end.

Rg 6 : 1 m. end., 9 m. env., 1 m. end.

Rg 7 : 2 fs (1 m. env., 4 m. end.), 1 m. env.

Rg 8 : tric. ttes les m. à l'env.

Rg 9 : 5 m. end., 1 m. env., 5 m. end.

Rg 10 : tric. ttes les m. à l'env.

Rg 11 : 3 m. end., 5 m. env., 3 m. end.

Rg 12 : 3 m. env., 5 m. end., 3 m. env.

Rg 13 : tric. ttes les m. à l'end.

Rg 14 : 5 m. env., 1 m. end., 5 m. env.

Rg 15 : tric. ttes les m. à l'end.

Rg 16 : comme le rg 14.

Rg 17 : 4 m. end., 1 m. env., 1 m. end., 1 m. env., 4 m. end.

Rg 18 : 2 fs (3 m. env., 1 m. end.), 3 m. env.

Rg 19 : comme le rg 17.

Rg 20 : comme le rg 14.

Rg 21 : tric. ttes les m. à l'end.

Rg 22 : tric. ttes les m. à l'env.

Rép. ces 22 rgs.

ÉCHELLE (bords)
ESCALIER (intermédiaire)
ANCRE MARINE (milieu)

MARIAGE

Bande de 13 m., fond en jers. end.

Rg 1 : (end. du trav.) 2 fs (1 m. env., 1 m. end.), 1 m. env., 7 m. end., 1 m. env.

Rg 2 : 1 m. end., 6 m. env., 1 m. end., 1 m. env., 1 m. end., 2 m. env., 1 m. end.

Rg 3 : 1 m. env., 3 m. end., 1 m. env., 1 m. end., 1 m. env., 5 m. end., 1 m. env.

Rg 4 : 1 m. end., 4 m. env., 1 m. end., 1 m. env., 1 m. end., 4 m. env., 1 m. end.

Rg 5 : 1 m. env., 5 m. end., 1 m. env., 1 m. end., 1 m. env., 3 m. end., 1 m. env.

Rg 6 : 1 m. end., 2 m. env., 1 m. end., 1 m. env., 1 m. end., 6 m. env., 1 m. end.

Rg 7 : 1 m. env., 7 m. end., 2 fs (1 m. env., 1 m. end.), 1 m. env.

Rg 8 : comme le rg 6.

Rg 9 : comme le rg 5.

Rg 10 : comme le rg 4.

Rg 11 : comme le rg 3.

Rg 12 : comme le rg 2.

Rép. ces 12 rgs.

CŒUR ET ÉTOILE

Bande de 19 m., fond en jers. end.

Rg 1 : (end. du trav.) 9 m. end., 1 m. env., 9 m. end.

Rg 2 : tric. ttes les m. à l'env.

Rg 3 : 3 m. end., 2 fs (1 m. env., 5 m. end.), 1 m. env., 3 m. end.

Rg 4 : 4 m. env., 1 m. end., 3 m. env., 1 m. end., 1 m. env., 1 m. end., 3 m. env., 1 m. end., 4 m. env.

Rg 5 : 5 m. end., 4 fs (1 m. env., 1 m. end.), 1 m. env., 5 m. end.

Rg 6 : 6 m. env., 3 fs (1 m. end., 1 m. env.), 1 m. end., 6 m. env.

Rg 7 : comme le rg 5.

Rg 8 : 4 m. env., 5 fs (1 m. end., 1 m. env.), 1 m. end., 4 m. env.

Rg 9 : 9 fs (1 m. end., 1 m. env.), 1 m. end.

Rg 10 : comme le rg 8.

Rg 11 : comme le rg 7.

Rg 12 : comme le rg 6.

Rg 13 : comme le rg 5.

Rg 14 : comme le rg 4.

Rg 15 : comme le rg 3.

Rg 16 : comme le rg 2.

Rg 17 : comme le rg 1.

Rgs 18 et 20 : tric. ttes les m. à l'env.

Rg 19 : tric. ttes les m. à l'end.

Rg 21 : comme le rg 1.

Rg 22 : 8 m. env., 3 m. end., 8 m. env.

Rg 23 : 7 m. end., 2 m. env., 1 m. end., 2 m. env., 7 m. end.

Rg 24 : 6 m. env., 2 m. end., 3 m. env., 2 m. end., 6 m. env.

Rg 25 : 2 fs (5 m. end., 2 m. env.), 5 m. end.

Rg 26 : 4 m. env., 2 m. end., 7 m. env., 2 m. end., 4 m. env.

Rg 27 : 4 m. end., 2 m. env., 3 m. end., 1 m. env., 3 m. end., 2 m. env., 4 m. end.

Rg 28 : 4 m. env., 2 m. end., 2 m. env., 3 m. end., 2 m. env., 2 m. end., 4 m. env.

Rg 29 : 5 m. end., 4 m. env., 1 m. end., 4 m. env., 5 m. end.

Rg 30 : comme le rg 24.

Rép. ces 30 rgs.

ÉCLAIR

Bande de 11 m., fond en jers. end.

Rg 1 : (end. du trav.) 1 m. env., 1 m. end., 1 m. env., 7 m. end., 1 m. env.

Rg 2 : 1 m. end., 6 m. env., 1 m. end., 2 m. env., 1 m. end.

Rg 3 : 1 m. env., 3 m. end., 1 m. env., 5 m. end., 1 m. env.

Rg 4 : 1 m. end., 4 m. env., 1 m. end., 4 m. env., 1 m. end.

Rg 5 : 1 m. env., 5 m. end., 1 m. env., 3 m. end., 1 m. env.

Rg 6 : 1 m. end., 2 m. env., 1 m. end., 6 m. env., 1 m. end.

Rg 7 : 1 m. env., 7 m. end., 1 m. env., 1 m. end., 1 m. env.

Rg 8 : comme le rg 6.

Rg 9 : comme le rg 5.

Rg 10 : comme le rg 4.

Rg 11 : comme le rg 3.

Rg 12 : comme le rg 2.

Rép. ces 12 rgs.

MARIAGE (gauche)
CŒUR ET ÉTOILE (milieu)
ÉCLAIR (droite)

LOSANGES

Bande de 9 m., fond en jers. end.

Rg 1 : (end. du trav.) 1 m. env., 7 m. end., 1 m. env.

Rg 2 : 1 m. env., 1 m. end., 5 m. env., 1 m. end., 1 m. env.

Rg 3 : 2 m. end., 1 m. env., 3 m. end., 1 m. env., 2 m. end.

Rg 4 : 3 m. env., 1 m. end., 1 m. env., 1 m. end., 3 m. env.

Rg 5 : 4 m. end., 1 m. env., 4 m. end.

Rg 6 : comme le rg 4.

Rg 7 : comme le rg 3.

Rg 8 : comme le rg 2.

Rép. ces 8 rgs.

MARIAGE, variante

Bande de 10 m., fond en jers. env.

Rg 1 : (end. du trav.) 7 m. env., 2 m. end., *8 m. env., 2 m. end., rép. depuis * jusqu'à 1 m. de la fin du rg, 1 m. env.

Rg 2 : *1 m. env., 1 m. end., 2 m. env., 6 m. end., rép. depuis * jusqu'à la fin du rg.

Rg 3 : *5 m. env., 2 m. end., 1 m. env., 2 m. end., rép. depuis * jusqu'à la fin du rg.

Rg 4 : *3 m. env., 1 m. end., 2 m. env., 4 m. end., rép. depuis * jusqu'à la fin du rg.

Rg 5 : *3 m. env., 2 m. end., 1 m. env., 4 m. end., rép. depuis * jusqu'à la fin du rg.

Rg 6 : *5 m. env., 1 m. end., 2 m. env., 2 m. end., rép. depuis * jusqu'à la fin du rg.

Rg 7 : *1 m. env., 2 m. end., 1 m. env., 6 m. end., rép. depuis * jusqu'à la fin du rg.

Rg 8 : comme le rg 6.

Rg 9 : comme le rg 5.

Rg 10 : comme le rg 4.

Rg 11 : comme le rg 3.

Rg 12 : comme le rg 2.

Rg 13 : comme le rg 1.

Rg 14 : *2 m. env., 8 m. end., rép. depuis * jusqu'à la fin du rg.

Rép. ces 14 rgs.

CÔTES TRIANGULAIRES

Bande de 9 m.

Rg 1 : (end. du trav.) 3 m. end., 1 m. env., 1 m. end., 1 m. env., 3 m. end.

Rg 2 : 2 m. env., 1 m. end., 3 m. env., 1 m. end., 2 m. env.

Rg 3 : 4 fs (1 m. end., 1 m. env.), 1 m. end.

Rg 4 : 2 fs (1 m. end., 1 m. env.), 1 m. env., 2 fs (1 m. env., 1 m. end.).

Rg 5 : comme le rg 3.

Rg 6 : comme le rg 2.

Rép. ces 6 rgs.

LOSANGES (bords et milieu)

MARIAGE (bande écrue de gauche)

CÔTES TRIANGULAIRES (bande marron de droite)

TRIANGLES ET RAYURES

Bande de 8 m., fond en jers. end.

Rg 1 : (end. du trav.) tric. ttes les m. à l'env.

Rg 2 : tric. ttes les m. à l'end.

Rg 3 : 5 m. end., 2 m. env., 1 m. end.

Rg 4 : 2 m. env., 2 m. end., 4 m. env.

Rg 5 : 3 m. end., 2 m. env., 3 m. end.

Rg 6 : 4 m. env., 2 m. end., 2 m. env.

Rg 7 : 1 m. end., 2 m. env., 5 m. end.

Rg 8 : 5 m. env., 2 m. end., 1 m. env.

Rg 9 : 2 m. end., 2 m. env., 4 m. end.

Rg 10 : 3 m. env., 2 m. end., 3 m. env.

Rg 11 : 4 m. end., 2 m. env., 2 m. end.

Rg 12 : 1 m. env., 2 m. end., 5 m. env.

Rép. ces 12 rgs.

ÉTOILE

Motif de 19 m., fond en jersey

Rg 1 : (env. du trav.) tric. ttes les m. à l'env.

Rg 2 : tric. ttes les m. à l'end.

Rg 3 : 9 m. env., 1 m. end., 9 m. env.

Rg 4 : 8 m. end., 1 m. env., 1 m. end., 1 m. env., 8 m. end.

Rg 5 : 1 m. env., 1 m. end., 2 fs (7 m. env., 1 m. end.), 1 m. env.

Rg 6 : 2 m. end., 1 m. env., 5 m. end., 1 m. env., 1 m. end., 1 m. env., 5 m. end., 1 m. env., 2 m. end.

Rg 7 : 2 fs (1 m. env., 1 m. end.), 5 m. env., 1 m. end., 5 m. env., 2 fs (1 m. end., 1 m. env.).

Rg 8 : 2 m. end., 2 fs (1 m. env., 1 m. end., 1 m. env., 3 m. end.), 1 m. env., 1 m. end., 1 m. env., 2 m. end.

Rg 9 : 3 m. env., 1 m. end., 1 m. env., 2 fs (1 m. end., 3 m. env.), 1 m. end., 1 m. env., 1 m. end., 3 m. env.

Rg 10 : 4 m. end., 5 fs (1 m. env., 1 m. end.), 1 m. env., 4 m. end.

Rg 11 : 5 m. env., 4 fs (1 m. end., 1 m. env.), 1 m. end., 5 m. env.

Rg 12 : 6 m. end., 1 m. env., 5 m. end., 1 m. env., 6 m. end.

Rg 13 : 3 fs (1 m. env., 1 m. end.), 2 m. env., 1 m. end., 1 m. env., 1 m. end., 2 m. env., 3 fs (1 m. end., 1 m. env.).

Rg 14 : 3 fs (1 m. env., 1 m. end.), 1 m. env., 2 fs (2 m. end., 1 m. env.), 3 fs (1 m. end., 1 m. env.).

Rg 15 : comme le rg 13.

Rg 16 : comme le rg 12.

Rg 17 : comme le rg 11.

Rg 18 : comme le rg 10.

Rg 19 : comme le rg 9.

Rg 20 : comme le rg 8.

Rg 21 : comme le rg 7.

Rg 22 : comme le rg 6.

Rg 23 : comme le rg 5.

Rg 24 : comme le rg 4.

Rg 25 : comme le rg 3.

Rg 26 : comme le rg 2.

Rép. ces 26 rgs.

CHEVRONS RAPPROCHÉS

Motif de 18 m., fond en jers. env.

Rg 1 : (end. du trav.) 2 fs (1 m. end., 2 m. env., 2 m. end., 2 m. env., 1 m. end., 1 m. env.).

Rg 2 : 3 m. end., 2 m. env., 2 m. end., 2 m. env., 1 m. end., 2 fs (2 m. env., 2 m. end.).

Rg 3 : 1 m. env., 2 m. end., 2 m. env., 2 m. end., 3 m. env., 2 fs (2 m. end., 2 m. env.).

Rg 4 : 1 m. end., 2 m. env., 2 m. end., 2 m. env., 5 m. end., 2 m. env., 2 m. end., 2 m. env.

Rép. ces 4 rgs.

TRIANGLES ET RAYURES (gauche)

ÉTOILE (milieu)

CHEVRONS RAPPROCHÉS (droite)

ZIGZAGS AU POINT DE RIZ

Bande de 14 m., fond en jers. end.

Rg 1 : (end. du trav.) 2 fs (1 m. env., 1 m. end., 1 m. env., 4 m. end.).

Rg 2 : 2 fs (4 m. env., 1 m. end., 1 m. env., 1 m. end.).

Rg 3 : 2 fs (2 fs (1 m. end., 1 m. env.), 3 m. end.).

Rg 4 : 2 fs (3 m. env., 2 fs (1 m. end., 1 m. env.)).

Rg 5 : 2 m. end., 2 fs (1 m. env., 1 m. end.), 3 m. end., 2 fs (1 m. env., 1 m. end.), 1 m. end.

Rg 6 : 2 m. env., 2 fs (1 m. end., 1 m. env.), 3 m. env., 2 fs (1 m. end., 1 m. env.), 1 m. env.

Rg 7 : 2 fs (3 m. end., 2 fs (1 m. env., 1 m. end.)).

Rg 8 : 2 fs (2 fs (1 m. env., 1 m. end.), 3 m. env.).

Rg 9 : 4 m. end., 2 fs (1 m. env., 1 m. end.), 3 m. end., 1 m. env., 1 m. end., 1 m. env.

Rg 10 : 2 fs (2 fs (1 m. end., 1 m. env.), 3 m. env.).

Rg 11 : comme le rg 7.

Rg 12 : comme le rg 8.

Rg 13 : comme le rg 5.

Rg 14 : comme le rg 6.

Rg 15 : comme le rg 3.

Rg 16 : comme le rg 4

Rép. ces 16 rgs.

CÔTES TRIANGULAIRES

Bande de 13 m.

Rg 1 : (end. du trav.) 4 m. end., 1 m. env., 3 m. end., 1 m. env., 4 m. end.

Rg 2 : 2 fs (3 m. env., 2 m. end.), 3 m. env.

Rg 3 : 2 m. end., 3 m. env., 3 m. end., 3 m. env., 2 m. end.

Rg 4 : 1 m. env., 4 m. end., 3 m. env., 4 m. end., 1 m. env.

Rg 5 : 5 m. env., 3 m. end., 5 m. env.

Rg 6 : comme le rg 4.

Rg 7 : comme le rg 3.

Rg 8 : comme le rg 2

Rép. ces 8 rgs.

CHEVRONS DOUBLES

Bande de 17 m., fond en jers. end.

Rg 1 : (end. du trav.) 2 fs (1 m. env., 7 m. end.), 1 m. env.

Rg 2 : 1 m. end., 6 m. env., 1 m. end., 1 m. env., 1 m. end., 6 m. env., 1 m. end.

Rg 3 : 1 m. env., 5 m. end., 2 fs (1 m. env., 1 m. end.), 1 m. env., 5 m. end., 1 m. env.

Rg 4 : 1 m. end., 4 m. env., 3 fs (1 m. end., 1 m. env.), 1 m. end., 4 m. env., 1 m. end.

Rg 5 : 1 m. env., 3 m. end., 2 fs (1 m. env., 1 m. end.), 1 m. end., (2 fs (1 m. end., 1 m. env.), 3 m. end., 1 m. env.

Rg 6 : 1 m. end., 2 m. env., 2 fs (1 m. end., 1 m. env.), 3 m. env., 2 fs (1 m. env., 1 m. end.), 2 m. env., 1 m. end.

Rg 7 : 3 fs (1 m. env., 1 m. end.), 5 m. end., 3 fs (1 m. end., 1 m. env.).

Rg 8 : 2 m. end., 1 m. env., 1 m. end., 9 m. env., 1 m. end., 1 m. env., 2 m. end.

Rg 9 : 2 fs (1 m. env., 1 m. end.), 9 m. end., 2 fs (1 m. end., 1 m. env.).

Rg 10 : 2 m. end., 13 m. env., 2 m. end.

Rg 11 : 1 m. env., 15 m. end., 1 m. env.

Rg 12 : 1 m. end., 15 m. env., 1 m. env.

Rép. ces 12 rgs.

ZIGZAGS AU POINT DE RIZ (gauche)
CÔTES TRIANGULAIRES (milieu)
CHEVRONS DOUBLES (droite)

Les côtes

Les côtes forment des petites lignes verticales. Il en existe de toutes sortes et ce chapitre en présente de styles très variés. Les plus appropriées pour resserrer le bas, les poignets et l'encolure d'un pull sont les côtes 1/1 et 2/2, qui forment un bord élastique, ferme et solide. En comparaison, les côtes fantaisie de la page 86 sont trop peu élastiques et les jours doubles en côtes trop mous. Toutes ont néanmoins leur intérêt et beaucoup peuvent transformer un vêtement simple en véritable article de mode.

Pour obtenir un bord ferme, prenez des aiguilles d'un ou deux numéros plus petits que celles utilisées pour tricoter l'ouvrage et utilisez de la laine, plus élastique que le coton.

CÔTES 1/1 (réversible)

Nbre de m. impair

Rg 1 : *1 m. end., 1 m. env., rép. depuis * jusqu'à 1 m. de la fin du rg, 1 m. end.

Rg 2 : *1 m. env., 1 m. end., rép. depuis * jusqu'à 1 m. de la fin du rg, 1 m. env.

Rép. ces 2 rgs.

CÔTES 2/2 (réversible)

Multiple de 4 m. plus 2

Rg 1 : *2 m. end., 2 m. env., rép. depuis * jusqu'à 2 m. de la fin du rg, 2 m. end.

Rg 2 : *2 m. env., 2 m. end., rép. depuis * jusqu'à 2 m. de la fin du rg, 2 m. env.

Rép. ces 2 rgs.

FAUSSES CÔTES ANGLAISES (réversible)

Multiple de 4 m. plus 3

Rg 1 : 3 m. end., *1 m. env., 3 m. end., rép. depuis * jusqu'à la fin du rg.

Rg 2 : 1 m. end., *1 m. env., 3 m. end., rép. depuis * jusqu'à 2 m. de la fin du rg, 1 m. env., 1 m. end.

Rép. ces 2 rgs.

CÔTES 1/1 (haut)
CÔTES 2/2 (milieu)
FAUSSES CÔTES ANGLAISES (bas)

Côtes en TORSADES ET JOURS

Multiple de 10 m. plus 4

Rg 1 : (end. du trav.) 1 m. env., tric. 2 m. ens. à l'end., 1 jeté, *2 m. env., 4 m. end., 2 m. env., tric. 2 m. ens. à l'end., 1 jeté, rép. depuis * jusqu'à 1 m. de la fin du rg, 1 m. env.

Rg 2 et ts les rgs pairs : 1 m. end., 2 m. env., *2 m. end., 4 m. env., 2 m. end., 2 m. env., rép. depuis * jusqu'à 1 m. de la fin du rg, 1 m. end.

Rg 3 : 1 m. env., 1 jeté, 1 SS à l'end., *2 m. env., 4ECG, 2 m. env., 1 jeté, 1 SS à l'end., rép. depuis * jusqu'à 1 m. de la fin du rg, 1 m. env.

Rg 5 : comme le rg 1.

Rg 7 : 1 m. env., 1 jeté, 1 SS à l'end., *2 m. env., 4 m. end., 2 m. env., 1 jeté, 1 SS à l'end., rép. depuis * jusqu'à 1 m. de la fin du rg, 1 m. env.

Rg 8 : comme le rg 2.

Rép. ces 8 rgs.

Côtes en TORSADES CÂBLÉES

Multiple de 9 m. plus 3

Rg 1 : (end. du trav.) *3 m. env., 3 fs 2ECD, rép. depuis * jusqu'à 3 m. de la fin du rg, 3 m. env.

Rg 2 : *3 m. end., 6 m. env., rép. depuis * jusqu'à 3 m. de la fin du rg, 3 m. end.

Rg 3 : *3 m. env., 1 m. end., 2 fs 2ECD, 1 m. end., rép. depuis * jusqu'à 3 m. de la fin du rg, 3 m. env.

Rg 4 : *3 m. end., 6 m. env., rép. depuis * jusqu'à 3 m. de la fin du rg, 3 m. end.

Rép. ces 4 rgs.

Côtes DIAGONALES

Multiple de 4 m.

Rg 1 : (end. du trav.) *2 m. end., 2 m. env., rép. depuis * jusqu'à la fin du rg.

Rg 2 : comme le rg 1.

Rg 3 : *1 m. end., 2 m. env., 1 m. end., rép. depuis * jusqu'à la fin du rg.

Rg 4 : *1 m. env., 2 m. end., 1 m. env., rép. depuis * jusqu'à la fin du rg.

Rg 5 : *2 m. env., 2 m. end., rép. depuis * jusqu'à la fin du rg.

Rg 6 : comme le rg 5.

Rg 7 : *1 m. env., 2 m. end., 1 m. env., rép. depuis * jusqu'à la fin du rg.

Rg 8 : *1 m. end., 2 m. env., 1 m. end., rép. depuis * jusqu'à la fin du rg.

Rép. ces 8 rgs.

Astuce

Les points en diagonale ont tendance à se déformer. Pour limiter cela, choisissez un fil torsadé serré et ne tordez pas le tricot quand vous le lavez.

CÔTES EN TORSADES ET JOURS (haut)
CÔTES EN TORSADES CÂBLÉES (milieu)
CÔTES DIAGONALES (bas)

Côtes COUPÉES

Multiple de 6 m.

2FCD (end.) = tric. la 2e m. puis la 1e m. de l'aig. G. à l'end. et les faire tomber ens.

Rg 1 : (end. du trav.) *2 m. env., 2FCD (end.), 2 m. end., rép. depuis * jusqu'à la fin du rg.

Rg 2 et ts les rgs pairs : *4 m. env., 2 m. end., rép. depuis * jusqu'à la fin du rg.

Rg 3 : *2 m. env., 1 m. end., 2FCD (end.), 1 m. end., rép. depuis * jusqu'à la fin du rg.

Rg 5 : *2 m. env., 2 m. end., 2FCD (end.), rép. depuis * jusqu'à la fin du rg.

Rg 6 : comme le rg 2.

Côtes FANTAISIE

Multiple de 5 m. plus 1

2FCD (end.) = tric. la 2e m. puis la 1e m. de l'aig. G. à l'end. et les faire tomber ens.

2FCG (env.) = tric. la 2e m. de l'aig. G. à l'env. en piquant sous son brin arr. puis tric. la 1e à l'env. et les faire tomber ens.

Rg 1 : (end. du trav.) 1 m. end., *1 m. env., 2FCD (end.), 1 m. env., 1 m. end., rép. depuis * jusqu'à la fin du rg.

Rg 2 : *1 m. env., 1 m. end., 2FCG (env.), 1 m. end., rép. depuis * jusqu'à 1 m. de la fin du rg, 1 m. env.

Rép. ces 2 rgs.

PETITES CORDES

Multiple de 4 m. plus 2

2FCD (end.) = tric. la 2e m. puis la 1e m. de l'aig. G. à l'end. et les faire tomber ens.

Rgs 1 et 3 : (end. du trav.) 2 m. env., *2 m. end., 2 m. env., rép. depuis * jusqu'à la fin du rg.

Rgs 2 et 4 : 2 m. end., *2 m. env., 2 m. end., rép. depuis * jusqu'à la fin du rg.

Rg 5 : 2 m. env., *2FCD (end.), 2 m. env., rép. depuis * jusqu'à la fin du rg.

Rg 6 : comme le rg 2.

Rép. ces 6 rgs.

CÔTES COUPÉES (gauche)
CÔTES FANTAISIE (milieu)
PETITES CORDES (droite)

Côtes à TORSADES

Multiple de 5 m. plus 2

Rg 1 : (end. du trav.) *2 m. env., 3 m. end., rép. depuis * jusqu'à 2 m. de la fin du rg, 2 m. env.

Rg 2 : 2 m. end., *3 m. env., 2 m. end., rép. depuis * jusqu'à la fin du rg.

Rg 3 : *2 m. env., 1 m. glis., 2 m. end., 1 jeté, rab. la m. glis. sur les 2 m. end. et le jeté, rab. la m. glis. sur les 2 m. end. et le jeté, rép. depuis * jusqu'à 2 m. de la fin du rg, 2 m. env.

Rg 4 : comme le rg 2.

Rép. ces 4 rgs.

TORSADES CÔTELÉES

Multiple de 4 m. plus 1

3FCD = glis. 2 m. sur une aig. aux. placée derr. le trav., tric. 1 m. end., remettre 1 m. glis. sur l'aig. G et la tric. à l'env., tric. à l'end. la m. de l'aig. aux.

Rg 1 : (end. du trav.) *1 m. env., 1 m. end., rép. depuis * jusqu'à 1 m. de la fin du rg, 1 m. env.

Rg 2 : 1 m. end., *1 m. env., 1 m. end., rép. depuis * jusqu'à la fin du rg.

Rg 3 : comme le rg 1.

Rg 4 : comme le rg 2.

Rg 5 : *1 m. env., 3FCD, rép. depuis * jusqu'à 1 m. de la fin du rg, 1 m. env.

Rg 6 : 1 m. end., *1 m. env., 1 m. end., rép. depuis * jusqu'à la fin du rg.

Rép. ces 6 rgs.

TORSADES À JOURS

Multiple de 5 m. plus 3

Rg 1 : (end. du trav.) *1 m. env., 1 m. end. torse, 1 m. env., 2 m. end., rép. depuis * jusqu'à 3 m. de la fin du rg, 1 m. env., 1 m. end. torse, 1 m. env.

Rg 2 : 1 m. end., 1 m. env. torse, 1 m. end., *2 m. env., 1 m. end., 1 m. env. torse, 1 m. end., rép. depuis * jusqu'à la fin du rg.

Rg 3 : *1 m. env., 1 m. end. torse, 1 m. env., 1 m. end., 1 jeté, 1 m. end., rép. depuis * jusqu'à 3 m. de la fin du rg, 1 m. env., 1 m. end. torse, 1 m. env.

Rg 4 : 1 m. end., 1 m. env. torse, 1 m. end., * 3 m. env., 1 m. end., 1 m. env. torse, 1 m. end., rép. depuis * jusqu'à la fin du rg.

Rg 5 : *1 m. env., 1 m. end. torse, 1 m. env., 3 m. end., rab. la 3e m. de l'aig. D sur les 2 prem., rép. depuis * jusqu'à 3 m. de la fin du rg, 1 m. env., 1 m. end. torse, 1 m. env.

Rép. les rgs 2 à 5.

CÔTES À TORSADES (haut)
TORSADES CÔTELÉES (milieu)
TORSADES À JOURS (bas)

Côtes TISSÉES

Multiple de 2 m. plus 1

Rg 1 : (end. du trav.) *1 m. end., passer le fil dev., 1 m. glis., ramener le fil derr., rép. depuis * jusqu'à 1 m. de la fin du rg, 1 m. end.

Rg 2 : tric. ttes les m. à l'env.

Rép. ces 2 rgs.

Côtes SOUPLES

Multiple de 3 m. plus 1

Rg 1 : (end. du trav.) *1 m. end., tric. 1 m. end. et laissez-la sur l'aig. G, passer le fil dev., tric. la m de l'aig. G et la m. suiv. ens. à l'env., ramener le fil derr., rép. depuis * jusqu'à 1 m. de la fin du rg, 1 m. end.

Rg 2 : tric. ttes les m. à l'env.

Rép. ces 2 rgs.

Côtes AJOURÉES

Multiple de 5 m. plus 2

Rg 1 : (end. du trav.) 2 m. env., *1 m. end., 1 jeté, 1 SS à l'end., 2 m. env., rép. depuis * jusqu'à la fin du rg.

Rg 2 : 2 m. end., *3 m. env., 2 m. end., rép. depuis * jusqu'à la fin du rg.

Rg 3 : 2 m. env., *tric. 2 m. ens. à l'end., 1 jeté, 1 m. end., 2 m. env., rép. depuis * jusqu'à la fin du rg.

Rg 4 : comme le rg 2.

Rép. ces 4 rgs.

CÔTES TISSÉES (gauche)
CÔTES SOUPLES (milieu)
CÔTES AJOURÉES (droite)

Côtes à PETITS JOURS

Multiple de 4 m. plus 2

Rgs 1, 3 et 5 : (env. du trav.) *2 m. end., 2 m. env., rép. depuis * jusqu'à 2 m. de la fin du rg, 2 m. end.

Rgs 2 et 4 : 2 m. env., *2 m. end., 2 m. env., rép. depuis * jusqu'à la fin du rg.

Rg 6 : 2 m. env., *1 jeté, 1 SS à l'end., 2 m. env., rép. depuis * jusqu'à la fin du rg.

Rép. ces 6 rgs.

JOURS DOUBLES en côtes

Multiple de 7 m. plus 2

Rg 1 : (end. du trav.) *2 m. env., tric. 2 m. ens. à l'end., 1 jeté, 1 m. end., 1 jeté, 1 SS à l'end., rép. depuis * jusqu'à 2 m. de la fin du rg, 2 m. env.

Rg 2 : 2 m. end., *5 m. env., 2 m. end., rép. depuis * jusqu'à la fin du rg.

Rg 3 : *2 m. env., 5 m. end., rép. depuis * jusqu'à 2 m. de la fin du rg, 2 m. env.

Rg 4 : comme le rg 2.

Rép. ces 4 rgs.

Côtes FANTAISIE

Multiple de 2 m. plus 1

Rg 1 : (end. du trav.) faire 1 aug. B end. dans chaque m.

Rg 2 : tric. 2 m. ens. à l'end., *tric. 2 m. ens. à l'env., tric. 2 m. ens. à l'end., rép. depuis * jusqu'à la fin du rg.

Rép. ces 2 rgs.

CÔTES À PETITS JOURS (haut)
JOURS DOUBLES EN CÔTES (milieu)
CÔTES FANTAISIE (bas)

Côtes FRISÉES

Multiple de 7 m. plus 3

2FCG (end.) = tric. la 2e m. de l'aig. G. à l'end. en piquant sous son brin arr. puis tric. la 1e à l'end. et les faire tomber ens.

2FCD (end.) = tric. la 2e m. puis la 1e m. de l'aig. G. à l'end. et les faire tomber ens.

Rg 1 : (end. du trav.) *3 m. env., 2FCG (end.), 2FCD (end.), rép. depuis * jusqu'à 3 m. de la fin du rg, 3 m. env.

Rg 2 : 3 m. end., *4 m. env., 3 m. end., rép. depuis * jusqu'à la fin du rg.

Rg 3 : *3 m. env., 2FCD (end.), 2FCG (end.), rép. depuis * jusqu'à 3 m. de la fin du rg, 3 m. env.

Rg 4 : 3 m. end., *4 m. env., 3 m. end., rép. depuis * jusqu'à la fin du rg.

Rép. ces 4 rgs.

Côtes en TORSADES TRESSÉES

Multiple de 9 m. plus 3

Rg 1 : (end. du trav.) *3 m. env., 6 m. end., rép. depuis * jusqu'à 3 m. de la fin du rg, 3 m. env.

Rg 2 et ts les rgs pairs : *3 m. end., 6 m. env., rép. depuis * jusqu'à 3 m. de la fin du rg, 3 m. end.

Rg 3 : *3 m. env., 4ECD, 2 m. end., rép. depuis * jusqu'à 3 m. de la fin du rg, 3 m. env.

Rg 5 : *3 m. env., 2 m. end., 4ECG, rép. depuis * jusqu'à 3 m. de la fin du rg, 3 m. env.

Rg 6 : *3 m. end., 6 m. env., rép. depuis * jusqu'à 3 m. de la fin du rg, 3 m. end.

Rép. les rgs 3 à 6.

Côtes FANTAISIE

Multiple de 5 m. plus 2

Rg 1 : (end. du trav.) 2 m. env., *1 jeté, tric. 2 m. ens. à l'end. en piquant sous leur brin arr., 1 m. end., 2 m. env., rép. depuis * jusqu'à la fin du rg.

Rg 2 : 2 m. end., *1 jeté, tric. 2 m. ens. à l'end. en piquant sous leur brin arr., 1 m. env. torse, 2 m. end., rép. depuis * jusqu'à la fin du rg.

Rép. ces 2 rgs.

CÔTES FRISÉES (haut)
CÔTES EN TORSADES TRESSÉES (milieu)
CÔTES FANTAISIE (bas)

Les points texturés

Les reliefs variés des points qui suivent sont obtenus à l'aide de différentes techniques. Incliner des mailles endroit devant des mailles envers permet de créer des lignes sinueuses. Croiser régulièrement les deux mêmes mailles, avec ou sans aiguille auxiliaire, donne naissance à de minuscules torsades. Ces techniques réduisent toutefois l'élasticité du tricot, tout comme le point de treillis double. Certains points, comme le point de risotto et le point d'épine donnent des ouvrages très raides.

NOPES

Multiple de 6 m. plus 3

Rg 1 : (env. du trav.) tric. en m. env. jusqu'à la fin du rg.

Rg 2 : 1 m. end., *3 m. end., tric. (1 m. end., 1 jeté, 1 m. end.) ds la m. suiv., 1 m. end., 2 fs (tourner le trav., 5 m. env., tourner le trav., 5 m. end.), 1 m. end., rép. depuis * jusqu'à 2 m. de la fin du rg, 2 m. end.

Rg 3 : 1 m. env., *2 m. env., tric. 2 m. ens. à l'env., 1 m. env., tric. 2 m. ens. à l'env. en piquant sous leur brin arr., 1 m. env., rép. depuis * jusqu'à 2 m. de la fin du rg, 2 m. env.

Rg 4 : 3 m. end., *4 m. end., tric. tric. (1 m. end., 1 jeté, 1 m. end.) ds la m. suiv., 1 m. end., 2 fs (tourner le trav., 5 m. env., tourner le trav., 5 m. end.), rép. depuis * jusqu'à 6 m. de la fin du rg, 6 m. end.

Rg 5 : 3 m. env., *3 m. env., tric. 2 m. ens. à l'env., 1 m. env., tric. 2 m. ens. à l'env. en piquant sous leur brin arr., rép. depuis * jusqu'à 6 m. de la fin du rg, 6 m. env.

Rép. les rgs 2 à 5.

TREILLIS FANTAISIE

Multiple de 8 m. plus 2

2FCG (end.) = tric. la 2e m. de l'aig. G. à l'end. en piquant sous son brin arr. puis tric. la 1re à l'end. et les faire tomber ens.

2FCD (end.) = tric. la 2e m. puis la 1re m. de l'aig. G. à l'end. et les faire tomber ens.

Rg 1 : (env. du trav.) 4 m. env., 2 m. end., *6 m. env., 2 m. end., rép. depuis * jusqu'à 4 m. de la fin du rg, 4 m. env.

Rg 2 : 2 m. end., *2FCG (end.), 2 m. env., 2FCD (end.), 2 m. end., rép. depuis * jusqu'à la fin du rg.

Rg 3 : 3 m. env., 4 m. end., *4 m. env., 4 m. end., rép. depuis * jusqu'à 3 m. de la fin du rg, 3 m. env.

Rg 4 : 1 m. end., *2FCG (end.), 4 m. env., 2FCD (end.), rép. depuis * jusqu'à 1 m. de la fin du rg, 1 m. end.

Rg 5 : 2 m. end., *6 m. env., 2 m. end., rép. depuis * jusqu'à la fin du rg.

Rg 6 : 2 m. env., *2FCD (end.), 2 m. end., 2FCG (end.), 2 m. env., rép. depuis * jusqu'à la fin du rg.

Rg 7 : 3 m. end., 4 m. env., *4 m. end., 4 m. env., rép. depuis * jusqu'à 3 m. de la fin du rg, 3 m. end.

Rg 8 : 3 m. env., 2FCD (end.), 2FCG (end.), *4 m. env., 2FCD (end.), 2FCG (end.), rép. depuis * jusqu'à 3 m. de la fin du rg, 3 m. env.

Rép. ces 8 rgs.

Point de GROSEILLE

Multiple de 2 m. plus 1

Rg 1 : (end. du trav.) tric. ttes les m. à l'end.

Rg 2 : 1 m. end., *tric. (1 m. env., 1 jeté, 1 m. env., 1 jeté, 1 m. env.) ds la m. suiv., 1 m. end., rép. depuis * jusqu'à la fin du rg.

Rg 3 : tric. ttes les m. à l'env.

Rg 4 : 1 m. end., *passer le fil dev., 2 m. glis., tric. 3 m. ens. à l'env., rab. les 2 m. glis., ramener le fil derr., 1 m. end., rép. depuis * jusqu'à la fin du rg.

Rg 5 : tric. ttes les m. à l'end.

Rg 6 : 1 m. end., *1 m. end., tric. (1 m. env., 1 jeté, 1 m. env., 1 jeté, 1 m. env.) ds la m. suiv., 1 m. end., rép. depuis * jusqu'à 2 m. de la fin du rg, 2 m. end.

Rg 7 : tric. ttes les m. à l'env.

Rg 8 : 1 m. end., *1 m. end., passer le fil dev., 2 m. glis., tric. 3 m. ens. à l'env., rab. les 2 m. glis., ramener le fil derr., rép. depuis * jusqu'à 2 m. de la fin du rg, 2 m. end.

Rép. ces 8 rgs.

NOPES (haut)
TREILLIS FANTAISIE (milieu)
POINT DE GROSEILLE (bas)

Point GRANITÉ À MAILLES GLISSÉES

Multiple de 4 m. plus 2

Rg 1 : (env. du trav.) *1 m. end., 1 m. env., rép. depuis * jusqu'à la fin du rg.

Rg 2 : *1 m. env., passer le fil derr., 1 m. glis., 2 m. end., 1 jeté, rab. la m. glis. sur les 2 m. end. et le jeté, rép. depuis * jusqu'à 2 m. de la fin du rg, 1 m. env., 1 m. end.

Rg 3 : comme le rg 1.

Rg 4 : 1 m. env., 1 m. end., *1 m. env., passer le fil derr., 1 m. glis., 2 m. end., 1 jeté, rab. la m. glis. sur les 2 m. end. et le jeté, rép. depuis * jusqu'à la fin du rg.

Rép. ces 4 rgs.

Point TOILE

Multiple de 2 m.

Rg 1 : (end. du trav.) *1 m. end., passer le fil dev., 1 m. glis., ramener le fil derr., rép. depuis * jusqu'à la fin du rg.

Rg 2 : *1 m. env., passer le fil derr., 1 m. glis., ramener le fil dev., rép. depuis * jusqu'à la fin du rg.

Rép. ces 2 rgs.

Point de la TRINITÉ

Multiple de 4 m. plus 2

Rg 1 : (end. du trav.) tric. ttes les m. à l'env.

Rg 2 : 1 m. end., * tric. (1 m. end., 1 m. env., 1 m. end.) ds la m. suiv., 3 m. ens. à l'env., rép. depuis * jusqu'à 1 m. de la fin du rg, 1 m. end.

Rg 3 : tric. ttes les m. à l'env.

Rg 4 : 1 m. end., *tric. 3 m. ens. à l'env., tric. (1 m. end., 1 m. env., 1 m. end.) ds la m. suiv., rép. depuis * jusqu'à 1 m. de la fin du rg, 1 m. end.

Rép. ces 4 rgs.

POINT GRANITÉ À MAILLES GLISSÉES (haut)
POINT TOILE (milieu)
POINT DE LA TRINITÉ (bas)

CHEVRON tissé horizontal

Multiple de 10 m. plus 2

Rg 1 : (end. du trav.) 1 m. end., *1 m. end., passer le fil dev., 3 m. glis., ramener le fil derr., 2 m. end., passer le fil dev., 3 m. glis., ramener le fil derr., 1 m. end., rép. depuis * jusqu'à 1 m. de la fin du rg, 1 m. end.

Rg 2 : 1 m. glis., *, passer le fil derr., 3 m. glis., ramener le fil dev., 2 m. env., rép. depuis * jusqu'à 1 m. de la fin du rg, 1 m. glis.

Rg 3 : 1 m. end., passer le fil dev., 1 m. glis., *passer le fil derr., 2 m. end., passer le fil dev., 3 m. glis., rép. depuis * jusqu'à 5 m. de la fin du rg, passer le fil derr., 2 m. end., passer le fil dev., 2 m. glis., passer le fil derr., 1 m. end.

Rg 4 : 1 m. glis., passer le fil derr., 1 m. glis., ramener le fil dev., *2 m. env. passer le fil derr., 3 m. glis., ramener le fil dev., rép. depuis * jusqu'à 5 m. de la fin du rg, 2 m. env., passer le fil derr., 2 m. glis., ramener le fil dev., 1 m. glis.

Rg 5 : 1 m. end., *, passer le fil dev., 3 m. glis., ramener le fil derr., 2 m. end., rép. depuis * jusqu'à 1 m. de la fin du rg, 1 m. end.

Rg 6 : 1 m. glis., *1 m. env. passer le fil derr., 3 m. glis., ramener le fil dev., 1 m. env., rép. depuis * jusqu'à 1 m. de la fin du rg, 1 m. glis.

Rg 7 : comme le rg 5.

Rg 8 : comme le rg 4.

Rg 9 : comme le rg 3.

Rg 10 : comme le rg 2.

Rép. ces 10 rgs.

Point MOUCHETÉ

Multiple de 4 m.

Rg 1 : (end. du trav.) * tric. (1 m. end., 1 jeté, 1 m. end.) ds la m. suiv., 3 m. env., rép. depuis * jusqu'à la fin du rg.

Rg 2 : *tric. 3 m. ens. à l'env., 3 m. end., rép. depuis * jusqu'à la fin du rg.

Rg 3 : *3 m. env., tric. (1 m. end., 1 jeté, 1 m. end.) ds la m. suiv., rép. depuis * jusqu'à la fin du rg.

Rg 4 : *3 m. end., tric. 3 m. ens. à l'env., rép. depuis * jusqu'à la fin du rg.

Rép. ces 4 rgs.

Point d'ÉPINE

Multiple de 4 m.

2FCG (end.) = tric. la 2e m. de l'aig. G. à l'end. en piquant sous son brin arr. puis tric. la 1re à l'end. et les faire tomber ens.

2FCD (end.) = tric. la 2e m. puis la 1re m. de l'aig. G. à l'end. et les faire tomber ens.

Rg 1 : (end. du trav.) *2FCG (end.), 2FCD (end.).

Rg 2 : tric. ttes les m. à l'env.

Rép. ces 2 rgs.

CHEVRON TISSÉ HORIZONTAL (haut)
POINT MOUCHETÉ (milieu)
POINT D'ÉPINE (bas)

Point de VANNERIE

Multiple de 2 m.

2FCG (end.) = tric. la 2e m. de l'aig. G. à l'end. en piquant sous son brin arr. puis tric. la 1re à l'end. et les faire tomber ens.

2FCD (env.) = tric. à l'env. la 2e m. puis la 1re m. de l'aig. G. et les faire tomber ens.

Rg 1 : (end. du trav.) *2FCG (end.), rép. depuis * jusqu'à la fin du rg.

Rg 2 : 1 m. env., * 2FCD (env.), rép. depuis * jusqu'à 1 m. de la fin du rg, 1 m. env.

Rép. ces 2 rgs.

TREILLAGE

Multiple de 6 m.

3MCG = glis. 1 m. sur une aig. aux. placée dev. le trav., tric. 2 m. env. puis tric. à l'end. la m. de l'aig. aux.

3MCD = glis. 2 m. sur une aig. aux. placée derr. le trav., tric. 1 m. end. puis tric. à l'env. les 2 m. de l'aig. aux.

Rgs 1 et 3 : (end. du trav.) *2 m. env., 2 m. end., 2 m. env., rép. depuis * jusqu'à la fin du rg.

Rgs 2 et 4 : *2 m. end., 2 m. env., 2 m. end., rép. depuis * jusqu'à la fin du rg.

Rg 5 : *3MCD, 3MCG, rép. depuis * jusqu'à la fin du rg.

Rgs 6, 8 et 10 : *1 m. env., 4 m. end., 1 m. env., rép. depuis * jusqu'à la fin du rg.

Rgs 7 et 9 : *1 m. end., 4 m. env., 1 m. end., rép. depuis * jusqu'à la fin du rg.

Rg 11 : *3MCG, 3MCD, rép. depuis * jusqu'à la fin du rg.

Rg 12 : *2 m. end., 2 m. env., 2 m. end., rép. depuis * jusqu'à la fin du rg.

Rép. ces 12 rgs.

Point de DIAMANT

Multiple de 2 m.

Rg 1 : (end. du trav.) tric. ttes les m. à l'end.

Rg 2 : tric. ttes les m. à l'env.

Rg 3 : 1 m. end., *tric. 2 m. ens. à l'end., rép. depuis * jusqu'à 1 m. de la fin du rg, 1 m. end.

Rg 4 : 1 m. end., *créer 1 m. end. en piquant sous le brin horizontal situé av. la m. suiv., 1 m. end., rép. depuis * jusqu'à 1 m. de la fin du rg, 1 m. end.

Rép. ces 4 rgs.

POINT DE VANNERIE (haut)
TREILLAGE (milieu)
POINT DE DIAMANT (bas)

Point de BOURRICHE

Multiple de 4 m.

Rg 1 : (end. du trav.) *3 m. end., 1 m. glis., rép. depuis * jusqu'à la fin du rg.

Rg 2 : passer le fil derr. le trav., *1 m. glis., passer le fil dev. le trav., 3 m. env., rép. depuis * jusqu'à la fin du rg.

Rg 3 : comme le rg 1.

Rg 4 : tric. ttes les m. à l'end.

Rg 5 : *1 m. end., 1 m. glis., passer le fil derr. le trav., 2 m. end., rép. depuis * jusqu'à la fin du rg.

Rg 6 : *2 m. env., 1 m. glis., passer le fil dev. le trav., 1 m. env., rép. depuis * jusqu'à la fin du rg.

Rg 7 : comme le rg 5.

Rg 8 : tric. ttes les m. à l'end.

Rép. ces 8 rgs.

JERSEY LAMPION

Réalisable sur n'importe quel nbre de m.

Rgs 1, 3 et 5 : (end. du trav.) tric. ttes les m. à l'end.

Rgs 2, 4, 6 et 7 : tric. ttes les m. à l'env.

Rgs 8, 10 et 12 : tric. ttes les m. à l'env.

Rgs 9 et 11 : tric. ttes les m. à l'end.

Rg 13 : plier horizontalement, tric. ens. à l'end. la 1re m. du rg 2 et la 1re m. de l'aig. G, en piquant sous leur brin arr., rép. jusqu'à la fin du rg.

Rgs 14, 16 et 18 : tric. ttes les m. à l'env.

Rgs 15, 17 et 19 : tric. ttes les m. à l'end.

Rép. les rgs 2 à 19.

Point de JUPON

Réalisable sur n'importe quel nbre de m.

Rgs 1 à 6 : tric. ttes les m. à l'end.

Rg 7 : (end. du trav.) faire 1 aug. B end. dans chaque m.

Rgs 8, 10 et 12 : tric. ttes les m. à l'env.

Rgs 9 et 11 : tric. ttes les m. à l'end.

Rg 13 : *tric. 2 m. ens. à l'end., rép. depuis * jusqu'à la fin du rg.

Rép. les rgs 2 à 13.

POINT DE BOURRICHE (haut)
JERSEY LAMPION (milieu)
POINT DE JUPON (bas)

Point de RISOTTO

Multiple de 2 m.

Rgs 1 et 3 : (end. du trav.) tric. ttes les m. à l'end.

Rg 2 : *tric. 2 m. ens. à l'env. sans les faire tomber de l'aig. G, passer le fil derr., tric. ens. à l'end. les 2 mêmes m., rép. depuis * jusqu'à la fin du rg.

Rg 4 : 1 m. env., *tric. 2 m. ens. à l'env. sans les faire tomber de l'aig. G, passer le fil derr., tric. ens. à l'end. les 2 mêmes m., rép. depuis * jusqu'à 1 m. de la fin du rg, 1 m. env.

Rg 5 : tric. ttes les m. à l'end.

Rép. les rgs 2 à 5.

Point d'ALVÉOLES

Multiple de 2 m.

Rg 1 : (end. du trav.) tric. ttes les m. à l'end.

Rg 2 : tric. ttes les m. à l'end.

Rg 3 : *1 m. end., 1 m. D, rép. depuis * jusqu'à la fin du rg.

Rg 4 : *tric. ens. à l'end. la m. suiv. et le fil qui a glissé au rg précédent, 1 m. end., rép. depuis * jusqu'à la fin du rg.

Rg 5 : *1 m. D, 1 m. end., rép. depuis * jusqu'à la fin du rg.

Rg 6 : *1 m. end., tric. ens. à l'end. la m. suiv. et le fil qui a glissé au rg précédent, rép. depuis * jusqu'à la fin du rg.

Rép. les rgs 3 à 6.

Point de PALOURDES

Multiple de 6 m. plus 1

Rg 1 : (end. du trav.) tric. ttes les m. à l'end.

Rg 2 : 1 m. env., *5 fs (1 jeté, 1 m. env.), 1 m. env., rép. depuis * jusqu'à la fin du rg.

Rg 3 : *1 m. end., glis. 5 m. en laissant tomber les jetés puis remettre les 5 m. sur l'aig. G, tric. les 5 m. ens. en faisant 1 jeté, 1 m. end., 2 fs (1 jeté, 1 m. env., 1 jeté, 1 m. end.), rép. depuis * jusqu'à 1 m. de la fin du rg, 1 m. end.

Rg 4 : *1 m. env., tric. 5 m. end. en laissant tomber les jetés, rép. depuis * jusqu'à 1 m. de la fin du rg, 1 m. env.

Rg 5 : tric. ttes les m. à l'end.

Rg 6 : *4 m. env., 5 fs (1 jeté, 1 m. env.), 1 m. env., rép. depuis * jusqu'à 3 m. de la fin du rg, 3 m. env.

Rg 7 : 3 m. end., *1 m. end., tric.les 5 m. suiv. comme au rg 3, rép. depuis * jusqu'à 4 m. de la fin du rg, 4 m. end.

Rg 8 : 4 m. env., * tric. 5 m. end. en laissant tomber les jetés, 1 m. env., rép. depuis * jusqu'à 3 m. de la fin du rg., 3 m. env.

Rép. ces 8 rgs.

POINT DE RISOTTO (haut)
POINT D'ALVÉOLES (milieu)
POINT DE PALOURDES (bas)

FEUILLES SUPERPOSÉES

Multiple de 24 m. plus 1

Rg 1 : (end. du trav.) 1 m. end., *1 aug. int., 1 SS à l'end., 4 m. end., tric. 2 m. ens. à l'end., 3 m. end., 1 aug. int., 1 m. end., 1 aug. int., 3 m. end., 1 SS à l'end., 4 m. end., tric. 2 m. ens. à l'end., 1 aug. int., 1 m. end., rép. depuis * jusqu'à la fin du rg.

Rg 2 et ts rgs pairs : ttes les m. à l'env.

Rg 3 : 1 m. end., *1 aug. int., 1 m. end., 1 SS à l'end., 2 m. end., tric. 2 m. ens. à l'end., 4 m. end., 1 aug. int., 1 m. end., 1 aug. int., 4 m. end., 1 SS à l'end., 2 m. end., tric. 2 m. ens. à l'end., 1 m. end., 1 aug. int., 1 m. end., rép. depuis * jusqu'à la fin du rg.

Rg 5 : 1 m. end., *1 aug. int., 2 m. end., 1 SS à l'end., tric. 2 m. ens. à l'end., 5 m. end., 1 aug. int., 1 m. end., 1 aug. int., 5 m. end., 1 SS à l'end., tric. 2 m. ens. à l'end., 2 m. end., 1 aug. int., 1 m. end., rép. depuis * jusqu'à la fin du rg.

Rg 7 : 1 m. end., *1 aug. int., 3 m. end., 1 SS à l'end., 4 m. end., tric. 2 m. ens. à l'end., 1 aug. int., 1 m. end., 1 aug. int., 1 SS à l'end., 4 m. end., tric. 2 m. ens. à l'end., 3 m. end., 1 aug. int., 1 m. end., rép. depuis * jusqu'à la fin du rg.

Rg 9 : 1 m. end., *1 aug. int., 4 m. end., 1 SS à l'end., 2 m. end., tric. 2 m. ens. à l'end., 2 fs (1 m. end., 1 aug. int.), 1 m. end., 1 SS à l'end., 2 m. end., tric. 2 m. ens. à l'end., 4 m. end., 1 aug. int., 1 m. end., rép. depuis * jusqu'à la fin du rg.

Rg 11 : 1 m. end., *1 aug. int., 5 m. end., 1 SS à l'end., tric. 2 m. ens. à l'end., 2 m. end., 1 aug. int., 1 m. end., 1 aug. int., 2 m. end., 1 SS à l'end., tric. 2 m. ens. à l'end., 5 m. end., 1 aug. int., 1 m. end., rép. depuis * jusqu'à la fin du rg.

Rg 12 : tric. ttes les m. à l'env.

Rép. ces 12 rgs.

BAMBOUS

Multiple de 2 m.

Rg 1 : (end. du trav.) 1 m. end., *1 jeté, 2 m. end., rab. le jeté sur les 2 m. end., rép. depuis * jusqu'à 1 m. de la fin du rg, 1 m. end.

Rg 2 : tric. ttes les m. à l'env.

Rép. ces 2 rgs.

ÉCHELLES EN QUINCONCE

Multiple de 8 m. plus 1

Rg 1 : (end. du trav.) *5 m. end., passer le fil dev., 3 m. glis., ramener le fil derr., rép. depuis * jusqu'à 1 m. de la fin du rg, 1 m. end.

Rg 2 : 1 m. env., *, passer le fil derr., 3 m. glis., ramener le fil dev., 5 m. env., rép. depuis * jusqu'à la fin du rg.

Rg 3 : comme le rg 1.

Rg 4 : tric. ttes les m. à l'env.

Rg 5 : 1 m. end., *, passer le fil dev., 3 m. glis., ramener le fil derr., 5 m. end., rép. depuis * jusqu'à la fin du rg.

Rg 6 : 1 m. env., *4 m. env. passer le fil derr., 3 m. glis., ramener le fil dev., 1 m. env., rép. depuis * jusqu'à la fin du rg.

Rg 7 : comme le rg 5.

Rg 8 : comme le rg 4.

Rép. ces 8 rgs.

FEUILLES SUPERPOSÉES (haut)
BAMBOUS (milieu)
ÉCHELLES EN QUINCONCE (bas)

RUISSEAU

Multiple de 3 m.

Rg 1 : (end. du trav.) *tric. 2 m. ens. à l'end. sans les faire tomber de l'aig. G, retric. la 1re m. à l'end. et faire tomber les 2 m. de l'aig. G, 1 m. end., rép. depuis * jusqu'à la fin du rg.

Rg 2 : tric. ttes les m. à l'env.

Rg 3 : *1 m. end., tric. 2 m. ens. à l'end., retric. la 1re m. à l'end. comme au rg 1, rép. depuis * jusqu'à la fin du rg.

Rg 4 : tric. ttes les m. à l'env.

Rép. ces 4 rgs.

TREILLIS DOUBLE

Multiple de 6 m. plus 4

2CRG (2 m. croisées en relief vers la gauche) = tric. la 2e m. de l'aig. gauche à l'end. en piquant sous son brin arr. puis tric. ens. les deux 1re m. de l'aig. G en piquant sous leur brin arr.

2CRD (2 m. croisées en relief vers la droite) = tric. 2 m. ens. à l'end. puis retric. la 1re à l'end. et les faire tomber ens.

Rg 1 et ts les rgs impairs : (env. du trav.) tric. ttes les m. à l'env.

Rg 2 : *2CRG, 2 fs 2CRD, rép. depuis * jusqu'à 4 m. de la fin du rg, 2CRG, 2CRD.

Rg 4 : 1 m. end., 2CRG, * 2CRD, 2 fs 2CRG, rép. depuis * jusqu'à 1 m. de la fin du rg, 1 m. end.

Rg 6 : 2 fs 2CRG, *2 m. end., 2 fs 2CRG, rép. depuis * jusqu'à la fin du rg.

Rg 8 : 1 m. end., *2 fs 2CRG, 2CRD, rép. depuis * jusqu'à 3 m. de la fin du rg, 2CRG, 1 m. end.

Rg 10 : 2CRD, * 2CRG, 2 fs 2CRD, rép. depuis * jusqu'à 2 m. de la fin du rg, 2CRG.

Rg 12 : 3 m. end., *2 fs 2CRD, 2 m. end., rép. depuis * jusqu'à 1 m. de la fin du rg, 1 m. end.

Rép. ces 12 rgs.

CROISILLONS FANTAISIE

Multiple de 8 m. plus 4

6FCD = glis. 6 m. allongées sur une aig. aux., en laissant tomber les jetés, remettre les 6 m. sur l'aig. G., tric à l'end. les 4e, 5e et 6e m. en piquant sous leurs brins arr., tric. à l'end. les 1re, 2e et 3e m. et les faire tomber ens.

6FCG = glis. 6 m. allongées sur une aig. aux., en laissant tomber les jetés, remettre les 6 m. sur l'aig. G., tric à l'end. les 4e, 5e et 6e m. puis les 1re, 2e et 3e m. et les faire tomber ens.

Rg 1 : (end. du trav.) tric. ttes les m. à l'end.

Rg 2 : 3 m. end., * 1 jeté, 1 m. env., 5 fs (1 jeté, 1 m. env.), 2 m. end., rép. depuis * jusqu'à 1 m. de la fin du rg, 1 m. end.

Rg 3 : 1 m. end., *2 m. end., 6FCG, rép. depuis * jusqu'à 1 m. de la fin du rg, 3 m. end.

Rg 4 : 1 m. end., 2 m. env., 2 m. end., * 1 jeté, 1 m. env., 5 fs (1 jeté, 1 m. env.), 2 m. end., rép. depuis * jusqu'à 5 m. de la fin du rg, 4 m. env., 1 m. end.

Rg 5 : 5 m. end., *2 m. end., 6FCD, rép. depuis * jusqu'à 7 m. de la fin du rg, 7 m. end.

Rép. les rgs 2 à 5.

Astuce

Ce point n'est pas réversible mais est aussi beau à l'envers qu'à l'endroit.

RUISSEAU (haut)
TREILLIS DOUBLE (milieu)
CROISILLONS FANTAISIE (bas)

Jersey CROISILLON

Multiple de 6 m. plus 2

2FCG (end.) = tric. la 2e m. de l'aig. G. à l'end. en piquant sous son brin arr. puis tric. la 1re à l'end. et les faire tomber ens.

2FCD (end.) = tric. la 2e m. puis la 1re m. de l'aig. G. à l'end. et les faire tomber ens.

Rg 1 : (end. du trav.) 3 m. end., *2FCG (end.), 4 m. end., rép. depuis * jusqu'à 5 m. de la fin du rg, 2FCG (end.), 3 m. end.

Rg 2 et ts les rgs pairs : tric. ttes les m. à l'env.

Rg 3 : *2 m. end., 2FCG (end.), 2FCD (end.), rép. depuis * jusqu'à 2 m. de la fin du rg, 2 m. end.

Rg 5 : 1 m. end., *2FCG (end.), 2 m. end., 2FCD (end.), rép. depuis * jusqu'à 1 m. de la fin du rg.1 m. end.

Rg 7 : *2FCG (end.), 4 m. end., rép. depuis * jusqu'à 2 m. de la fin du rg, 2FCG (end.).

Rg 9 : 1 m. end., *2FCD (end.), 2 m. end., 2FCG (end.), rép. depuis * jusqu'à 1 m. de la fin du rg, 1 m. end.

Rg 11 : *2 m. end., 2FCD (end.), 2FCG (end.), rép. depuis * jusqu'à 2 m. de la fin du rg, 2 m. end.

Rg 12 : tric. ttes les m. à l'env.

Rép. ces 12 rgs.

GRAIN D'ORME

Multiple de 4 m. plus 1

Rg 1 et ts les rgs impairs : (end. du trav.) tric. ttes les m. à l'end.

Rg 2 : 1 m. env., *1 jeté, 2 m. env., rab. le jeté sur les 2 m. env., 2 m. env., rép. depuis * jusqu'à la fin du rg.

Rg 4 : 1 m. env., *2 m. env., 1 jeté, 2 m. env., rab. le jeté sur les 2 m. env., rép. depuis * jusqu'à la fin du rg.

Rép. ces 4 rgs.

FEUILLES imbriquées

Multiple de 16 m. plus 1

2FCG (end.) = tric. la 2e m. de l'aig. G. à l'end. en piquant sous son brin arr. puis tric. la 1re à l'end. et les faire tomber ens.

2FCD (end.) = tric. la 2e m. puis la 1re m. de l'aig. G. à l'end. et les faire tomber ens.

Rg 1 : (end. du trav.) 1 m. end., *1 m. end., 2 fs 2FCG (end.), 2FCD (end.), 1 m. env., 2FCG (end.), 2 fs 2FCD (end.), 2 m. end., rép. depuis * jusqu'à la fin du rg.

Rg 2 et ts les rgs pairs : tric. ttes les m. à l'env.

Rg 3 : *1 m. end., 2 fs 2FCG (end.), 2FCD (end.), 1 m. end., 1 m. env., 1 m. end., 2FCG (end.), 2 fs 2FCD (end.), 1 m. end., rép. depuis * jusqu'à la fin du rg.

Rg 5 : 1 m. end., *1 m. end., 2FCG (end.), 2 fs 2FCD (end.), 1 m. env., 2 fs 2FCG (end.), 2FCD (end.), 2 m. end., rép. depuis * jusqu'à la fin du rg.

Rg 7 : 1 m. end., *2FCG (end.), 2 fs 2FCD (end.), 1 m. end., 1 m. env., 1 m. end., 2 fs 2FCG (end.), 2FCD (end.), 1 m. end., rép. depuis * jusqu'à la fin du rg.

Rg 9 : 1 m. end., *1 m. end., 3 fs 2FCD (end.), 1 m. env., 3 fs 2FCG (end.), 2 m. end., rép. depuis * jusqu'à la fin du rg.

Rg 11 : 1 m. end., * 3 fs 2FCD (end.), 1 m. end., 1 m. env., 1 m. end., 3 fs 2FCG (end.), 1 m. end., rép. depuis * jusqu'à la fin du rg.

Rg 13 : comme le rg 9.

Rg 15 : comme le rg 7.

Rg 17 : comme le rg 5.

Rg 19 : comme le rg 3.

Rg 21 : comme le rg 1.

Rg 23 : 1 m. end., *3 fs 2FCG (end.), 1 m. end., 1 m. env., 1 m. end., 3 fs 2FCD (end.), 1 m. end., rép. depuis * jusqu'à la fin du rg.

Rg 25 : 1 m. end., *1 m. end., 3 fs 2FCG (end.), 1 m. env., 3 fs 2FCD (end.), 2 m. end., rép. depuis * jusqu'à la fin du rg.

Rg 27 : comme le rg 23.

Rg 28 : tric. ttes les m. à l'env.

Rép. ces 28 rgs.

JERSEY CROISILLON (haut)
GRAIN D'ORME (milieu)
FEUILLES IMBRIQUÉES (bas)

JERSEY À MAILLES ALLONGÉES

Multiple de 14 m. plus 5

Rgs 1 et 3 : (end. du trav.) tric. ttes les m. à l'end.

Rgs 2 et 4 : tric. ttes les m. à l'env.

Rg 5 : 4 m. end., *3 fs (1 m. end., 1 jeté), 4 fs (1 m. end., 2 jetés), 3 fs (1 m. end., 1 jeté), 4 m. end., rép. depuis * jusqu'à 1 m. de la fin du rg, 1 m. end.

Rg 6 : tric. ttes les m. à l'env. en laissant tomber les jetés.

Rgs 7 et 9 : tric. ttes les m. à l'end.

Rgs 8 et 10 : tric. ttes les m. à l'env.

Rg 11 : 7 m. end., *4 m. end., 3 fs (1 m. end., 1 jeté), 4 fs (1 m. end., 2 jetés), 3 fs (1 m. end., 1 jeté), rép. depuis * jusqu'à 1 m. de la fin du rg, 12 m. end.

Rg 12 : tric. ttes les m. à l'env. en laissant tomber les jetés.

Rép. ces 12 rgs.

PAPILLONS EN QUINCONCE

Multiple de 10 m. plus 7

P. (Papillon) = glis. l'aig. G sous les 4 fils tendus aux rgs précédents, tric. la m. suiv. à l'end. et ramener la nouvelle m. en la faisant passer sous les fils tendus.

Rgs 1, 3, 5 et 7 : (end. du trav.) 6 m. end., *passer le fil dev., 5 m. glis., ramener le fil derr., 5 m. end., rép. depuis * jusqu'à 1 m. de la fin du rg, 1 m. end.

Rg 2 et ts les rgs pairs : tric. ttes les m. à l'env.

Rg 9 : 8 m. end., *1 P., 9 m. end., rép. depuis * jusqu'à 9 m. de la fin du rg., 1 P., 8 m. end.

Rgs 11, 13, 15 et 17 : 1 m. end., passer le fil dev., 5 m. glis., ramener le fil derr., *5 m. end., passer le fil dev., 5 m. glis., ramener le fil derr., rép. depuis * jusqu'à 1 m. de la fin du rg, 1 m. end.

Rg 19 : 3 m. end., 1 P., *9 m. end., 1 P., rép. depuis * jusqu'à 3 m. de la fin du rg, 3 m. end.

Rg 20 : tric. ttes les m. à l'env.

Rép. ces 20 rgs.

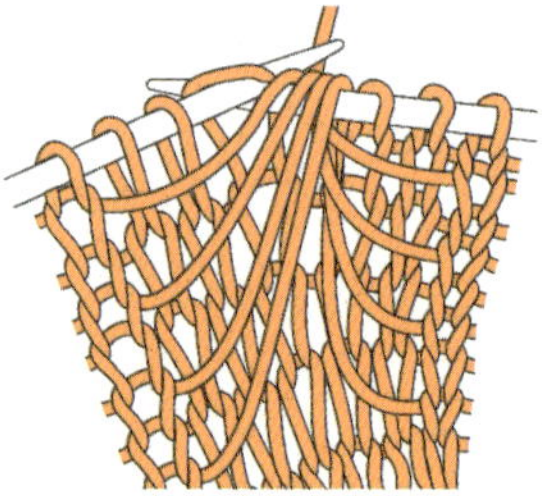

Tric. la m. suiv. à l'end. en passant sous les 4 fils tendus dev. le trav.

PASTILLES, variante

Multiple de 8 m. plus 5

B. (Boule) = glis. 3 m. sur une aig. aux., enrouler le fil 6 fs autour des m. dans le sens inverse des aig. d'une montre puis les tric. à l'end.

Rg 1 : (end. du trav.) tric. ttes les m. à l'end.

Rg 2 et ts les rgs pairs : tric. ttes les m. à l'env.

Rg 3 : *5 m. end., 1 B., rép. depuis * jusqu'à 5 m. de la fin du rg, 5 m. end.

Rg 5 : comme le rg 3.

Rg 7 : *1 m. end., 1 B., 4 m. end., rép. depuis * jusqu'à 5 m. de la fin du rg, 1 m. end., 1 B., 1 m. end.

Rg 8 : tric. ttes les m. à l'env.

Rép. ces 8 rgs.

JERSEY À MAILLES ALLONGÉES (haut)
PAPILLONS EN QUINCONCE (milieu)
PASTILLES, VARIANTE (bas)

Les bordures

La plupart des tricots ont besoin d'être finis par une bordure ou des côtes pour renforcer leurs bords et les empêcher de rouler. Certaines bordures se tricotent séparément, pour former une bande assez longue, quand elle est légèrement étirée, pour être cousue en place. D'autres se tricotent à la base de l'ouvrage ou en relevant des mailles sur ses bords. La longueur d'une bordure dépend de son nombre de mailles et de la manière dont elle est tricotée (lâche ou serré). Il est donc plus prudent de faire un échantillon.

Les bordures qui suivent vont des points très simples présentés ci-contre à des modèles à double volant, à points noués ou encore ajourés. Toutes peuvent se tricoter avec des fils d'épaisseur moyenne et certaines, tricotées avec une laine Shetland très fine, permettent de réaliser des ouvrages exquis qui rappellent les splendides dentelles des îles Shetland. N'hésitez pas à multiplier les essais pour varier les effets.

Bordure en JERSEY

Monter le nbre de m. voulu pour la longueur de la bordure

Rgs 1, 3 et 5 : (end. du trav.) tric. ttes les m. à l'end.

Rgs 2, 4 et 6 : tric. ttes les m. à l'env.

Ourlet bordé de MAILLES ENVERS

Monter le nbre de m. voulu pour la longueur de la bordure

Rgs 1, 3, 5 et 7 : (end. du trav.) tric. ttes les m. à l'end.

Rgs 2, 4, 6 et 8 : tric. ttes les m. à l'env.

Rg 9 : tric. ttes les m. à l'env.

Rgs 10, 12, 14, 16 et 18 : tric. ttes les m. à l'env.

Rgs 11, 13, 15 et 17 : tric. ttes les m. à l'end.

Plier vers le bas le long du rg de m. env. et coudre en place à point glis.

Ourlet DENT DE CHAT

Multiple de 2 m. plus 1

Rgs 1 et 3 : (end. du trav.) tric. ttes les m. à l'end.

Rgs 2 ts les rgs pairs : tric. ttes les m. à l'env.

Rg 5 : 1 m. end., *1 jeté, tric. 2 m. ens. à l'end., rép. depuis * jusqu'à la fin du rg.

Rgs 7 et 9 : tric. ttes les m. à l'end.

Plier vers le bas le long du rg de jours et coudre en place à point glis.

BORDURE EN JERSEY (haut)
OURLET BORDÉ DE MAILLES ENVERS (milieu)
OURLET DENT DE CHAT (bas)

FESTON SIMPLE

Multiple de 6 m. plus 3 (le nbre de m. est divisé par 2 en cours de trav.)

Rg 1 : (end. du trav.) 3 m. end., *rab. 3 m., 3 m. end., rép. depuis * jusqu'à la fin du rg.

Rgs 2 à 5 : tric. ttes les m. à l'end.

ARBRE DE VIE

Multiple de 13 m.

Rg 1 : (end. du trav.) *1 m. end., 1 jeté, 4 m. end., 1 SD à l'end., 4 m. end., 1 jeté, 1 m. end., rép. depuis * jusqu'à la fin du rg.

Rg 2 : *2 m. env., 9 m. end., 2 m. env., rép. depuis * jusqu'à la fin du rg.

Rg 3 : *2 m. end., 1 jeté, 3 m. end., 1 SD à l'end., 3 m. end., 1 jeté, 2 m. end., rép. depuis * jusqu'à la fin du rg.

Rg 4 : *3 m. env., 7 m. end., 3 m. env., rép. depuis * jusqu'à la fin du rg.

Rg 5 : *3 m. end., 1 jeté, 2 m. end., 1 SD à l'end., 2 m. end., 1 jeté, 3 m. end., rép. depuis * jusqu'à la fin du rg.

Rg 6 : *4 m. env., 5 m. end., 4 m. env., rép. depuis * jusqu'à la fin du rg.

Rg 7 : *4 m. end., 1 jeté, 1 m. end., 1 SD à l'end., 1 m. end., 1 jeté, 4 m. end., rép. depuis * jusqu'à la fin du rg.

Rg 8 : *5 m. env., 3 m. end., 5 m. env., rép. depuis * jusqu'à la fin du rg.

Rg 9 : *5 m. end., 1 jeté, 1 SD à l'end., 1 jeté, 5 m. end., rép. depuis * jusqu'à la fin du rg.

Rg 10 : tric. ttes les m. à l'env.

VAGUES

Multiple de 18 m. plus 2

Rg 1 : (end. du trav.) tric. ttes les m. à l'end.

Rg 2 : tric. ttes les m. à l'env.

Rg 3 : 1 m. end., *tric. 3 fs 2 m. ens. à l'end., 6 fs (1 jeté, 1 m. end.), tric. 3 fs 2 m. ens. à l'end., rép. depuis * jusqu'à 1 m. de la fin du rg, 1 m. end.

Rg 4 : tric. ttes les m. à l'end.

Rép. 2 fs de plus ces 4 rgs.

FESTON SIMPLE (haut)
ARBRE DE VIE (milieu)
VAGUES (bas)

VOLANT BORDÉ DE POINT MOUSSE

Monter le double du nbre de m. voulu en haut du volant

Rgs 1 à 3 : tric. ttes les m. à l'end.

Rgs 4, 6, 8 et 10 : (end. du trav.) tric. ttes les m. à l'env.

Rgs 5, 7, 9, et 11 : tric. ttes les m. à l'end.

Rg 12 : tric. 2 m. ens. à l'end. jusqu'à la fin du rg.

FESTON AJOURÉ

Multiple de 6 m. plus 2 (le nbre de m. est diminué des deux tiers en cours de travail)

Rg 1 : (end. du trav.) 2 m. end., *rab. 4 m., en laissant la dern. sur l'aig. D, 1 m. end., rép. depuis * jusqu'à la fin du rg.

Rg 2 : 2 m. end., *1 jeté, 2 m. end., rép. depuis * jusqu'à la fin du rg.

Rg 3 : 2 m. end., *1 aug. B end. dans le jeté, 2 m. end., rép. depuis * jusqu'à la fin du rg.

Rgs 4 à 7 : tric. ttes les m. à l'end.

DENTELLE SIMPLE

Multiple de 5 m. plus 2 (le nbre de m. passe à 4 par répétition et à 5 pour les m. supplémentaires)

Rg 1 : (end. du trav.) 1 m. end., 1 jeté, *5 m. end., rab. les 2e, 3e, 4e et 5e m. sur la 1e, 1 jeté, rép. depuis * jusqu'à 1 m. de la fin du rg, 1 m. end.

Rg 2 : 1 m. end., * tric. (1 m. env., 1 jeté, 1 m. end. torse) ds la m. suiv., 1 m. env., rép. depuis * jusqu'à la fin du rg.

Rg 3 : 2 m. end., 1 m. end. torse, *3 m. end., 1 m. end. torse, rép. depuis * jusqu'à 2 m. de la fin du rg, 2 m. end.

Rgs 4 à 6 : tric. ttes les m. à l'end.

VOLANT BORDÉ DE POINT MOUSSE (haut)
FESTON AJOURÉ (milieu)
DENTELLE SIMPLE (bas)

FESTON NOUÉ

Multiple de 12 m.

Étape 1 : monter 6 m. et tric. 20 rgs en jers. end. en comm. par 1 rg de m. end. Couper le fil et mettre les m. en attente sur un arrêt de mailles

Répéter pour avoir une seconde bande identique.

Étape 2 : tric. le nbre de bandes voulu pour en avoir deux par feston.

Étape 3 : mettre ttes les bandes sur l'aig. G, end. face à vous. Faire passer la 1e bande dev. la 2e. Faire passer le rg de montage de la 2e bande dev. la 1e bande, en le tournant de manière à conserver l'end. face à vous, et le glisser entre les 2 bandes pour le mettre derrière les m. de la 1e bande. Tric. ensemble à l'endroit chaque m. de la 1re bande à l'endroit et 1 m. relevées sur le rg de montage de la 2e bande.

Étape 4 : mettre le rang de montage de la 1re bande derr. les m. de la 2e bande et les tric. ensemble, comme précédemment.

Étape 5 : rép. pour faire les festons suiv.

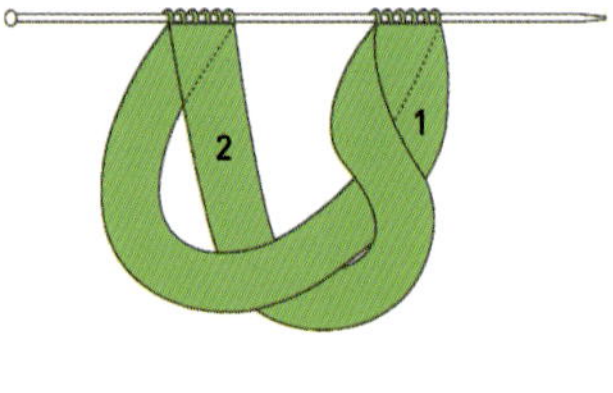

Tric. le haut de la bande 1 sur le rg de montage de la bande 2 et le haut de la bande 2 sur le rg de montage de la bande 1.

VOLANT RUCHÉ

Multiple de 16 m. plus 5 (le nbre de m. passe à 6 par répétition, plus 5)

Rg 1 : (env. du trav.) 5 m. end., *11 m. env., 5 m. end., rép. depuis * jusqu'à la fin du rg.

Rg 2 : 5 m. env., *tric. 2 m. ens. à l'end., 7 m. end., 1 SS à l'end., 5 m. env., rép. depuis * jusqu'à la fin du rg.

Rg 3 : 5 m. end., *9 m. env., 5 m. end., rép. depuis * jusqu'à la fin du rg.

Rg 4 : 5 m. env., *tric. 2 m. ens. à l'end., 5 m. end., 1 SS à l'end., 5 m. env., rép. depuis * jusqu'à la fin du rg.

Rg 5 : 5 m. end., *7 m. env., 5 m. end., rép. depuis * jusqu'à la fin du rg.

Rg 6 : 5 m. env., *tric. 2 m. ens. à l'end., 3 m. end., 1 SS à l'end., 5 m. env., rép. depuis * jusqu'à la fin du rg.

Rg 7 : 5 m. end., *5 m. env., 5 m. end., rép. depuis * jusqu'à la fin du rg.

Rg 8 : 5 m. env., *tric. 2 m. ens. à l'end., 1 m. end., 1 SS à l'end., 5 m. env., rép. depuis * jusqu'à la fin du rg.

Rg 9 : 5 m. end., *3 m. env., 5 m. end., rép. depuis * jusqu'à la fin du rg.

Rg 10 : 5 m. env., *1 SD à l'end., 5 m. env., rép. depuis * jusqu'à la fin du rg.

Rg 11 : 5 m. end., *1 m. env., 5 m. end., rép. depuis * jusqu'à la fin du rg.

FESTON AJOURÉ

Multiple de 11 m. plus 2 (le nbre de m. passe à 6 par répétition, plus 2)

Rg 1 : (end. du trav.) tric. ttes les m. à l'env.

Rg 2 : 2 m. end., *1 m. end., remettre la dern. m. sur l'aig. G, rab. les 8 m. suiv. dessus, 2 jetés, tric. la m. glis. à l'end., 2 m. end., rép. depuis * jusqu'à la fin du rg.

Rg 3 : 1 m. end., *tric. 2 m. ens. à l'env., faire tomber 1 jeté de l'aig. G, tric. 2 fs (1 m. end., 1 m. end. torse) dans le 2e jeté, 1 m. env., rép. depuis * jusqu'à 1 m. de la fin du rg, 1 m. end.

Rgs 4 à 8 : tric. ttes les m. à l'end.

FESTONS NOUÉS (haut)
VOLANT RUCHÉ (milieu)
FESTON AJOURÉ (bas)

VOLANT SIMPLE

Monter 4 fs le nbre de m. voulu en fin de trav.

Rg 1 : (end. du trav.) *2 m. end., rab. la 2e sur la 1e, rép. depuis * jusqu'à la fin du rg.

Rg 2 : *tric. 2 m. ens. à l'env., rép. depuis * jusqu'à la fin du rg.

FESTON OUVRAGÉ

Multiple de 13 m. plus 2 (le nbre de m. passe à 12 par répétition et à 3 pour les m. supplémentaires)

Rg 1 : (end. du trav.) 1 m. end., *2 m. end., 1 SS à l'end., 2 m. glis., tric. 3 m. ens. à l'end., rab. les 2 m. glis., tric. 2 m. ens. à l'end., 2 m. end., rép. depuis * jusqu'à 1 m. de la fin du rg, 1 m. end.

Rg 2 : 4 m. env., *1 jeté, 1 m. env., 1 jeté, 6 m. env., rép. depuis * jusqu'à 5 m. de la fin du rg, 1 jeté, 1 m. env., 1 jeté, 4 m. env.

Rg 3 : 1 m. end., 1 jeté, *2 m. end., 1 SS à l'end., 1 m. end., tric. 2 m. ens. à l'end., 2 m. end., 1 jeté, rép. depuis * jusqu'à 1 m. de la fin du rg, 1 m. end.

Rg 4 : 2 m. env., *1 jeté, 2 m. env., 1 jeté, 3 m. env., 1 jeté, 2 m. env., 1 jeté, 1 m. env., rép. depuis * jusqu'à 1 m. de la fin du rg, 1 m. env.

Rg 5 : 2 m. end., *1 jeté, 1 m. end., 1 jeté, 1 SS à l'end., 1 m. end., 1 SD à l'end., 1 m. end., tric. 2 m. ens. à l'end., 2 fs (1 jeté, 1 m. end.), rép. depuis * jusqu'à 1 m. de la fin du rg, 1 m. end.

Rg 6 : tric. ttes les m. à l'env.

Rg 7 : 5 m. end., *1 jeté, 2 m. glis., 3 m. end., rab. les 2 m. glis., 1 jeté, 7 m. end., rép. depuis * jusqu'à 10 m. de la fin du rg., 1 jeté, 2 m. glis., 3 m. end., rab. les 2 m. glis., 1 jeté, 5 m. end.

Rgs 8 à 10 : tric. ttes les m. à l'end.

VOLANT DOUBLE

Monter 4 fs le nbre de m. voulu en fin de trav.

Ce point nécessite 3 aig. à tric.

Étape 1 : tric. un volant simple comme expliqué ci-dessus, suivi de 2 rgs de jers. Laisser les m. en attente sur une aig. Remonter le même nbre de m. et continuer en suiv. **l'étape 2 :**

Rg 1 : (end. du trav.) *2 m. end., rab. la 2e m. sur la 1e et la faire tomber de l'aig. D, rép. depuis * jusqu'à la fin du rg.

Rg 2 : *tric. 2 m. ens. à l'env., rép. depuis * jusqu'à la fin du rg.

Rgs 3, 5, 7 et 9 : tric. ttes les m. à l'end.

Rgs 4, 6, 8 et 10 : tric. ttes les m. à l'env.

Étape 3 : sans ôter les aig., poser le volant simple sur le volant double. Tric. ens. à l'end. la 1e m. de chaque aig. Rép. avec les m. suiv. pour assembler les deux volant jusqu'à la fin du rg.

VOLANT SIMPLE (haut)
FESTON OUVRAGÉ (milieu)
VOLANT DOUBLE (bas)

DENTELÉE AJOURÉE

Monter 9 m.

Rg 1 : (end. du trav.) 1 m. glis., 1 m. end., 1 jeté, tric. 2 m. ens. à l'end., 1 m. end., 1 jeté, tric. 2 m. ens. à l'end., 1 jeté, 2 m. end.

Rgs 2, 4, 6 et 8 : tric. ttes les m. à l'end.

Rg 3 : 1 m. glis., 1 m. end., 1 jeté, tric. 2 m. ens. à l'end., 2 m. end., 1 jeté, tric. 2 m. ens. à l'end., 1 jeté, 2 m. end.

Rg 5 : 1 m. glis., 1 m. end., 1 jeté, tric. 2 m. ens. à l'end., 3 m. end., 1 jeté, tric. 2 m. ens. à l'end., 1 jeté, 2 m. end.

Rg 7 : 1 m. glis., 1 m. end., 1 jeté, tric. 2 m. ens. à l'end., 1 m. end., 1 jeté, tric. 2 m. ens. à l'end., 1 m. end., 1 jeté, tric. 2 m. ens. à l'end. 1 jeté, 2 m. end.

Rg 9 : 1 m. glis., 1 m. end., 1 jeté, tric. 2 m. ens. à l'end., 2 m. end., 1 jeté, tric. 2 m. ens. à l'end., 5 m. end.

Rg 10 : rab. 4 m., tric. en m. end. jusqu'à la fin du rg.

Rép. ces 10 rgs.

DENTELLE FANTAISIE

Monter 8 m.

Rg 1 : (end. du trav.) 1 m. glis., 1 m. end., *1 jeté, tric. 2 m. ens. à l'env., tric. (1 m. end., 1 m. env., 1 m. end.) ds la m. suiv., rép. 1 fs depuis *.

Rg 2 : 2 fs (3 m. end., 1 jeté, tric. 2 m. ens. à l'env.), 2 m. end.

Rg 3 : 1 m. glis., 1 m. end., 2 fs (1 jeté, tric. 2 m. ens. à l'env., 3 m. end.).

Rg 4 : rab. 2 m., 1 jeté, tric. 2 m. ens. à l'env., rab. les 2 m. suiv., 1 jeté, tric. 2 m. ens. à l'env., 2 m. end.

Rép. ces 4 rgs.

FOUGÈRE

Monter 10 m.

Rg 1 : (end. du trav.) 1 m. glis., 2 m. end., 1 jeté, tric. 2 m. ens. à l'end., 2 fs (2 jetés, tric. 2 m. ens. à l'end.), 1 m. end.

Rg 2 : 1 m. glis., 2 fs (2 m. end., 1 m. env. dans le 2e jeté), 2 m. end., 1 jeté, tric. 2 m. ens. à l'end., 1 m. end.

Rg 3 : 1 m. glis., 2 m. end., 1 jeté, tric. 2 m. ens. à l'end., 2 m. end., 2 fs (2 jetés, tric. 2 m. ens. à l'end.), 1 m. end.

Rg 4 : 1 m. glis., 2 fs (2 m. end., 1 m. env.), 4 m. end., 1 jeté, tric. 2 m. ens. à l'end., 1 m. end.

Rg 5 : 1 m. glis., 2 m. end., 1 jeté, tric. 2 m. ens. à l'end., 4 m. end., 2 fs (2 jetés, tric. 2 m. ens. à l'end.), 1 m. end.

Rg 6 : 1 m. glis., 2 fs (2 m. end., 1 m. env.), 6 m. end., 1 jeté, tric. 2 m. ens. à l'end., 1 m. end.

Rg 7 : 1 m. glis., 2 m. end., 1 jeté, tric. 2 m. ens. à l'end., 6 m. end., 2 fs (2 jetés, tric. 2 m. ens. à l'end.), 1 m. end.

Rg 8 : 1 m. glis., 2 fs (2 m. end., 1 m. env.), 8 m. end., 1 jeté, tric. 2 m. ens. à l'end., 1 m. end.

Rg 9 : 1 m. glis., 2 m. end., 1 jeté, tric. 2 m. ens. à l'end., 8 m. end., 2 fs (2 jetés, tric. 2 m. ens. à l'end.), 1 m. end.

Rg 10 : 1 m. glis., 2 fs (2 m. end., 1 m. env.), 10 m. end., 1 jeté, tric. 2 m. ens. à l'end., 1 m. end.

Rg 11 : 1 m. glis., 2 m. end., 1 jeté, tric. 2 m. ens. à l'end., 15 m. end.

Rg 12 : rab. 10 m., 6 m. end., 1 jeté, tric. 2 m. ens. à l'end., 1 m. end.

Rép. ces 12 rgs.

DENTELÉE AJOURÉE (haut)
DENTELLE FANTAISIE (milieu)
FOUGÈRE (bas)

BORDURE DENTELÉE

Monter 5 m.

Rg 1 : (end. du trav.) 1 m. glis., 1 jeté, tric. 2 m. ens. à l'end., 1 jeté, 2 m. end.

Rg 2 et ts les rgs pairs : 1 m. glis., tric. en m. end. jusqu'à la fin du rg.

Rg 3 : 1 m. glis., 2 fs (1 jeté, tric. 2 m. ens. à l'end.), 1 jeté, 1 m. end.

Rg 5 : 1 m. glis., 2 fs (1 jeté, tric. 2 m. ens. à l'end.), 1 jeté, 2 m. end.

Rg 7 : 1 m. glis., 3 fs (1 jeté, tric. 2 m. ens. à l'end.), 1 jeté, 1 m. end.

Rg 9 : 1 m. glis., 3 fs (1 jeté, tric. 2 m. ens. à l'end.), 1 jeté, 2 m. end.

Rg 11 : rab. 6 m., 1 jeté, tric. 2 m. ens. à l'end., 1 jeté, 1 m. end.

Rg 12 : tric. ttes les m. à l'end.

Rép. ces 12 rgs.

LOSANGES AJOURÉS

Monter 10 m.

Rg 1 : (end. du trav.) 5 m. end., tric. 2 m. ens. à l'end., 1 jeté, tric. 3 m. ens. à l'end.

Rg 2 et ts les rgs pairs : 1 jeté pour aug. d'1 m., tric. en m. end. jusqu'à la fin du rg.

Rg 3 : 4 m. end., tric. 2 m. ens. à l'end., 1 jeté, 1 m. end., 1 jeté, tric. 2 m. ens. à l'end.

Rg 5 : 3 m. end., tric. 2 m. ens. à l'end., 1 jeté, 3 m. end., 1 jeté, tric. 2 m. ens. à l'end.

Rg 7 : 2 m. end., tric. 2 m. ens. à l'end., 1 jeté, 5 m. end., 1 jeté, tric. 2 m. ens. à l'end.

Rg 9 : 4 m. end., 1 jeté, tric. 2 m. ens. à l'end., 1 m. end., tric. 2 m. ens. à l'end., 1 jeté, tric. 3 m. ens. à l'end.

Rg 11 : 5 m. end., 1 jeté, tric. 3 m. ens. à l'end., 1 jeté, tric. 3 m. ens. à l'end.

Rg 12 : 1 jeté pour aug. d'1 m., tric. en m. end. jusqu'à la fin du rg.

Rép. ces 12 rgs.

DENTELLE

Monter 18 m.

Rg 1 : (env. du trav.) 6 m. end., 7 m. env., 5 m. end.

Rg 2 : 1 m. glis., 2 m. end., 1 jeté, tric. 2 m. ens. à l'end., 2 m. end., tric. 2 m. ens. à l'end., 1 jeté, 5 m. end., 1 jeté, tric. 2 m. ens. à l'end., 2 fs (1 jeté, 1 m. end.).

Rg 3 : 6 m. end., 1 jeté, tric. 2 m. ens. à l'end., 7 m. env., 2 m. end., 1 jeté, tric. 2 m. ens. à l'end., 1 m. end.

Rg 4 : 1 m. glis., 2 m. end., 1 jeté, tric. 2 m. ens. à l'end., 1 m. end., 2 fs (tric. 2 m. ens. à l'end., 1 jeté), 4 m. end., 1 jeté, tric. 2 m. ens. à l'end., 2 fs (1 jeté, 1 m. end.), 2 m. end.

Rg 5 : 8 m. end., 1 jeté, tric. 2 m. ens. à l'end., 7 m. env., 2 m. end., 1 jeté, tric. 2 m. ens. à l'end., 1 m. end.

Rg 6 : 1 m. glis., 2 m. end., 1 jeté, tric. 2 m. ens. à l'end., 3 fs (tric. 2 m. ens. à l'end., 1 jeté), 3 m. end., 1 jeté, tric. 2 m. ens. à l'end., 2 fs (1 jeté, 1 m. end.), 4 m. end.

Rg 7 : 10 m. end., 1 jeté, tric. 2 m. ens. à l'end., 7 m. env., 2 m. end., 1 jeté, tric. 2 m. ens. à l'end., 1 m. end.

Rg 8 : 1 m. glis., 2 m. end., 1 jeté, tric. 2 m. ens. à l'end., 1 m. end., 2 fs (tric. 2 m. ens. à l'end., 1 jeté), 4 m. end., 1 jeté, tric. 2 m. ens. à l'end., 2 fs (1 jeté, 1 m. end.), 6 m. end.

Rg 9 : rab. 8 m., 3 m. end., 1 jeté, tric. 2 m. ens. à l'end., 7 m. env., 2 m. end., 1 jeté, tric. 2 m. ens. à l'end., 1 m. end.

Rép. les rgs 2 à 9.

BORDURE DENTELÉE (haut)
LOSANGES AJOURÉS (milieu)
DENTELLE (bas)

PETITE BORDURE DENTELÉE

Monter 4 m.

Rg 1 : (end. du trav.) 2 m. end., 1 jeté, 2 m. end.

Rgs 2, 4 et 6 : tric. ttes les m. à l'end.

Rg 3 : 3 m. end., 1 jeté, 2 m. end.

Rg 5 : 2 m. end., 1 jeté, tric. 2 m. ens. à l'end., 1 jeté, 2 m. end.

Rg 7 : 3 m. end., 1 jeté, tric. 2 m. ens. à l'end., 1 jeté, 2 m. end.

Rg 8 : rab. 4 m., tric. en m. end. jusqu'à la fin du rg.

Rép. ces 8 rgs.

ÉVENTAIL

Monter 13 m.

Rg 1 : (end. du trav.) 1 m. glis., 1 m. end., 1 jeté, tric. 2 m. ens. à l'end., 5 m. end., 1 jeté, tric. 2 m. ens. à l'end., 1 jeté, 2 m. end.

Rg 2 et ts les rgs pairs : 1 jeté pour aug. d'1 m., tric. 2 m. ens. à l'end., tric. en m. end. jusqu'à la fin du rg.

Rg 3 : 1 m. glis., 1 m. end., 1 jeté, tric. 2 m. ens. à l'end., 4 m. end., 2 fs (1 jeté, tric. 2 m. ens. à l'end.), 1 jeté, 2 m. end.

Rg 5 : 1 m. glis., 1 m. end., 1 jeté, tric. 2 m. ens. à l'end., 3 m. end., 3 fs (1 jeté, tric. 2 m. ens. à l'end.), 1 jeté, 2 m. end.

Rg 7 : 1 m. glis., 1 m. end., 1 jeté, tric. 2 m. ens. à l'end., 2 m. end., 4 fs (1 jeté, tric. 2 m. ens. à l'end.), 1 jeté, 2 m. end.

Rg 9 : 1 m. glis., 1 m. end., 1 jeté, tric. 2 m. ens. à l'end., 1 m. end., 5 fs (1 jeté, tric. 2 m. ens. à l'end.), 1 jeté, 2 m. end.

Rg 11 : 1 m. glis., 1 m. end., 1 jeté, tric. 2 m. ens. à l'end., 1 m. end., tric. 2 m. ens. à l'end., 5 fs (1 jeté, tric. 2 m. ens. à l'end.), 1 m. end.

Rg 13 : 1 m. glis., 1 m. end., 1 jeté, tric. 2 m. ens. à l'end., 2 m. end., tric. 2 m. ens. à l'end., 4 fs (1 jeté, tric. 2 m. ens. à l'end.), 1 m. end.

Rg 15 : 1 m. glis., 1 m. end., 1 jeté, tric. 2 m. ens. à l'end., 3 m. end., tric. 2 m. ens. à l'end., 3 fs (1 jeté, tric. 2 m. ens. à l'end.), 1 m. end.

Rg 17 : 1 m. glis., 1 m. end., 1 jeté, tric. 2 m. ens. à l'end., 4 m. end., tric. 2 m. ens. à l'end., 2 fs (1 jeté, tric. 2 m. ens. à l'end.), 1 m. end.

Rg 19 : 1 m. glis., 1 m. end., 1 jeté, tric. 2 m. ens. à l'end., 5 m. end., tric. 2 m. ens. à l'end., 1 jeté, tric. 2 m. ens. à l'end., 1 m. end.

Rg 20 : 1 jeté pour aug. d'1 m., tric. 2 m. ens. à l'end., tric. en m. end. jusqu'à la fin du rg.

Rép. ces 20 rgs.

DENTELLE À L'ANCIENNE

Monter 11 m.

Rg 1 : (end. du trav.) 1 m. glis., 2 m. end., 1 jeté, tric. 2 m. ens. à l'env., 1 jeté, 1 SS à l'end., 2 fs (1 jeté, 1 SS à l'end.).

Rg 2 : 1 jeté pour aug. d'1 m., 3 fs (1 m. env., tric. [1 m. end., 1 m. env.] ds la m. suiv.), 2 m. env., 1 jeté, tric. 2 m. ens. à l'env., 1 m. end. torse.

Rg 3 : 1 m. glis., 2 m. end., 1 jeté, tric. 2 m. ens. à l'env., 10 m. end.

Rg 4 : 1 m. glis., 11 m. env., 1 jeté, tric. 2 m. ens. à l'env., 1 m. end. torse.

Rg 5 : 1 m. glis., 2 m. end., 1 jeté, tric. 2 m. ens. à l'env., 10 m. end.

Rg 6 : rab. 4 m. en les tric. à l'env., 7 m. env., 1 jeté, tric. 2 m. ens. à l'env., 1 m. end. torse.

Rép. ces 6 rgs.

PETITE BORDURE DENTELÉE (haut)
ÉVENTAIL (milieu)
DENTELLE À L'ANCIENNE (bas)

LOSANGES ET JOURS

Monter 9 m.

Rg 1 et ts les rgs impairs : (end. du trav.) tric. ttes les m. à l'end.

Rg 2 : 3 m. end., tric. 2 m. ens. à l'end., 1 jeté, tric. 2 m. ens. à l'end., 1 jeté, 1 m. end., 1 jeté, 1 m. end.

Rg 4 : 2 m. end., tric. 2 m. ens. à l'end., 1 jeté, tric. 2 m. ens. à l'end., 1 jeté, 3 m. end., 1 jeté, 1 m. end.

Rg 6 : 1 m. end., tric. 2 m. ens. à l'end., 1 jeté, tric. 2 m. ens. à l'end., 1 jeté, 5 m. end., 1 jeté, 1 m. end.

Rg 8 : 3 m. end., 1 jeté, tric. 2 m. ens. à l'end., 1 jeté, tric. 2 m. ens. à l'end., 1 m. end., tric. 2 m. ens. à l'end., 1 jeté, tric. 2 m. ens. à l'end.

Rg 10 : 4 m. end., 1 jeté, tric. 2 m. ens. à l'end., 1 jeté, tric. 3 m. ens. à l'end., 1 jeté, tric. 2 m. ens. à l'end.

Rg 12 : 5 m. end., 1 jeté, tric. 3 m. ens. à l'end., 1 jeté, tric. 2 m. ens. à l'end.

Rép. ces 12 rgs.

GALON AJOURÉ

Monter 6 m.

Rg 1 : (end. du trav.) 1 m. end., tric. 2 m. ens. à l'end., 1 jeté, 2 m. end., 1 jeté, 1 m. end.

Rg 2 : 1 m. end., tric. (1 m. end., 1 m. env.) dans le jeté, tric. 2 m. ens. à l'env., 1 jeté, 3 m. end.

Rg 3 : 1 m. end., tric. 2 m. ens. à l'end., 1 jeté, 5 m. end.

Rg 4 : rab. 2 m., tric. 2 m. ens. à l'env., 1 jeté, 3 m. end.

Rép. ces 4 rgs.

Bordure de GRAND-MÈRE

Monter 20 m.

Rgs 1, 3, 5, 7 et 9 : (end. du trav.) tric. ttes les m. à l'end.

Rg 2 : 1 m. glis., 3 m. end., 7 fs (1 jeté, tric. 2 m. ens. à l'end.), 1 jeté, 2 m. end.

Rg 4 : 1 m. glis., 6 m. end., 6 fs (1 jeté, tric. 2 m. ens. à l'end.), 1 jeté, 2 m. end.

Rg 6 : 1 m. glis., 9 m. end., 5 fs (1 jeté, tric. 2 m. ens. à l'end.), 1 jeté, 2 m. end.

Rg 8 : 1 m. glis., 12 m. end., 4 fs (1 jeté, tric. 2 m. ens. à l'end.), 1 jeté, 2 m. end.

Rg 10 : 1 m. glis., 23 m. end.

Rg 11 : rab. 4 m., 20 m. end.

Rép. les rgs 2 à 11.

LOSANGES ET JOURS (haut)
GALON AJOURÉ (milieu)
BORDURE DE GRAND-MÈRE (bas)

FEUILLES

Monter 6 m.

Rg 1 : (end. du trav.) 3 m. end., 1 jeté, 1 m. end., 1 jeté, 2 m. end.

Rg 2 : 6 m. env., 1 aug. B end., 1 m. end.

Rg 3 : 2 m. end., 1 m. env., 2 m. end., 1 jeté, 1 m. end., 1 jeté, 3 m. end.

Rg 4 : 8 m. env., 1 aug. B end., 2 m. end.

Rg 5 : 2 m. end., 2 m. env., 3 m. end., 1 jeté, 1 m. end., 1 jeté, 4 m. end.

Rg 6 : 10 m. env., 1 aug. B end., 3 m. end.

Rg 7 : 2 m. end., 3 m. env., 1 SS à l'end., 5 m. end., tric. 2 m. ens. à l'end., 1 m. end.

Rg 8 : 8 m. env., 1 aug. B end., 1 m. env., 3 m. end.

Rg 9 : 2 m. end., 1 m. env., 1 m. end., 2 m. env., 1 SS à l'end., 3 m. end., tric. 2 m. ens. à l'end., 1 m. end.

Rg 10 : 6 m. env., 1 aug. B end., 1 m. end., 1 m. env., 3 m. end.

Rg 11 : 2 m. end., 1 m. env., 1 m. end., 3 m. env., 1 SS à l'end., 1 m. end., tric. 2 m. ens. à l'end., 1 m. end.

Rg 12 : 4 m. env., 1 aug. B end., 2 m. end., 1 m. env., 3 m. end.

Rg 13 : 2 m. end., 1 m. env., 1 m. end., 4 m. env., 1 SD à l'end., 1 m. end.

Rg 14 : tric. 2 m. ens. à l'env., rab. 3 m., 1 m. end., 1 m. env., 3 m. end.

Rép. ces 14 rgs.

GALON TORSADÉ

Monter 8 m.

Rg 1 : (end. du trav.) 3 m. env., 4 m. end., 1 m. env.

Rg 2 : 1 m. end., 4 m. env., 3 m. end.

Rg 3 : 3 m. env., 4ECG, 1 m. env.

Rg 4 : 1 m. end., 4 m. env., 3 m. end.

Rép. ces 4 rgs.

JOURS OBLIQUES

Monter 8 m.

Rg 1 : (end. du trav.) tric. en m. end. jusqu'à 2 m. de la fin du rg, 1 aug. B end., 1 jeté, 1 m. glis.

Rg 2 : 1 m. end. torse, 1 m. end., 2fs (1 jeté, 1 SS à l'end., 1 m. end.), 1 jeté, 1 m. glis.

Rg 3 : 1 m. end. torse, tric. en m. end. jusqu'à la fin du rg, tourner le trav. et monter 3 m.

Rg 4 : 1 m. end. torse, 1 aug. B end., 2 m. end., 2 fs (1 jeté, 1 SS à l'end., 1 m. end.), 1 jeté, 1 m. end., 1 jeté, 1 m. glis.

Rg 5 : 1 m. end. torse, tric. en m. end. jusqu'à 2 m. de la fin du rg, 1 aug. B end., 1 jeté, 1 m. glis.

Rg 6 : 1 m. end. torse, 1 aug. B end., 2 m. end., 3 fs (1 jeté, 1 SS à l'end., 1 m. end.), 1 m. end., 1 jeté, 1 m. glis.

Rg 7 : 1 m. end. torse, tric. en m. end. jusqu'à 2 m. de la fin du rg, tric. 2 m. ens. à l'end.

Rg 8 : 2 SS à l'end., 4 m. end., 2 fs (1 jeté, 1 SS à l'end., 1 m. end.), 1 jeté, 1 m. glis.

Rg 9 : comme le rg 7.

Rg 10 : rab. 3 m., 2 m. end., 1 jeté, 1 SS à l'end., 1 m. end., 1 jeté, 1 SS à l'end., 1 jeté, 1 m. glis.

Rép. les rgs 3 à 10.

FEUILLES (gauche)
GALON TORSADÉ (milieu)
JOURS OBLIQUES (droite)

Les points décoratifs en relief

Ce chapitre regroupe des points au relief plus prononcé que le précédent. Les nopes y sont plus volumineuses, disposées de diverses façons, et vous y trouverez des cloches et des feuilles en relief prisées par les adeptes des pulls irlandais. Les points les plus extravagants forment des boucles exubérantes, une énorme torsade en trompe-l'œil et de gros smocks.
Les points qui suivent ne montent pas vite mais ont l'avantage d'être faciles à tricoter. Certains consomment beaucoup de fil mais le résultat sera à la hauteur de vos espérances et compense largement ce petit inconvénient.

SEMIS EN RELIEF

Multiple de 6 m. plus 3

Rg 1 : (end. du trav.) tric. ttes les m. à l'end.
Rg 2 : tric. ttes les m. à l'env.
Rg 3 : 1 m. end., *tric. (1 m. end., 1 m. env., 1 m. end.) ds la m. suiv., rab. la 2e et la 3e m. sur la 1e, 5 m. end., rép. depuis * jusqu'à 2 m. de la fin du rg, 2 m. end.
Rg 4 : tric. ttes les m. à l'env.
Rg 5 : tric. ttes les m. à l'end.
Rg 6 : tric. ttes les m. à l'env.
Rg 7 : 4 m. end., *tric. (1 m. end., 1 m. env., 1 m. end.), rab. la 2e et la 3e m. sur la 1e, 5 m. end., rép. depuis * jusqu'à 5 m. de la fin du rg, 5 m. end.
Rg 8 : tric. ttes les m. à l'env.

GRAIN D'IF

Multiple de 4 m. plus 3

Rg 1 : (end. du trav.) *3 m. env., tric. (1 m. end., 1 jeté, 1 m. end.) ds la m. suiv., rép. depuis * jusqu'à 3 m. de la fin du rg, 3 m. env.
Rg 2 : 3 m. end., *3 m. env., 3 m. end., rép. depuis * jusqu'à la fin du rg.
Rg 3 : *3 m. env., 3 m. end., rép. depuis * jusqu'à 3 m. de la fin du rg, 3 m. env.
Rg 4 : 3 m. end., *tric. 3 m. ens. à l'end., 3 m. end., rép. depuis * jusqu'à la fin du rg.
Rg 5 : tric. ttes les m. à l'env.
Rg 6 : tric. ttes les m. à l'end.
Rg 7 : 1 m. env., *tric. (1 m. end., 1 jeté, 1 m. end.) dans la m. suiv., 3 m. env., rép. depuis * jusqu'à 2 m. de la fin du rg, *tric. (1 m. end., 1 jeté, 1 m. end.) dans la m. suiv., 1 m. env.
Rg 8 : 1 m. end., *3 m. env., 3 m. end., rép. depuis * jusqu'à 4 m. de la fin du rg, 3 m. env., 1 m. end.
Rg 9 : 1 m. env., *3 m. end., 3 m. env., rép. depuis * jusqu'à 4 m. de la fin du rg, 3 m. end., 1 m. env.
Rg 10 : 1 m. end., *tric. 3 m. ens. à l'end., 3 m. end., rép. depuis * jusqu'à 4 m. de la fin du rg, tric. 3 m. ens. à l'env., 1 m. end.
Rg 11 : tric. ttes les m. à l'env.
Rg 12 : tric. ttes les m. à l'end.
Rép. ces 12 rgs.

PASTILLES

Multiple de 6 m. plus 5

Nope = tric. 5 m. end. en piquant alternativement sous le brin av. et sous le brin arr. de la même m. *Tourner le trav. et tric. 5 m. env., tourner le trav. et tric. 5 m. end., rép. 1 fs depuis *, rab. les 2e, 3e, 4e et 5e m. sur la 1e m.
Rg 1 : (end. du trav.) tric. ttes les m. à l'end.
Rg 2 : tric. ttes les m. à l'env.
Rg 3 : tric. ttes les m. à l'end.
Rg 4 : tric. ttes les m. à l'env.
Rg 5 : 5 m. end., *1 nope, 5 m. end., rép. depuis * jusqu'à la fin du rg.
Rg 6 : tric. ttes les m. à l'env.
Rg 7 : tric. ttes les m. à l'end.
Rg 8 : tric. ttes les m. à l'env.
Rg 9 : tric. ttes les m. à l'end.
Rg 10 : tric. ttes les m. à l'env.
Rg 11 : 2 m. end., *1 nope, 5 m. end., rép. depuis * jusqu'à 3 m. de la fin du rg, 3 m. end.
Rg 12 : tric. ttes les m. à l'env.
Rép. ces 12 rgs.

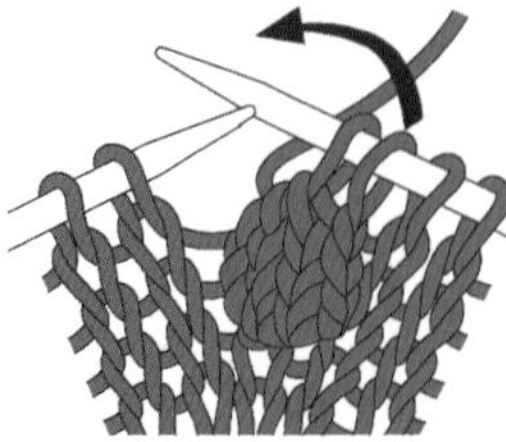

Pastilles : pour terminer la nope, rab. les m. l'une après l'autre sur la 1e m. de la nope.

PASTILLES (gauche)
SEMIS EN RELIEF (milieu)
GRAIN D'IF (droite)

CHAMP FLEURI

Multiple de 10 m. plus 8

Fleur = tric.1 m. end. en piquant ds la m. située 3 rgs sous la 2e m. de l'aig. G, ramener une bcle, tric. 2 m. end., ramener 1 bcle en piquant dans la même m. que précédemment, tric. 2 m. end., ramener 1 bcle en piquant dans la même m. que précédemment.

Rgs 1, 3, 5 : (end. du trav.) tric. ttes les m. à l'end.

Rgs 2, 4, 6 : tric. ttes les m. à l'env.

Rg 7 : 2 m. end., 1 fleur, *6 m. end., 1 fleur, rép. depuis * jusqu'à 2 m. de la fin du rg, 2 m. end.

Rg 8 : 2 m. env., *2 fs (tric. 2 m. ens. à l'env., 1 m. env.), tric. 2 m. ens. à l'env., 5 m. env., rép. depuis * jusqu'à 9 m. de la fin du rg., 3 fs (tric. 2 m. ens. à l'env., 1 m. env.).

Rgs 9, 11, 13 : tric. ttes les m. à l'end.

Rgs 10, 12, 14 : tric. ttes les m. à l'env.

Rg 15 : 7 m. end., *1 fleur, 6 m. end., rép. depuis * jusqu'à 1 m. de la fin du rg, 1 m. end.

Rg 16 : 2 m. env., *5 m. env., 2 fs (tric. 2 m. ens. à l'env., 1 m. env.), tric. 2 m. ens. à l'env., rép. depuis * jusqu'à 6 m. de la fin du rg, 6 m. env.

Rép. ces 16 rgs.

CLOCHE

Motif de 6 m. sur fond en jers. env.

Rg 1 : (end. du trav.) tric. en m. envers jusqu'à l'emplacement du motif, monter 6 m., term. le rg en m. env.

Rg 2 et ts les rgs pairs : tric. le fond en m. end., tric. en m. env. les m. du motif, term. le rg en m. end.

Rg 3 : tric. le fond en m. env., tric. le motif à l'end., term. le rg en m. env.

Rg 5 : tric. le fond en m. env., 1 SS à l'end., 2 m. end., tric. 2 m. ens. à l'end., term. le rg en m. env.

Rg 7 : tric. le fond en m. env., 1 SS à l'end., tric. 2 m. ens. à l'end., term. le rg en m. env.

Rg 9 : tric. le fond en m. env., tric. 2 m. ens. à l'end., term. le rg en m. env.

Rg 11 : tric. le fond en m. env., tric. 2 m. ens. à l'env., term. le rg en m. env.

Rg 12 : tric. ttes les m. à l'end.

Rép. ces 12 rgs.

LIGNE DE FEUILLES

Motif de 9 m. sur fond en jers. env.

Rg 1 : (end. du trav.) tric. en m. env. jusqu'à la feuille, 1 jeté, 1 m. end., 1 jeté, term. le rg en m. env.

Rg 2 et ts les rgs pairs : tric. le fond en m. end., tric. la feuille en m. env., term. le rg en m. end.

Rg 3 : tric. le fond en m. env., 1 m. end., 2 fs (1 jeté, 1 m. end.), term. le rg en m. env.

Rg 5 : tric. le fond en m. env., 2 m. end., 1 jeté, 1 m. end., 1 jeté, 2 m. end., term. le rg en m. env.

Rg 7 : tric. le fond en m. env., 3 m. end., 1 jeté, 1 m. end., 1 jeté, 3 m. end., term. le rg en m. env.

Rg 9 : tric. le fond en m. env., 1 SS à l'end., 5 m. end., tric. 2 m. ens. à l'end., term. le rg en m. env.

Rg 11 : tric. le fond en m. env., 1 SS à l'end., 3 m. end., tric. 2 m. ens. à l'end., term. le rg en m. env.

Rg 13 : tric. le fond en m. env., 1 SS à l'end., 1 m. end., tric. 2 ens. à l'end., term. le rg en m. env.

Rg 15 : tric. le fond en m. env., 1 SD à l'end., term. le rg en m. env.

Rg 16 : tric. ttes les m. à l'end.

Rép. ces 16 rgs.

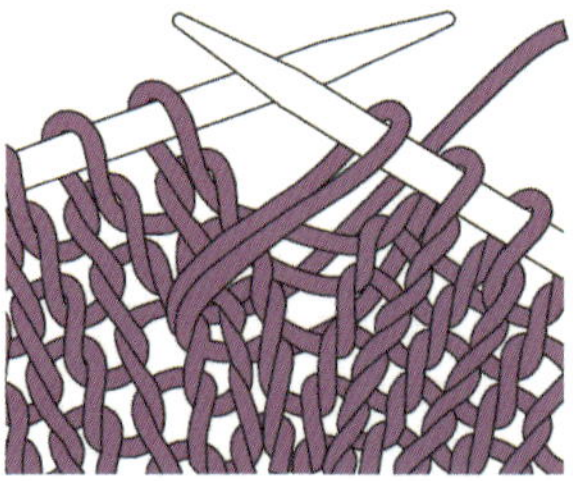

Champ fleuri : tric. 1 m. end. en piquant dans la m. située 3 rgs sous la 2e m. de l'aig. G.

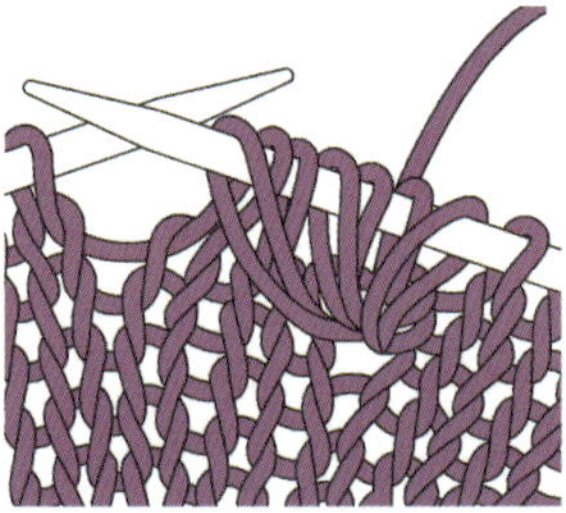

Champ fleuri : chaque marguerite est composée de 3 boucles espacées par 2 m. end.

CHAMP FLEURI (haut)

CLOCHE (milieu)

LIGNE DE FEUILLES (bas)

TORSADE NOUÉE

Torsade de 30 m. bordée de jers. env.

Rgs 1 : (end. du trav.) 3 fs (2 m. end. torses, 2 m. env.), 6 m. env., 3 fs (2 m. env., 2 m. end. torses).

Rg 2 : 3 fs (2 m. env. torses, 2 m. end.), 6 m. end., 3 fs (2 m. end., 2 m. env. torses).

Rgs 3 à 16 : rép. 7 fs de plus les rgs 1 et 2.

Tric. ensuite la partie à nouer :

Étape 1 : 2 fs (2 m. end. torses, 2 m. env.), 2 m. end. torses. Mettre les m. rest. sur une aig. aux., tourner le trav. et cont. les côtes de droite sur 11 rgs. Mettre les m. en attente sur l'arrêt de m. A.

Étape 2 : mettre les 10 m. suiv., en jers. env., sur une aig. aux. placée derr. le trav.

Étape 3 : tric.les côtes de gauche sur 20 rgs puis les mettre sur l'arrêt de m. B.

Étape 4 : faire passer les côtes de gauche (arrêt de m. B) sur puis sous les côtes de droite (arrêt de m. A) pour former un nœud.

Étape 5 : glis. sur l'aig. G les m. de l'arrêt de m. A, les m. en jers. env., puis les m. de l'arrêt de m. B.

Rg 17 à 24 : rép. 4 fs les rgs 1 et 2.

Rép. ces 24 rgs.

TORSADE NOUÉE

RAYON DE MIEL

Multiple de 6 m. plus 2

Rg 1 : (end. du trav.) 2 m. env., *1 m. end., 2 m. env., rép. depuis * jusqu'à la fin du rg.

Rg 2 : 2 m. end., *1 m. env., 2 m. end., rép. depuis * jusqu'à la fin du rg.

Rg 3 : 2 m. env., *1 m. end., 2 m. env., tric. (1 m. env., 1 m. end., 1 m. env., 1 m. end.) ds la m. suiv., 2 m. env., rép. depuis * jusqu'à la fin du rg.

Rg 4 : 2 m. end., *4 m. env., 2 m. end., 1 m. env., 2 m. end., rép. depuis * jusqu'à la fin du rg.

Rg 5 : 2 m. env., *1 m. end., 2 m. env., 4 m. end., tourner le trav. et tric. 4 m. end., tourner le trav. et tric. 4 m. env., 2 m. env., rép. depuis * jusqu'à la fin du rg.

Rg 6 : 2 m. end., *tric. 4 m. ens. à l'env., 2 m. end., 1 m. env., 2 m. end., rép. depuis * jusqu'à la fin du rg.

Rg 7 : comme le rg 1.

Rg 8 : comme le rg 2.

Rg 9 : 2 m. env., * tric. (1 m. env., 1 m. end., 1 m. env., 1 m. end.) ds la m. suiv., 2 m. env., 1 m. end., 2 m. env., rép. depuis * jusqu'à la fin du rg.

Rg 10 : 2 m. end., *1 m. env., 2 m. end., 4 m. env., 2 m. end., rép. depuis * jusqu'à la fin du rg.

Rg 11 : 2 m. env., *4 m. env., tourner le trav. et tric. 4 m. end., tourner le trav. et tric. 4 m. env., 2 m. env., 1 m. end., 2 m. env., rép. depuis * jusqu'à la fin du rg.

Rg 12 : 2 m. end., *1 m. env., tric. 4 m. ens. à l'end., 2 m. end., rép. depuis * jusqu'à la fin du rg.

Rép. ces 12 rgs.

LOSANGES, POINT DE BLÉ ET NOPES

Motif de 15 m. bordé de jers. env.

Nope = tric. 5 m. end. en piquant alternativement sous le brin av. et sous le brin arr. de la même m. *Tourner le trav. et tric. 5 m. env., tourner le trav. et tric. 5 m. end., rép. 1 fs depuis *, rab. les 2e, 3e, 4e et 5e m. sur la 1e m.

3MCD = glis. 1 m. sur une aig. aux. placée derr. le trav., tric. 2 m. end. puis tric. à l'env. la m. de l'aig. aux.

3MCG = glis. 2 m. sur une aig. aux. placée dev. le trav., tric. 1 m. env. puis tric. à l'end. les 2 m. de l'aig. aux.

Rgs 1, 3, 5, 7 : (env. du trav.) 5 m. end., 5 m. env., 5 m. end.

Rg 2 : 5 m. env., 2 m. end., 1 nope, 2 m. end., 5 m. env.

Rg 4 : 5 m. env., 1 nope, 3 m. end., 1 nope, 5 m. env.

Rg 6 : comme le rg 2.

Rg 8 : 4 m. env., 3MCD, 1 m. env., 3MCG, 4 m. env.

Rg 9 : 4 m. end., 2 m. env., 1 m. end., 1 m. env., 1 m. end., 2 m. env., 4 m. end.

Rg 10 : 3 m. env., 3MCD, 1 m. end., 1 m. env., 1 m. end., 3MCG, 3 m. env.

Rg 11 : 3 m. end., 3 m. env., 1 m. end., 1 m. env., 1 m. end., 3 m. env., 3 m. end.

Rg 12 : 2 m. env., 3MCD, 2 fs (1 m. env., 1 m. end.), 1 m. env., 3MCG, 2 m. env.

Rg 13 : 2 m. end., 2 m. env., 3 fs (1 m. end., 1 m. env.), 1 m. end., 2 m. env., 2 m. end.

Rg 14 : 2 m. env., 3 m. end., 2 fs (1 m. env., 1 m. end.), 1 m. env., 3 m. end., 2 m. env.

Rg 15 : comme le rg 13.

Rg 16 : 2 m. env., 3MCG, 2 fs (1 m. env., 1 m. end.), 1 m. env., 3MCD, 2 m. env.

Rg 17 : comme le rg 11.

Rg 18 : 3 m. env., 3MCG, 1 m. end., 1 m. env., 1 m. end., 3MCD, 3 m. env.

Rg 19 : comme le rg 9.

Rg 20 : 4 m. env., 3MCG, 1 m. env., 3MCD, 4 m. env.

Rép. ces 20 rgs.

LOSANGES EN SMOCKS

Multiple de 12 m. plus 1

Ent. 5 m. (entourer 5 m.) = glis. 5 m. sur une aig. aux., enrouler le fil 2 fs autour dans le sens inverse du sens des aig. d'une montre puis les tric. de la manière suiv. : 1 m. end., 3 m. env., 1 m. end.

Rg 1 : (end. du trav.) 3 fs (1 m. end., 3 m. env.), 1 m. end.

Rg 2 et ts les rgs pairs : 3 fs (1 m. env., 3 m. end.), 1 m. env.

Rg 3 : ent. 5 m., 3 m. env., ent. 5 m.

Rg 5 : comme le rg 1.

Rg 7 : 1 m. end., 3 m. env., ent. 5 m., 3 m. env., 1 m. end.

Rg 8 : comme le rg 2.

Rép. ces 8 rgs.

RAYON DE MIEL (gauche)
LOSANGES, POINT DE BLÉ ET NOPES (milieu)
LOSANGES EN SMOCKS (droite)

NOPES ET JOURS EN ZIGZAG

Multiple de 11 m. plus 2

Nope = tric. 5 m. end. en piquant alternativement sous le brin av. et sous le brin arr. de la même m. *Tourner le trav. et tric. 5 m. env., tourner le trav. et tric. 5 m. end., rép. 1 fs depuis *, rab. les 2e, 3e, 4e et 5e m. sur la 1e m.

Rg 1 : (end. du trav.) 1 m. end., *5 m. end., 1 jeté, 1 m. end., 1 jeté, 3 m. end., tric. 2 m. ens. à l'end., rép. depuis * jusqu'à 1 m. de la fin du rg, 1 m. end.

Rgs 2, 4, 6 et 8 : 1 m. env., *tric. 2 m. ens. à l'env., 10 m. env., rép. depuis * jusqu'à 1 m. de la fin du rg, 1 m. env.

Rg 3 : 1 m. end., *6 m. end., 1 jeté, 1 m. end., 1 jeté, 2 m. end., tric. 2 m. ens. à l'end., rép. depuis * jusqu'à 1 m. de la fin du rg, 1 m. end.

Rg 5 : 1 m. end., *7 m. end., 2 fs (1 jeté, 1 m. end.), tric. 2 m. ens. à l'end., rép. depuis * jusqu'à 1 m. de la fin du rg, 1 m. end.

Rg 7 : 1 m. end., *8 m. end., 1 jeté, 1 m. end., 1 jeté, tric. 2 m. ens. à l'end., rép. depuis * jusqu'à 1 m. de la fin du rg, 1 m. end.

Rg 9 : 1 m. end., * 1 SS à l'end., 4 m. end., 1 jeté, 1 m. end., 1 jeté, 2 m. end., 1 nope, 1 m. end., rép. depuis * jusqu'à 1 m. de la fin du rg, 1 m. end.

Rg 10 : 1 m. env., *1 m. env., 1 m. env. torse, 8 m. env., tric. 2 m. ens. à l'env. en piquant sous leurs brins arr., rép. depuis * jusqu'à 1 m. de la fin du rg, 1 m. env.

Rg 11 : 1 m. end., * 1 SS à l'end., 3 m. end., 1 jeté, 1 m. end., 1 jeté, 5 m. end., rép. depuis * jusqu'à 1 m. de la fin du rg, 1 m. end.

Rgs 12, 14, 16 et 18 : 1 m. env., *10 m. env., tric. 2 m. ens. à l'env. en piquant sous leurs brins arr., rép. depuis * jusqu'à 1 m. de la fin du rg, 1 m. env.

Rg 13 : 1 m. end., * 1 SS à l'end., 2 m. end., 1 jeté, 1 m. end., 1 jeté, 6 m. end., rép. depuis * jusqu'à 1 m. de la fin du rg, 1 m. end.

Rg 15 : 1 m. end., * 1 SS à l'end., 2 fs (1 m. end., 1 jeté), 7 m. end., rép. depuis * jusqu'à 1 m. de la fin du rg, 1 m. end.

Rg 17 : 1 m. end., * 1 SS à l'end., 1 jeté, 1 m. end., 1 jeté, 8 m. end., rép. depuis * jusqu'à 1 m. de la fin du rg, 1 m. end.

Rg 19 : 1 m. end., *1 m. end., 1 nope, 2 m. end., 1 jeté, 1 m. end., 1 jeté, 4 m. end., tric. 2 m. ens. à l'end., rép. depuis * jusqu'à 1 m. de la fin du rg, 1 m. end.

Rg 20 : 1 m. env., *tric. 2 m. ens. à l'env., 8 m. env., 1 m. env. torse, 1 m. env., rép. depuis * jusqu'à 1 m. de la fin du rg, 1 m. env.

Rép. ces 20 rgs.

GRELOTS

Multiple de 20 m. plus 2

Nope = tric. 3 m. end. en piquant alternativement sous le brin av. et sous le brin arr. de la même m. Rab. les 2e, 3e, 4e et 5e m. sur la 1e m.

Rg 1 : (end. du trav.) 1 m. end., *1 aug. B end., 4 fs (1 nope, 3 m. env.), faire 1 nope mais remettre la 1e m. sur l'aig. G et faire 1 aug. B end., rép. depuis * jusqu'à 1 m. de la fin du rg, 1 m. end.

Rg 2 : 1 m. env., *2 m. env., 4 fs (3 m. end., 1 m. env.), 2 m. env., rép. depuis * jusqu'à 1 m. de la fin du rg, 1 m. env.

Rg 3 : *1 m. end., 1 aug. B end., 4 fs (1 m. end., 3 m. env.), 1 aug. B end., 1 m. end., rép. depuis * jusqu'à 1 m. de la fin du rg, 1 m. end.

Rg 4 : 1 m. env., *3 m. env., 4 fs (3 m. end., 1 m. env.), 3 m. env., rép. depuis * jusqu'à 1 m. de la fin du rg, 1 m. env.

Rg 5 : 1 m. end., *2 m. end., 1 aug. B end., 4 fs (1 m. end., 3 m. env.), 1 aug. B end., 2 m. end., rép. depuis * jusqu'à 1 m. de la fin du rg, 1 m. end.

Rg 6 : 1 m. env., *4 m. env., 4 fs (3 m. end., 1 m. env.), 4 m. env., rép. depuis * jusqu'à 1 m. de la fin du rg, 1 m. env.

Rg 7 : 1 m. end., *3 m. end., 1 aug. B end., 4 fs (1 m. end., tric. 2 m. ens. à l'env., 1 m. env.), 1 aug. B end., 3 m. end., rép. depuis * jusqu'à 1 m. de la fin du rg, 1 m. end.

Rg 8 : 1 m. env., *5 m. env., 4 fs (2 m. end., 1 m. env.), 5 m. env., rép. depuis * jusqu'à 1 m. de la fin du rg, 1 m. env.

Rg 9 : 1 m. end., *4 m. end., 1 aug. B end., 4 fs (1 m. end., tric. 2 m. ens. à l'env.), 1 aug. B end., 4 m. end., rép. depuis * jusqu'à 1 m. de la fin du rg, 1 m. end.

Rg 10 : 1 m. env., *6 m. env., 4 fs (1 m. end., 1 m. env.), 6 m. env., rép. depuis * jusqu'à 1 m. de la fin du rg, 1 m. env.

Rg 11 : 1 m. end., *5 m. end., 1 aug. B end., 1 m. end., tric. 3 fs 2 m. ens. à l'end., tric. les 2 m. suiv. à l'end. en piquant sous leur brin av. et arr., 5 m. end., rép. depuis * jusqu'à 1 m. de la fin du rg, 1 m. end.

Rg 12 : tric. ttes les m. à l'env.

Rép. ces 12 rgs.

NOPES ET JOURS EN ZIGZAG (haut)
GRELOTS (bas)

Point de FOURRURE, variante

Multiple de 2 m. plus 1

Bcle (Boucle) = piq. dans la m. suiv., faire passer le fil autour de l'aig. D, autour de deux doigts de la main G et de nouveau autour de l'aig. Ramener les 2 m. ainsi formées, les glis. sur l'aig. G et les tric. ens. à l'end. en piquant sous leur brin arr. Tirer doucement sur la longue boucle pour la mettre en place.

Rgs 1 et 3 : (end. du trav.) tric. ttes les m. à l'end.

Rg 2 : 1 m. end., *1 Bcle, 1 m. end., rép. depuis * jusqu'à la fin du rg.

Rg 4 : 2 m. end., *1 Bcle, 1 m. end., rép. depuis * jusqu'à 1 m. de la fin du rg, 1 m. end.

Rép. ces 4 rgs.

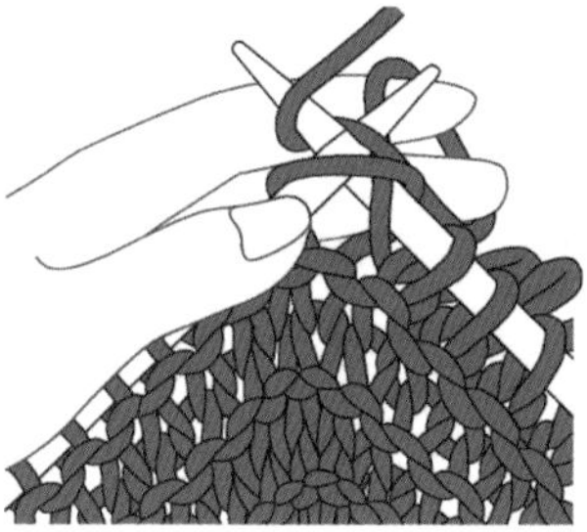

Faites passer le fil autour de l'aig., autour de deux doigts et de nouveau autour de l'aig.

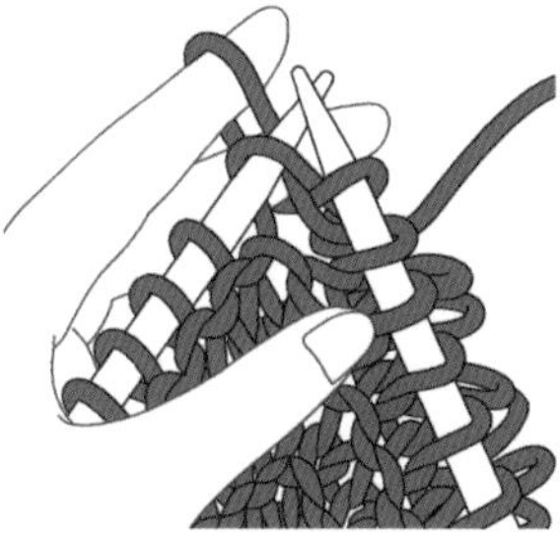

Ramener l'aig. et les deux m. formées à l'étape précédente.

FRANGES TRICOTÉES

Multiple de 2 m. plus 1

F. = (Frange) Monter 4 m., rab. les 4 mêmes m.

Rg 1 : (end. du trav.) tric. ttes les m. à l'end.

Rg 2 : tric. ttes les m. à l'end.

Rg 3 : 1 m. end., *1 F., 1 m. end., rép. depuis * jusqu'à la fin du rg.

Rg 4 : 1 m. env., 1 m. end., rép. depuis * jusqu'à 1 m. de la fin du rg, 1 m. env.

Rgs 5 et 6 : tric. ttes les m. à l'end.

Rg 7 : *1 F., 1 m. end., rép. depuis * jusqu'à 1 m. de la fin du rg, 1 F.

Rg 8 : *1 m. end., 1 m. env., rép. depuis * jusqu'à 1 m. de la fin du rg, 1 m. end.

Rép. ces 8 rgs.

FRANGES EN POINT DE CHAÎNETTE

Multiple de 2 m. plus 1

Ce point nécessite un crochet

Bcle (Boucle) = tric. 1 m. end. sans la faire tomber de l'aig. G, ; piquer le crochet dans cette m., d'av. en arr., faire 1 m. chaînette en faisant tomber la m. d'origine de l'aig. G. Faire 12 m. chaînette, placer la chaînette dev. le trav. et le fil derr., glis. la m. du crochet sur l'aig. G et rab. dessus la dern. m. tric.

Rg 1 : (end. du trav.) tric. ttes les m. à l'end.

Rg 2 et ts les rgs pairs : tric. ttes les m. à l'env.

Rg 3 : 1 m. end., *1 Bcle, 1 m. end., rép. depuis * jusqu'à la fin du rg.

Rg 5 : tric. ttes les m. à l'end.

Rg 7 : 1 m. end., *1 m. end., 1 Bcle, rép. depuis * jusqu'à 2 m. de la fin du rg, 2 m. end.

Rg 8 : tric. ttes les m. à l'env.

Rép. ces 8 rgs.

POINT DE FOURRURE (haut)
FRANGES TRICOTÉES (milieu)
FRANGES EN POINT DE CHAÎNETTE (bas)

BOUQUET DE NOPES

Motif de 14 m., fond en jers. env.

Nope = tric. 5 m. end. en piquant alternativement sous le brin av. et sous le brin arr. de la même m. *Tourner le trav. et tric. 5 m. env., tourner le trav. et tric. 5 m. end., rép. 1 fs depuis *, rab. les 2e, 3e, 4e et 5e m. sur la 1e m.

2MCD = tric. à l'end. la 2e m. de l'aig. G. puis à l'env. la 1e m. de l'aig. G. et les faire tomber ens.

2MCG = tric. à l'env. la 2e m. de l'aig. G. en piquant sous son brin arr. puis tric. à l'end. la 1e m. de l'aig. G. et les faire tomber ens.

Rg 1 : (env. du trav.) 6 m. end., 2 m. env., 6 m. end.

Rg 2 : 5 m. env., 2ECD, 2ECG, 5 m. env.

Rg 3 : 4 m. end., 2MCG, 2 m. env., 2MCD, 4 m. end.

Rg 4 : 3 m. env., 2MCD, 2ECD, 2ECG, 2MCG, 3 m. env.

Rg 5 : 2 m. end., 2MCG, 1 m. end., 4 m. env., 1 m. end., 2MCD, 2 m. end.

Rg 6 : 1 m. env., 2MCD, 1 m. env., 2MCD, 2 m. end., 2MCG, 1 m. env., 2MCG, 1 m. env.

Rg 7 : 1 m. end., 1 m. env., 2 m. end., 1 m. env., 1 m. end., 2 m. env., 1 m. end., 1 m. env., 2 m. end., 1 m. env., 1 m. end.

Rg 8 : 1 m. env., 1 nope, 1 m. env., 2MCD, 1 m. env., 2 m. end., 1 m. env., 2MCG, 1 m. env., 1 nope, 1 m. env.

Rg 9 : 3 m. end., 1 m. env., 2 m. end., 2 m. env., 2 m. end., 1 m. env., 3 m. end.

Rg 10 : 3 m. env., 1 nope, 2 m. env., 2 m. end., 2 m. env., 1 nope, 3 m. env.

Rép. ces 10 rgs.

SMOCKS ÉPAIS

Motif de 14 m. bordé de jers. env.

Ent. 6 m. (entourer 6 m.) = glis. 6 m. sur une aig. aux., enrouler le fil 2 fs autour dans le sens inverse du sens des aig. d'une montre puis les tric. de la manière suiv. : 2 m. end., 2 m. env., 2 m. end.

Rg 1 : (end. du trav.) 3 fs (2 m. end., 2 m. env.), 2 m. end.

Rg 2 et ts les rgs pairs : 3 fs (2 m. env., 2 m. end.), 2 m. env.

Rg 3 : Ent. 6 m., 2 m. env., ent. 6 m.

Rg 5 : comme le rg 1.

Rg 7 : 2 m. end., 2 m. env., ent. 6 m., 2 m. env., 2 m. end.

Rg 8 : 3 fs (2 m. env., 2 m. end.), 2 m. env.

Rép. ces 8 rgs.

GRAPPES DE NOPES

Motif de 11 m., fond en jers. env.

Nope = tric. 5 m. end. en piquant alternativement sous le brin av. et sous le brin arr. de la même m. *Tourner le trav. et tric. 5 m. env., tourner le trav. et tric. 5 m. end., rép. 1 fs depuis *, rab. les 2e, 3e, 4e et 5e m. sur la 1e m.

Rg 1 : (end. du trav.) 1 m. end., 2 fs (4 m. env., 1 m. end.).

Rg 2 : 1 m. env., 2 fs (4 m. end., 1 m. env.).

Rg 3 : 1 m. end., 4 m. env., 1 nope, 4 m. env., 1 m. end.

Rg 4 : 1 m. env., 4 m. end., 1 m. env. torse, 4 m. end., 1 m. env.

Rg 5 : 1 m. end., 3 m. env., 1 nope, 1 m. env., 1 nope, 3 m. env., 1 m. end.

Rg 6 : 1 m. env., 3 m. end., 1 m. env. torse, 1 m. end., 1 m. env. torse, 3 m. end., 1 m. env.

Rg 7 : 1 m. end., 2 m. env., 2 fs (1 nope, 1 m. env.), 1 nope, 2 m. env., 1 m. end.

Rg 8 : 1 m. env., 2 m. end., 2 fs (1 m. env. torse, 1 m. end.), 1 m. env. torse, 2 m. end., 1 m. env.

Rép. ces 8 rgs.

BOUQUET DE NOPES (gauche)
SMOCKS ÉPAIS (milieu)
GRAPPES DE NOPES (droite)

Les points ajourés

Les points réunis dans ce chapitre sont agrémentés de jours obtenus en faisant le même nombre d'augmentations et de diminutions, souvent à la suite les unes des autres. Ils ressemblent à des points de dentelle aux aiguilles mais sont légèrement différents. Leurs trous bien nets se détachent sur un fond en jersey, alors que les dentelles aux aiguilles, bien plus ajourées, sont souvent tricotées sur un fond en point mousse. La technique employée est très simple et deux ou quatre rangs suffisent pour obtenir un résultat décoratif. Aux rangs suivants ceux contenant des jetés, tricotez ces derniers en piquant sous leur brin arrière pour former des jours bien ouverts.

Les points ajourés sont généralement mieux mis en valeur quand ils sont tendus. Il est donc conseillé de mettre en forme les ouvrages finis et les échantillons (avant de les mesurer). Tous les points ajourés peuvent se tricoter avec des fils fins.

SONNAILLES

Multiple de 5 m. plus 2

Rg 1 : (end. du trav.) 2 m. env., *3 m. end., 2 m. env., rép. depuis * jusqu'à la fin du rg.

Rg 2 et ts les rgs pairs : *2 m. end., 3 m. env., rép. depuis * jusqu'à 2 m. de la fin du rg, 2 m. end.

Rg 3 : comme le rg 1.

Rg 5 : 2 m. env., *1 jeté, 1 SD à l'end., 1 jeté, 2 m. env., rép. depuis * jusqu'à 2 m. de la fin du rg, 2 m. end.

Rg 6 : *2 m. end., 3 m. env., rép. depuis * jusqu'à la fin du rg.

Rép. ces 6 rgs.

Jours FANTAISIE

Multiple de 6 m. plus 1

Rg 1 : (end. du trav.) 1 m. end., *1 jeté, 1 SS à l'end., 1 m. end., tric. 2 m. ens. à l'end., 1 jeté, 1 m. end., rép. depuis * jusqu'à la fin du rg.

Rg 2 et ts les rgs pairs : tric. ttes les m. à l'env.

Rg 3 : 2 m. end., 1 jeté, *3 m. end., 1 jeté, rép. depuis * jusqu'à 2 m. de la fin du rg, 2 m. end.

Rg 5 : tric. 2 m. ens. à l'end., 1 jeté, 1 SS à l'end., 1 m. end., tric. 2 m. ens. à l'end., 1 jeté, *1 SD à l'end., 1 jeté, 1 SS à l'end., 1 m. end., tric. 2 m. ens. à l'end., 1 jeté, rép. depuis * jusqu'à 2 m. de la fin du rg, 1 SS à l'end.

Rg 7 : 1 m. end., *tric. 2 m. ens. à l'end., 1 jeté, 1 m. end., 1 jeté, 1 SS à l'end., 1 m. end., rép. depuis * jusqu'à la fin du rg.

Rg 9 : comme le rg 3.

Rg 11 : 1 m. end., *tric. 2 m. ens. à l'end., 1 jeté, 1 SD à l'end., 1 jeté, 1 SS à l'end., 1 m. end., rép. depuis * jusqu'à la fin du rg.

Rg 12 : tric. ttes les m. à l'env.

Rép. ces 12 rgs.

Jours EN ANGLE

Multiple de 8 m. plus 2

Rg 1 : (end. du trav.) 1 m. end., *5 m. end., 1 jeté, tric. 2 m. ens. à l'end., 1 m. end., rép. depuis * jusqu'à 1 m. de la fin du rg, 1 m. end.

Rg 2 et ts les rgs pairs : tric. ttes les m. à l'env.

Rg 3 : 1 m. end., *3 m. end., tric. 2 m. ens. à l'end. en piquant sous leurs brins arr., 1 jeté, 1 m. end., 1 jeté, tric. 2 m. ens. à l'end., rép. depuis * jusqu'à 1 m. de la fin du rg, 1 m. end.

Rg 5 : 2 m. end., *1 m. end., tric. 2 m. ens. à l'end. en piquant sous leurs brins arr., 1 jeté, 3 m. end., 1 jeté, tric. 2 m. ens. à l'end., rép. depuis * jusqu'à la fin du rg.

Rg 7 : 1 m. end., *1 jeté, tric. 2 m. ens. à l'end. en piquant sous leurs brins arr., remettre la m. sur l'aig. G, rab. la m. suiv. dessus et reglis. la m. sur l'aig. D, 1 jeté, 5 m. end., rép. depuis * jusqu'à 1 m. de la fin du rg, 1 m. end.

Rg 9 : tric. ttes les m. à l'end.

Rg 10 : tric. ttes les m. à l'env.

Rép. ces 10 rgs.

SONNAILLES (haut)
JOURS FANTAISIE (milieu)
JOURS EN ANGLE (bas)

DAMIER À LOSANGES

Multiple de 14 m. plus 11

Rg 1 : (end. du trav.) 2 m. end., 7 m. env., *3 m. end., 1 jeté, 1 SS à l'end., 2 m. end., 7 m. env., rép. depuis * jusqu'à 2 m. de la fin du rg, 2 m. end.

Rgs 2, 4, 6, 8 et 10 : 2 m. env., 7 m. end., *7 m. env., 7 m. end., rép. depuis * jusqu'à 2 m. de la fin du rg, 2 m. env.

Rg 3 : 2 m. end., 7 m. env., *1 m. end., tric. 2 m. ens. à l'end., 1 jeté, 1 m. end., 1 jeté, 1 SS à l'end., 1 m. end., 7 m. env., rép. depuis * jusqu'à 2 m. de la fin du rg, 2 m. end.

Rg 5 : 2 m. end., 7 m. env., *tric. 2 m. ens. à l'end., 1 jeté, 3 m. end., 1 jeté, 1 SS à l'end., 7 m. env., rép. depuis * jusqu'à 2 m. de la fin du rg, 2 m. end.

Rg 7 : 2 m. end., 7 m. env., *2 m. end., 1 jeté, 1 SD à l'end., 1 jeté, 2 m. end., 7 m. env., rép. depuis * jusqu'à 2 m. de la fin du rg, 2 m. end.

Rg 9 : comme le rg 1.

Rg 11 : 2 m. env., 3 m. end., 1 jeté, 1 SS à l'end., 2 m. end., *7 m. env., 3 m. end., 1 jeté, 1 SS à l'end., 2 m. end., rép. depuis * jusqu'à 2 m. de la fin du rg, 2 m. env.

Rgs 12, 14, 16 et 18 : 2 m. end., 7 m. env., *7 m. end., 7 m. env., rép. depuis * jusqu'à 2 m. de la fin du rg, 2 m. end.

Rg 13 : 2 m. env., 1 m. end., tric. 2 m. ens. à l'end., 1 jeté, 1 m. end., 1 jeté, 1 SS à l'end., 1 m. end., *7 m. env., 1 m. end., tric. 2 m. ens. à l'end., 1 jeté, 1 m. end., 1 jeté, 1 SS à l'end., 1 m. end., rép. depuis * jusqu'à 2 m. de la fin du rg, 2 m. env.

Rg 15 : 2 m. env., tric. 2 m. ens. à l'end., 1 jeté, 3 m. end., 1 jeté, 1 SS à l'end., *7 m. env., tric. 2 m. ens. à l'end., 1 jeté, 3 m. end., 1 jeté, 1 SS à l'end., rép. depuis * jusqu'à 2 m. de la fin du rg, 2 m. env.

Rg 17 : 2 m. env., 2 m. end., 1 jeté, 1 SD à l'end., 1 jeté, 2 m. end., *7 m. env., 2 m. end., 1 jeté, 1 SD à l'end., 1 jeté, 2 m. end., rép. depuis * jusqu'à 2 m. de la fin du rg, 2 m. env.

Rg 19 : comme le rg 11.

Rg 20 : 2 m. end., 7 m. env., *7 m. end., 7 m. env., rép. depuis * jusqu'à 2 m. de la fin du rg, 2 m. end.

Rép. ces 20 rgs.

Jours en ANGLE

Multiple de 6 m. plus 3

Rgs 1 et 3 : (end. du trav.) tric. ttes les m. à l'end.

Rg 2 et ts les rgs pairs : tric. ttes les m. à l'env.

Rg 5 : *4 m. end., 1 jeté, 1 SS à l'end., rép. depuis * jusqu'à 3 m. de la fin du rg, 3 m. end.

Rg 7 : 2 m. end., tric. 2 m. ens. à l'end., 1 jeté, 1 m. end., 1 jeté, 1 SS à l'end., *1 m. end., tric. 2 m. ens. à l'end., 1 jeté, 1 m. end., 1 jeté, 1 SS à l'end., rép. depuis * jusqu'à 2 m. de la fin du rg, 2 m. end.

Rgs 9 et 11 : tric. ttes les m. à l'end.

Rg 13 : 1 m. end., 1 jeté, 1 SS à l'end., *4 m. end., 1 jeté, 1 SS à l'end., rép. depuis * jusqu'à la fin du rg.

Rg 15 : 2 m. end., 1 jeté, 1 SS à l'end., 1 m. end., tric. 2 m. ens. à l'end., 1 jeté, * 1 m. end., 1 jeté, 1 SS à l'end., 1 m. end., tric. 2 m. ens. à l'end., 1 jeté, rép. depuis * jusqu'à 2 m. de la fin du rg, 2 m. end.

Rg 16 : tric. ttes les m. à l'env.

Rép. ces 16 rgs.

RANGÉE DE JOURS

Multiple de 2 m. plus 1

Rg 1 : (end. du trav.) tric. ttes les m. à l'end.

Rgs 2 et 3 : tric. ttes les m. à l'end.

Rg 4 : 1 m. end., *1 jeté, 1 SS à l'end., rép. depuis * jusqu'à la fin du rg.

Rép. ces 4 rgs.

Astuce

Ce point a tendance à se déformer sur de grandes surfaces.

DAMIER À LOSANGES (haut)
JOURS EN ANGLE (milieu)
RANGÉE DE JOURS (bas)

Jours en LOSANGE

Multiple de 8 m.

Rg 1 et ts les rgs impairs : (env. du trav.) tric. ttes les m. à l'env.
Rg 2 : tric. ttes les m. à l'end.
Rg 4 : 3 m. end., *1 jeté, 1 SS à l'end., 6 m. end., rép. depuis * jusqu'à 5 m. de la fin du rg, 1 jeté, 1 SS à l'end., 3 m. end.
Rg 6 : 1 m. end., *tric. 2 m. ens. à l'end., 1 jeté, 1 m. end., 1 jeté, 1 SS à l'end., 3 m. end., rép. depuis * jusqu'à 7 m. de la fin du rg, tric. 2 m. ens. à l'end., 1 jeté, 1 m. end., 1 jeté, 1 SS à l'end., 2 m. end.
Rg 8 : comme le rg 4.
Rg 10 : tric. ttes les m. à l'end.
Rg 12 : 7 m. end., *1 jeté, 1 SS à l'end., 6 m. end., rép. depuis * jusqu'à 1 m. de la fin du rg, 1 m. end.
Rg 14 : 5 m. end., *tric. 2 m. ens. à l'end., 1 jeté, 1 m. end., 1 jeté, 1 SS à l'end., 3 m. end., rép. depuis * jusqu'à 3 m. de la fin du rg, 3 m. end.
Rg 16 : comme le rg 12.
Rép. ces 16 rgs.

LOSANGE AU POINT MOUSSE

Multiple de 16 m.

Rg 1 : (end. du trav.) *6 m. end., tric. 2 m. ens. à l'end., 1 jeté, 1 m. end., 1 jeté, tric. 2 m. ens. à l'end., 5 m. end., rép. depuis * jusqu'à la fin du rg.
Rg 2 et ts les rgs pairs : tric. ttes les m. à l'end.
Rg 3 : *5 m. end., tric. 2 m. ens. à l'end., 1 jeté, 3 m. end., 1 jeté, tric. 2 m. ens. à l'end., 4 m. end., rép. depuis * jusqu'à la fin du rg.
Rg 5 : *4 m. end., tric. 2 m. ens. à l'end., 1 jeté, 5 m. end., 1 jeté, tric. 2 m. ens. à l'end., 3 m. end., rép. depuis * jusqu'à la fin du rg.
Rg 7 : *3 m. end., tric. 2 m. ens. à l'end., 1 jeté, 7 m. end., 1 jeté, tric. 2 m. ens. à l'end., 2 m. end., rép. depuis * jusqu'à la fin du rg.
Rg 9 : *2 m. end., tric. 2 m. ens. à l'end., 1 jeté, 9 m. end., 1 jeté, tric. 2 m. ens. à l'end., 1 m. end., rép. depuis * jusqu'à la fin du rg.
Rg 11 : *1 m. end., tric. 2 m. ens. à l'end., 1 jeté, 11 m. end., 1 jeté, tric. 2 m. ens. à l'end., rép. depuis * jusqu'à la fin du rg.
Rg 13 : *1 m. end., 1 jeté, tric. 2 m. ens. à l'end., 11 m. end., tric. 2 m. ens. à l'end., 1 jeté, rép. depuis * jusqu'à la fin du rg.
Rg 15 : *2 m. end., 1 jeté, tric. 2 m. ens. à l'end., 9 m. end., tric. 2 m. ens. à l'end., 1 jeté, 1 m. end., rép. depuis * jusqu'à la fin du rg.
Rg 17 : *3 m. end., 1 jeté, tric. 2 m. ens. à l'end., 7 m. end., tric. 2 m. ens. à l'end., 1 jeté, 2 m. end., rép. depuis * jusqu'à la fin du rg.
Rg 19 : *4 m. end., 1 jeté, tric. 2 m. ens. à l'end., 5 m. end., tric. 2 m. ens. à l'end., 1 jeté, 3 m. end., rép. depuis * jusqu'à la fin du rg.
Rg 21 : *5 m. end., 1 jeté, tric. 2 m. ens. à l'end., 3 m. end., tric. 2 m. ens. à l'end., 1 jeté, 4 m. end., rép. depuis * jusqu'à la fin du rg.
Rg 23 : *6 m. end., 1 jeté, tric. 2 m. ens. à l'end., 1 m. end., tric. 2 m. ens. à l'end., 1 jeté, 5 m. end., rép. depuis * jusqu'à la fin du rg.
Rg 24 : tric. ttes les m. à l'end.
Rép. ces 24 rgs.

CARRÉS à jours

Multiple de 16 m. plus 1

Rg 1 et ts les rgs impairs : (env. du trav.) tric. ttes les m. à l'env.
Rgs 2, 4, 6 et 8 : 1 m. end., *8 m. end., 4 fs (1 jeté, 1 SS à l'end.), rép. depuis * jusqu'à la fin du rg.
Rgs 10, 12, 14 et 16 : 1 m. end., *4 fs (1 jeté, 1 SS à l'end.), 8 m. end., rép. depuis * jusqu'à la fin du rg.
Rép. ces 16 rgs.

JOURS EN LOSANGE (haut)
LOSANGE AU POINT MOUSSE (milieu)
CARRÉS À JOURS (bas)

SEMIS ajouré

Multiple de 10 m. plus 1

Rgs 1 et 3 : (end. du trav.) *1 m. end., 1 jeté, 1 SS à l'end., 5 m. end., tric. 2 m. ens. à l'end., 1 jeté, rép. depuis * jusqu'à 1 m. de la fin du rg, 1 m. end.

Rgs 2 et 4 : 1 m. env., *9 m. env., 1 m. glis., rép. depuis * jusqu'à la fin du rg.

Rg 5 : tric. ttes les m. à l'end.

Rg 6 : tric. ttes les m. à l'env.

Rg 7 : *3 m. end., tric. 2 m. ens. à l'end., 1 jeté, 1 m. end., 1 jeté, 1 SS à l'end., 2 m. end., rép. depuis * jusqu'à 1 m. de la fin du rg., 1 m. end.

Rg 8 : 1 m. env. *4 m. env., 1 m. glis., 5 m. env., rép. depuis * jusqu'à la fin du rg.

Rg 9 : comme le rg 7.

Rg 10 : comme le rg 8.

Rg 11 : tric. ttes les m. à l'end.

Rg 12 : tric. ttes les m. à l'env.

Rép. ces 12 rgs.

LOSANGES ajourés

Multiple de 8 m. plus 1

Rg 1 : (end. du trav.) 1 m. end., *1 m. end., tric. 2 m. ens. à l'end., 1 jeté, 1 m. end., 1 jeté, tric. 2 m. ens. à l'end., 2 m. end., rép. depuis * jusqu'à la fin du rg.

Rg 2 et ts les rgs pairs : tric. ttes les m. à l'env.

Rg 3 : 1 m. end., *tric. 2 m. ens. à l'end., 1 jeté, 3 m. end., 1 jeté, tric. 2 m. ens. à l'end., 1 m. end., rép. depuis * jusqu'à la fin du rg.

Rg 5 : tric. 2 m. ens. à l'end., *1 jeté, 5 m. end., 1 jeté, 1 SD à l'end., rép. depuis * jusqu'à 8 m. de la fin du rg, 1 jeté, 5 m. end., 1 jeté, tric. 2 m. ens. à l'end.

Rg 7 : 1 m. end., *1 jeté, tric. 2 m. ens. à l'end., 3 m. end., tric. 2 m. ens. à l'end., 1 jeté, 1 m. end., rép. depuis * jusqu'à la fin du rg.

Rg 9 : 1 m. end., *1 m. end., 1 jeté, tric. 2 m. ens. à l'end., 1 m. end., tric. 2 m. ens. à l'end., 1 jeté, 2 m. end., rép. depuis * jusqu'à la fin du rg.

Rg 11 : 1 m. end., *2 m. end., 1 jeté, 1 SD à l'end., 1 jeté, 3 m. end., rép. depuis * jusqu'à la fin du rg.

Rg 12 : tric. ttes les m. à l'env.

Rép. ces 12 rgs.

Jours en ANGLES BRISÉS

Multiple de 11 m. plus 2

Rg 1 et ts les rgs impairs : (env. du trav.) tric. ttes les m. à l'env.

Rg 2 : 6 m. end., *1 jeté, 1 SS à l'end., 9 m. end., rép. depuis * jusqu'à 7 m. de la fin du rg, 1 jeté, 1 SS à l'end., 5 m. end.

Rg 4 : 7 m. end., *1 jeté, 1 SS à l'end., 9 m. end., rép. depuis * jusqu'à 6 m. de la fin du rg, 1 jeté, 1 SS à l'end., 4 m. end.

Rg 6 : 3 m. end., *tric. 2 m. ens. à l'end., 1 jeté, 3 m. end., 1 jeté, 1 SS à l'end., 4 m. end., rép. depuis * jusqu'à 10 m. de la fin du rg., tric. 2 m. ens. à l'end., 1 jeté, 3 m. end., 1 jeté, 1 SS à l'end., 3 m. end.

Rg 8 : *2 m. end., tric. 2 m. ens. à l'end., 1 jeté, 5 m. end., 1 jeté, 1 SS à l'end., rép. depuis * jusqu'à 2 m. de la fin du rg, 2 m. end.

Rg 10 : 1 m. end., *tric. 2 m. ens. à l'end., 1 jeté, 9 m. end., rép. depuis * jusqu'à 1 m. de la fin du rg, 1 m. end.

Rg 12 : *tric. 2 m. ens. à l'end., 1 jeté, 9 m. end., rép. depuis * jusqu'à 2 m. de la fin du rg, 2 m. end.

Rép. ces 12 rgs.

SEMIS AJOURÉ (haut)
LOSANGES AJOURÉS (milieu)
JOURS EN ANGLES BRISÉS (bas)

Jours OBLIQUES, bande verticale

Bande de 7 m. bordée de point mousse

Rg 1 : (end. du trav.) 3 fs (tric. 2 m. ens. à l'end., 1 jeté), 1 m. end.

Rg 2 : tric. ttes les m. à l'env.

Rg 3 : 1 m. end., 2 fs (tric. 2 m. ens. à l'end., 1 jeté), 2 m. end.

Rg 4 : tric. ttes les m. à l'env.

Rép. ces 4 rgs.

GUIRLANDE, bande verticale

Motif de 10 m.

Rg 1 : (end. du trav.) 5 m. env., 1 jeté, 1 m. end., 2 m. env., 1 m. end., 1 jeté, 5 m. env.

Rg 2 : 5 m. env., 1 jeté, 2 m. env., 2 m. end., 2 m. env., 1 jeté, 5 m. env.

Rg 3 : 5 m. env., 1 jeté, 3 m. end., 2 m. env., 3 m. end., 1 jeté, 5 m. env.

Rg 4 : 5 m. env., 1 jeté, 4 m. env., 2 m. end., 4 m. env., 1 jeté, 5 m. env.

Rg 5 : 5 m. env., 5 m. end., 2 m. env., 5 m. end., 5 m. env.

Rg 6 : 10 m. env., 2 m. end., 10 m. env.

Rg 7 : 5 m. env., passer le fil derr. le trav., 1 SS à l'end., 3 m. end., 2 m. env., 3 m. end., tric. 2 m. ens. à l'end., 5 m. env.

Rg 8 : 5 m. env., tric. 2 m. ens. à l'env., 2 m. env., 2 m. end., 2 m. env., tric. 2 m. ens. à l'env. en piquant sous leurs brins arr., 5 m. env.

Rg 9 : 5 m. env., passer le fil derr. le trav., 1 SS à l'end., 1 m. end., 2 m. env., 1 m. end., tric. 2 m. ens. à l'end., 5 m. env.

Rg 10 : 5 m. env., tric. 2 m. ens. à l'env., 2 m. end., tric. 2 m. ens. à l'env. en piquant sous leurs brins arr., 5 m. env.

Rép. ces 10 rgs.

ZIGZAG, bande verticale

Motif de 5 m. bordé de jers. env.

Rg 1 : (end. du trav.) tric. ttes les m. à l'end.

Rg 2 et ts les rgs pairs : tric. ttes les m. à l'env.

Rg 3 : 1 m. end., tric. 2 m. ens. à l'end., 1 jeté, 2 m. end.

Rg 5 : tric. 2 m. ens. à l'end., 1 jeté, 3 m. end.

Rg 7 : tric. ttes les m. à l'end.

Rg 9 : 2 m. end., 1 jeté, 1 SS à l'end., 1 m. end.

Rg 11 : 3 m. end., 1 jeté, 1 SS à l'end.

Rg 12 : tric. ttes les m. à l'env.

Rép. ces 12 rgs.

JOURS OBLIQUES (gauche)
GUIRLANDE (milieu)
ZIGZAG (droite)

CLARINES

Multiple de 14 m.

Rg 1 : (end. du trav.) *2 m. env., 3 m. end. torses, 4 m. env., 3 m. end. torses, 2 m. env., rép. depuis * jusqu'à la fin du rg.

Rg 2 : *2 m. end., 3 m. env. torses, 4 m. end., 3 m. env. torses, 2 m. end., rép. depuis * jusqu'à la fin du rg.

Rg 3 : *2 m. env., 3 m. end. torses, 4 m. env., 1 jeté, 1 SD à l'end., 1 jeté, 2 m. env., rép. depuis * jusqu'à la fin du rg.

Rg 4 : *2 m. end., 1 m. env., 1 m. env. torse, 1 m. env., 4 m. end., 3 m. env. torses, 2 m. end., rép. depuis * jusqu'à la fin du rg.

Rg 5 : comme le rg 1.

Rg 6 : comme le rg 2.

Rg 7 : *2 m. env., 1 jeté, 1 SD à l'end., 1 jeté, 4 m. env., 3 m. end. torses, 2 m. env., rép. depuis * jusqu'à la fin du rg.

Rg 8 : *2 m. end., 3 m. env. torses, 4 m. end., 1 m. env., 1 m. env. torse, 1 m. env., 2 m. end., rép. depuis * jusqu'à la fin du rg.

Rép. ces 8 rgs.

OBLIQUES ET JOURS

Multiple de 12 m. plus 2

Rg 1 : (end. du trav.) tric. ttes les m. à l'end.

Rg 2 : tric. ttes les m. à l'env.

Rg 3 : 4 m. end., tric. 2 m. ens. à l'end., 1 m. end., 1 jeté, *9 m. end., tric. 2 m. ens. à l'end., 1 m. end., 1 jeté, rép. depuis * jusqu'à 7 m. de la fin du rg, 7 m. end.

Rg 4 : 8 m. env., 1 jeté, 1 m. env., tric. 2 m. ens. à l'env., *9 m. env., 1 jeté, 1 m. env., tric. 2 m. ens. à l'env., rép. depuis * jusqu'à 3 m. de la fin du rg, 3 m. env.

Rg 5 : 2 m. end., *tric. 2 m. ens. à l'end., 1 m. end., 1 jeté, 9 m. end., rép. depuis * jusqu'à la fin du rg.

Rg 6 : 10 m. env., 1 jeté, 1 m. env., tric. 2 m. ens. à l'env., *9 m. env., 1 jeté, 1 m. env., tric. 2 m. ens. à l'env., rép. depuis * jusqu'à 1 m. de la fin du rg, 1 m. env.

Rg 7 : tric. ttes les m. à l'end.

Rg 8 : tric. ttes les m. à l'env.

Rg 9 : 7 m. end., 1 jeté, 1 m. end., 1 SS à l'end., *9 m. end., 1 jeté, 1 end., 1 SS à l'end., rép. depuis * jusqu'à 4 m. de la fin du rg, 4 m. end.

Rg 10 : 3 m. env., tric. 2 m. ens. à l'env. en piquant sous leurs brins arr., 1 m. env., 1 jeté, *9 m. env., tric. 2 m. ens. à l'env. en piquant sous leurs brins arr., 1 m. env., 1 jeté, rép. depuis * jusqu'à 8 m. de la fin du rg, 8 m. env.

Rg 11 : *9 m. end., 1 jeté, 1 m. end., 1 SS à l'end., rép. depuis * jusqu'à 2 m. de la fin du rg, 2 m. end.

Rg 12 : 1 m. env., tric. 2 m. ens. à l'env. en piquant sous leurs brins arr., 1 m. env., 1 jeté, *9 m. env., tric. 2 m. ens. à l'env. en piquant sous leurs brins arr., 1 m. env., 1 jeté, rép. depuis * jusqu'à 10 m. de la fin du rg., 10 m. env.

Rép. ces 12 rgs.

ÉCHELLE

Multiple de 14 m. plus 11

Rg 1 : (end. du trav.) tric. 2 m. ens. à l'end., 3 m. end., 1 jeté, *1 m. end., 1 jeté, 3 m. end., tric. 2 m. ens. à l'end. en piquant sous leurs brins arr., 1 jeté, 1 SD à l'end., 1 jeté, tric. 2 m. ens. à l'end., 3 m. end., 1 jeté, rép. depuis * jusqu'à 6 m. de la fin du rg, 1 m. end., 1 jeté, 3 m. end., tric. 2 m. ens. à l'end. en piquant sous leurs brins arr.

Rg 2 : tric. ttes les m. à l'env.

Rép. ces 2 rgs.

CLARINES (haut)
OBLIQUES ET JOURS (milieu)
ÉCHELLE (bas)

TRÈFLE

Multiple de 8 m. plus 7

Rg 1 : (end. du trav.) tric. ttes les m. à l'end.

Rg 2 et ts les rgs pairs : tric. ttes les m. à l'env.

Rg 3 : 2 m. end., 1 jeté, 1 SD à l'end., 1 jeté, *5 m. end., 1 jeté, 1 SD à l'end., 1 jeté, rép. depuis * jusqu'à 2 m. de la fin du rg, 2 m. end.

Rg 5 : 3 m. end., 1 jeté, 1 SS à l'end., *6 m. end., 1 jeté, 1 SS à l'end., rép. depuis * jusqu'à 2 m. de la fin du rg, 2 m. end.

Rg 7 : tric. ttes les m. à l'end.

Rg 9 : 1 m. end., *5 m. end., 1 jeté, 1 SD à l'end., 1 jeté, rép. depuis * jusqu'à 6 m. de la fin du rg, 6 m. end.

Rg 11 : 7 m. end., *1 jeté, 1 SS à l'end., 6 m. end., rép. depuis * jusqu'à la fin du rg.

Rg 12 : tric. ttes les m. à l'env.

Rép. ces 12 rgs.

POMME DE PIN

Multiple de 10 m. plus 1

Rg 1 : (end. du trav.) tric. ttes les m. à l'end.

Rg 2 et ts les rgs pairs : tric. ttes les m. à l'env.

Rg 3 : 3 m. end., tric. 2 m. ens. à l'end., 1 jeté, 1 m. end., 1 jeté, 1 SS à l'end., *5 m. end., tric. 2 m. ens. à l'end., 1 jeté, 1 m. end., 1 jeté, 1 SS à l'end., rép. depuis * jusqu'à 3 m. de la fin du rg, 3 m. end.

Rg 5 : 2 m. end., tric. 2 m. ens. à l'end., 1 jeté, 3 m. end., 1 jeté, 1 SS à l'end., *3 m. end., tric. 2 m. ens. à l'end., 1 jeté, 3 m. end., 1 jeté, 1 SS à l'end., rép. depuis * jusqu'à 2 m. de la fin du rg, 2 m. end.

Rgs 7 et 9 : comme le rg 3.

Rg 11 : tric. ttes les m. à l'end.

Rg 13 : 1 m. end., *1 jeté, 1 SS à l'end., 5 m. end., tric. 2 m. ens. à l'end., 1 jeté, 1 m. end., rép. depuis * jusqu'à la fin du rg.

Rg 15 : 2 m. end., 1 jeté, 1 SS à l'end., 3 m. end., tric. 2 m. ens. à l'end., 1 jeté, *3 m. end., 1 jeté, 1 SS à l'end., 3 m. end., tric. 2 m. ens. à l'end., 1 jeté, rép. depuis * jusqu'à 2 m. de la fin du rg, 2 m. end.

Rgs 17 et 19 : comme le rg 13.

Rg 20 : tric. ttes les m. à l'env.

Rép. ces 20 rgs.

POINT FANTAISIE

Multiple de 8 m. plus 1

Rgs 1 et 3 : (end. du trav.) 1 m. end., *1 jeté, 2 m. end., 1 SD à l'end., 2 m. end., 1 jeté, 1 m. end., rép. depuis * jusqu'à la fin du rg.

Rg 2 et ts les rgs pairs : tric. ttes les m. à l'env.

Rgs 5 et 7 : tric. 2 m. ens. à l'end., *2 m. end., 1 jeté, 1 m. end., 1 jeté, 2 m. end., 1 SD à l'end., rép. depuis *, en term. par 1 m. glis., 1 m. end.

Rg 8 : tric. ttes les m. à l'env.

Rép. ces 8 rgs.

TRÈFLE (haut)
POMME DE PIN (milieu)
POINT FANTAISIE (bas)

PATTES DE CHAT

Multiple de 12 m. plus 1

Rg 1 : (end. du trav.) *1 m. end., 1 jeté, 1 SS à l'end., 7 m. end., tric. 2 m. ens. à l'end., 1 jeté, rép. depuis * jusqu'à 1 m. de la fin du rg, 1 m. end.

Rg 2 et ts les rgs pairs : tric. ttes les m. à l'env.

Rg 3 : *2 m. end., 1 jeté, 1 SS à l'end., 5 m. end., tric. 2 m. ens. à l'end., 1 jeté, 1 m. end., rép. depuis * jusqu'à 1 m. de la fin du rg, 1 m. end.

Rg 5 : comme le rg 1.

Rg 7 : *4 m. end., tric. 2 m. ens. à l'end., 1 jeté, 1 m. end., 1 jeté, 1 SS à l'end., 3 m. end., rép. depuis * jusqu'à 1 m. de la fin du rg, 1 m. end.

Rg 9 : *3 m. end., tric. 2 m. ens. à l'end., 1 jeté, 3 m. end., 1 jeté, 1 SS à l'end., 2 m. end., rép. depuis * jusqu'à 1 m. de la fin du rg, 1 m. end.

Rg 11 : comme le rg 7.

Rg 12 : tric. ttes les m. à l'env.

Rép. ces 12 rgs.

TRIANGLES à jours

Multiple de 10 m. plus 7

Rg 1 : (end. du trav.) *2 m. end., 4 fs (1 jeté, 1 SS à l'end.), rép. depuis * jusqu'à 7 m. de la fin du rg, 7 m. end.

Rg 2 et ts les rgs pairs : tric. ttes les m. à l'env.

Rg 3 : *3 m. end., 3 fs (1 jeté, 1 SS à l'end.), 1 m. end., rép. depuis * jusqu'à 7 m. de la fin du rg, 7 m. end.

Rg 5 : *4 m. end., 2 fs (1 jeté, 1 SS à l'end.), 2 m. end., rép. depuis * jusqu'à 7 m. de la fin du rg, 7 m. end.

Rg 7 : *5 m. end., 1 jeté, 1 SS à l'end., 3 m. end., rép. depuis * jusqu'à 7 m. de la fin du rg, 7 m. end.

Rg 9 : 5 m. end., *2 m. end., 4 fs (1 jeté, 1 SS à l'end.), rép. depuis * jusqu'à 2 m. de la fin du rg, 2 m. end.

Rg 11 : 5 m. end., *3 m. end., 3 fs (1 jeté, 1 SS à l'end.), 1 m. end., rép. depuis * jusqu'à 2 m. de la fin du rg, 2 m. end.

Rg 13 : 5 m. end., *4 m. end., 2 fs (1 jeté, 1 SS à l'end.), 2 m. end., rép. depuis * jusqu'à 2 m. de la fin du rg, 2 m. end.

Rg 15 : 5 m. end., *5 m. end., 1 jeté, 1 SS à l'end., 3 m. end., rép. depuis * jusqu'à 2 m. de la fin du rg, 2 m. end.

Rg 16 : tric. ttes les m. à l'env.

Rép. ces 16 rgs.

Jours en ANGLE

Multiple de 10 m. plus 1

Rg 1 : (end. du trav.) 1 m. end., * 1 jeté, 1 SS à l'end., 8 m. end., rép. depuis * jusqu'à la fin du rg.

Rg 2 et ts les rgs pairs : tric. ttes les m. à l'env.

Rg 3 : 1 m. end., *1 m. end., 1 jeté, 1 SS à l'end., 5 m. end., tric. 2 m. ens. à l'end., 1 jeté, rép. depuis * jusqu'à la fin du rg.

Rg 5 : 1 m. end., *2 m. end., 1 jeté, 1 SS à l'end., 3 m. end., tric. 2 m. ens. à l'end., 1 jeté, 1 m. end., rép. depuis * jusqu'à la fin du rg.

Rg 7 : 1 m. end., *5 m. end., 1 jeté, 1 SS à l'end., 3 m. end., rép. depuis * jusqu'à la fin du rg.

Rg 9 : 1 m. end., *3 m. end., tric. 2 m. ens. à l'end., 1 jeté, 1 m. end., 1 jeté, 1 SS à l'end., 2 m. end., rép. depuis * jusqu'à la fin du rg.

Rg 11 : 1 m. end., *2 m. end., tric. 2 m. ens. à l'end., 1 jeté, 3 m. end., 1 jeté, 1 SS à l'end., 1 m. end., rép. depuis * jusqu'à la fin du rg.

Rg 12 : tric. ttes les m. à l'env.

Rép. ces 12 rgs.

PATTES DE CHAT (haut)
TRIANGLES À JOURS (milieu)
JOURS EN ANGLES (bas)

CÔTES TORSADÉES

Multiple de 7 m. plus 2

Rg 1 : (end. du trav.) *2 m. env., 1 jeté, 1 SS à l'end., 3 m. end., rép. depuis * jusqu'à 2 m. de la fin du rg, 2 m. env.

Rg 2 : *2 m. end., 2 m. env., tric. 2 m. ens. à l'env. en piquant sous leurs brins arr., 1 jeté, 1 m. env., rép. depuis * jusqu'à 2 m. de la fin du rg, 2 m. end.

Rg 3 : *2 m. env., 2 m. end., 1 jeté, 1 SS à l'end., 1 m. end., rép. depuis * jusqu'à 2 m. de la fin du rg, 2 m. env.

Rg 4 : *2 m. end., tric. 2 m. ens. à l'env. en piquant sous leurs brins arr., 1 jeté, 3 m. env., rép. depuis * jusqu'à 2 m. de la fin du rg, 2 m. end.

Rg 5 : *2 m. env., 5 m. end., rép. depuis * jusqu'à 2 m. de la fin du rg, 2 m. env.

Rg 6 : *2 m. end., 5 m. env., rép. depuis * jusqu'à 2 m. de la fin du rg, 2 m. end.

Rép. ces 6 rgs.

TORSADE À MAILLES TORSES

Multiple de 6 m. plus 2

Rg 1 et ts les rgs impairs : (env. du trav.) 2 m. end., *tric. 2 m. ens. à l'env., 1 jeté, 1 m. env. torse, 1 m. env., 2 m. end., rép. depuis * jusqu'à la fin du rg.

Rgs 2, 4, 6, 8 et 10 : 2 m. env., *1 SS à l'end., 1 jeté, 2 m. end., 2 m. env., rép. depuis * jusqu'à la fin du rg.

Rg 12 : 2 m. env., *glis. 2 m. sur 1 aig. aux. placée dev. le trav., 1 SS à l'end., 1 jeté, tric. à l'end. les 2 m. de l'aig. aux., 2 m. env., rép. depuis * jusqu'à la fin du rg.

Rép. ces 12 rgs.

LOSANGES, bande verticale

Motif de 10 m. bordé de jers. env.

Rg 1 : (end. du trav.) 2 m. end., tric. 2 m. ens. à l'end., 1 jeté, tric. 2 m. ens. à l'end. sans les faire tomber de l'aig. G, retric. la 1re m. à l'end. puis faire tomber les 2 m., 1 jeté, 1 SS à l'end., 2 m. end.

Rgs 2 et 4 : tric. ttes les m. à l'env.

Rg 3 : 1 m. end., tric. 2 m. ens. à l'end., 1 jeté, 4 m. end., 1 jeté, 1 SS à l'end., 1 m. end.

Rg 5 : tric. 2 m. ens. à l'end., 1 jeté, 1 m. end., tric. 2 m. ens. à l'end., 1 jeté, 1 SS à l'end., 1 m. end., 1 jeté, 1 SS à l'end.

Rg 6 : 4 m. env., 1 m. end., 5 m. env.

Rg 7 : 2 m. end., 1 jeté, 1 SS à l'end., 2 m. end., tric. 2 m. ens. à l'end., 1 jeté, 2 m. end.

Rg 8 : tric. ttes les m. à l'env.

Rg 9 : 3 m. end., 1 jeté, 1 SS à l'end., tric. 2 m. ens. à l'end., 1 jeté, 3 m. end.

Rg 10 : tric. ttes les m. à l'env.

Rép. ces 10 rgs.

CÔTES TORSADÉES (gauche)
TORSADE À MAILLES TORSES (milieu)
LOSANGES (droite)

Les torsades

De nombreuses tricoteuses adorent les torsades car elles permettent de créer rapidement de magnifiques tricots. Une fois habituée à travailler avec une aiguille auxiliaire, vous pourrez facilement croiser les mailles vers la gauche ou la droite. La même technique sert à réaliser des torsades simples ou complexes et des points fantaisie variés.

Les torsades sont typiques des pulls d'Aran, archipel situé au large de la côte ouest de l'Irlande. Elles rappellent les motifs entrelacés qui ornent les croix et les monuments celtes. Les points torsadés traditionnels sont encore très en vogue mais une simple torsade tricotée sur un fond plat peut également donner un très beau résultat.

Entourer les torsades de mailles envers (au moins deux mailles de chaque côté) permet de faire ressortir leur relief. Vous pouvez aussi alterner des torsades complexes avec des torsades simples ou des bandes tricotées au point de riz. Les pulls irlandais se tricotent traditionnellement avec un fil en laine naturelle d'épaisseur moyenne mais les gros fils, les fils fins et les fils légèrement texturés mettent également leurs points en valeur.

TORSADE DE 4 MAILLES (sur 4 rgs)

Torsade de 4 m. bordée de jers. env.

Rg 1 : (end. du trav.) tric. ttes les m. à l'end.

Rg 2 : tric. ttes les m. à l'env.

Rg 3 : 4ECG.

Rg 4 : tric. ttes les m. à l'env.

Rép. ces 4 rgs.

VENT DE SABLE

Multiple de 12 m.

Rg 1 : (end. du trav.) tric. ttes les m. à l'end.

Rg 2 et ts les rgs pairs : tric. ttes les m. à l'env.

Rg 3 : *6ECG, 6 m. end., rép. depuis * jusqu'à la fin du rg.

Rg 5 : comme le rg 1.

Rg 7 : *6 m. end., 6ECD, rép. depuis * jusqu'à la fin du rg.

Rg 9 : comme le rg 1.

Rg 10 : tric. ttes les m. à l'env.

Rép. les rgs 3 à 10.

TORSADE DE 4 MAILLES (sur 6 rgs)

Torsade de 4 m. bordée de jers. env.

Rg 1 : (end. du trav.) tric. ttes les m. à l'end.

Rg 2 et ts les rgs pairs : tric. ttes les m. à l'env.

Rg 3 : comme le rg 1.

Rg 5 : 4ECG.

Rg 6 : tric. ttes les m. à l'env.

Rép. ces 6 rgs.

TORSADE DE 4 MAILLES (SUR 4 RGS) (gauche)
VENT DE SABLE (milieu)
TORSADE DE 4 MAILLES (SUR 6 RGS) (droite)

TORSADE DE 6 MAILLES (sur 6 rgs)

Torsade de 6 m. bordée de jers. env.

Rgs 1 et 3 : (end. du trav.) tric. ttes les m. à l'end.

Rg 2 et 4 : tric. ttes les m. à l'env.

Rg 5 : 6ECG.

Rg 6 : tric. ttes les m. à l'env.

Rép. ces 6 rgs.

Côtes NATTÉES

Motif de 30 m. bordé de jers. env.

5MCD = glis. 2 m. sur 1 aig. aux. placée derr. le trav., tric. 3 m. end. puis tric. à l'env. les 2 m. de l'aig. aux.

5MCG = glis. 3 m. sur 1 aig. aux. placée dev. le trav., tric. 2 m. env. puis tric. à l'end. les 3 m. de l'aig. aux.

Rgs 1, 3 et 5 : (end. du trav.) 2 fs (3 m. end., 2 m. env.), 3 m. end., 4 m. env., 3 m. end., 2 fs (2 m. env., 3 m. end.).

Rgs 2, 4 et 6 : 2 fs (3 m. env., 2 m. end.), 3 m. env., 4 m. end., 3 m. env., 2 fs (2 m. end., 3 m. env.).

Rg 7 : 3 fs 5MCG, 3 fs 5MCD.

Rg 8 : 2 fs (2 m. end., 3 m. env.), 2 m. end., 6 m. env., 2 m. end., 2 fs (3 m. env., 2 m. end.).

Rg 9 : 2 m. env., 2 fs 5MCG, 6ECD, 2 fs 5MCD, 2 m. env.

Rg 10 : 4 m. end., 3 m. env., 2 m. end., 12 m. env., 2 m. end., 3 m. env., 4 m. end.

Rg 11 : 4 m. env., 5MCG, 2 fs 6ECG, 5MCD, 4 m. env.

Rg 12 : 6 m. end., 18 m. env., 6 m. end.

Rg 13 : 6 m. env., 3 fs 6ECD, 6 m. env.

Rg 14 : comme le rg 12.

Rg 15 : 4 m. env., 5MCD, 2 fs 6ECG, 5MCG, 4 m. env.

Rg 16 : comme le rg 10.

Rg 17 : 2 m. env., 2 fs 5MCD, 6ECD, 2 fs 5MCG, 2 m. env.

Rg 18 : comme le rg 8.

Rg 19 : 3 fs 5MCD, 3 fs 5MCG.

Rg 20 et 22 : comme le rg 2.

Rgs 21 et 23 : comme le rg 1.

Rgs 24 : comme le rg 2.

Rép. ces 24 rgs.

TORSADE DE 6 MAILLES, variante

Torsade de 4 m. bordée de jers. env.

Rgs 1, 3, 7, 9, 13 et 15 : (end. du trav.) tric. ttes les m. à l'end.

Rg 2 et ts les rgs pairs : tric. ttes les m. à l'env.

Rgs 5 et 11 : 6ECG.

Rg 16 : tric. ttes les m. à l'env.

Rép. ces 16 rgs.

Côtes NATTÉES

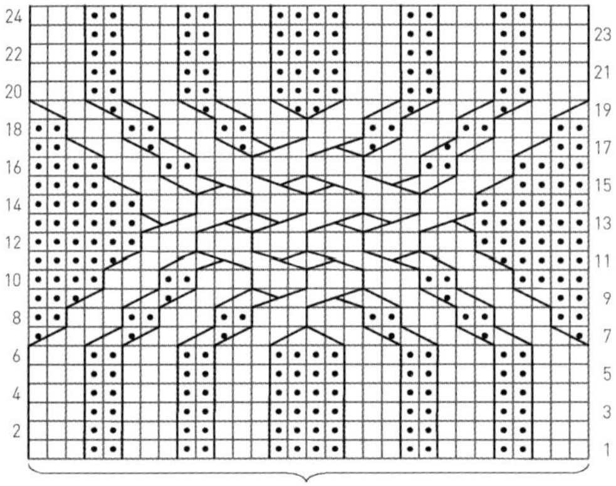

répétition sur 30 m.

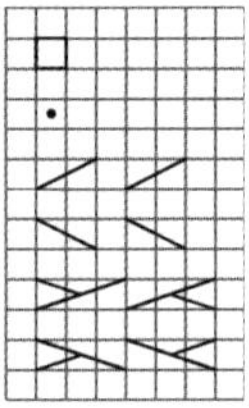

tric. à l'end. sur l'end. du trav. et à l'env. sur l'env.

tric. à l'env. sur l'end. du trav. et à l'end. sur l'env.

5MCD

5MCG

6ECD

6ECG

TORSADE DE 6 MAILLES (SUR 6 RGS) (gauche)

CÔTES NATTÉES (milieu)

TORSADE DE 6 MAILLES, VARIANTE (droite)

SYCOMORE

Motif de 8 m. bordé de jers. env.

Rg 1 : (env. du trav.) tric. ttes les m. à l'end.

Rg 2 : 1 m. end., 6 m. env., 1 m. end.

Rgs 3, 5, et 7 : 2 m. env., 4 m. end., 2 m. env.

Rgs 4 et 6 : 2 m. end., 4 m. env., 2 m. end.

Rg 8 : glis. 2 m. sur 1 aig. aux. placée dev. le trav., 2 m. env., 1 jeté, tric. les 2 m. de l'aig. aux. ens. à l'end. en piquant sous leur brin arr., glis. 2 m. sur 1 aig. aux. placée derr. le trav., tric. 2 m. ens. à l'end., 1 jeté, tric. à l'env. les 2 m. de l'aig. aux.

Rép. ces 8 rgs.

TORSADE CELTE

Torsade de 24 m. bordée de jers. env.

3MCD = glis. 1 m. sur 1 aig. aux. placée derr. le trav., tric. 2 m. end. puis tric. à l'env. la m. de l'aig. aux.

3MCG = glis. 2 m. sur 1 aig. aux. placée dev. le trav., tric. 1 m. env. puis tric. à l'end. les 2 m. de l'aig. aux.

4MCD = glis. 2 m. sur 1 aig. aux. placée derr. le trav., tric. 2 m. end. puis tric. à l'env. les 2 m. de l'aig. aux.

4MCG = glis. 2 m. sur 1 aig. aux. placée dev. le trav., tric. 2 m. env. puis tric. à l'end. les 2 m. de l'aig. aux.

Rg 1 : (end. du trav.) 3 fs (2 m. env., 4ECD, 2 m. env.).

Rg 2 : 3 fs (2 m. end., 4 m. env., 2 m. end.).

Rg 3 : 1 m. env., 3MCD, 2 fs (4MCG, 4MCD), 3MCG, 1 m. env.

Rg 4 : 1 m. end., 2 m. env., 3 m. end., 4 m. env., 4 m. end., 4 m. env., 3 m. end., 2 m. env., 1 m. end.

Rg 5 : 3MCD, 1 m. env., 2 fs (2 m. env., 4ECG, 2 m. env.), 1 m. env., 3MCG.

Rg 6 : 2 m. env., 2 fs (4 m. end., 4 m. env.), 4 m. end., 2 m. env.

Rg 7 : 2 m. end., 2 m. env., 2 fs (4MCD, 4MCG), 2 m. env., 2 m. end.

Rg 8 : 2 m. env., 2 m. end., 2 m. env., 4 m. end., 4 m. env., 4 m. end., 2 m. env., 2 m. end., 2 env.

Rg 9 : 2 fs (2 m. end., 2 m. env.), 2 m. env., 4ECD, 2 m. env., 2 fs (2 m. env., 2 m. end.).

Rg 10 : comme le rg 8.

Rg 11 : 2 m. end., 2 m. env., 2 fs (4MCG, 4MCD), 2 m. env., 2 m. end.

Rg 12 : comme le rg 6.

Rg 13 : 3MCG, 1 m. env., 2 fs (2 m. env., 4ECG, 2 m. env.), 1 m. env., 3MCD.

Rg 14 : comme le rg 4.

Rg 15 : 1 m. env., 3MCG, 2 fs (4MCD, 4MCG), 3MCD, 1 m. env.

Rg 16 : comme le rg 2.

Rép. ces 16 rgs.

PINCES DE CRABE

Torsade de 7 m. bordée de jers. env.

3ECG = glis. 1 m. sur 1 aig. aux. placée dev. le trav., tric. 2 m. end. puis tric. à l'end. la m. de l'aig. aux.

3ECD = glis. 2 m. sur 1 aig. aux. placée derr. le trav., tric. 1 m. end. puis tric. à l'end. les 2 m. de l'aig. aux.

Rg 1 : (end. du trav.) tric. ttes les m. à l'end.

Rg 2 : tric. ttes les m. à l'env.

Rg 3 : 3ECD, 1 m. end., 3ECG.

Rg 4 : tric. ttes les m. à l'env.

Rép. ces 4 rgs.

TORSADE CELTE

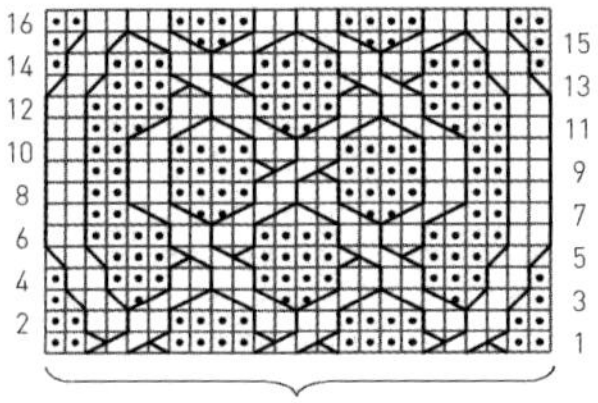

répétition sur 24 m.

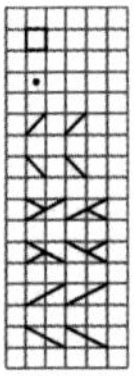

tric. à l'end. sur l'end. du trav. et à l'env. sur l'env.
tric. à l'env. sur l'end. du trav. et à l'end. sur l'env.
3MCD
3MCG
4ECD
4ECG
4MCD
4MCG

SYCOMORE (gauche)
TORSADE CELTE (milieu)
PINCES DE CRABE (droite)

CHAÎNE FANTAISIE

Torsade de 13 m. bordée de jers. env.

Rgs 1 et 3 : (end. du trav.) tric. ttes les m. à l'end.

Rg 2 et ts les rgs pairs : tric. ttes les m. à l'env.

Rg 5 : 6ECD, 1 m. end., 6ECG.

Rgs 7, 9 et 11 : tric. ttes les m. à l'end.

Rg 13 : 6ECG, 1 m. end., 6ECD.

Rg 15 : tric. ttes les m. à l'end.

Rg 16 : tric. ttes les m. à l'env.

Rép. ces 16 rgs.

LOSANGE ET POINT DE BLÉ

Motif de 17 m. bordé de jers. env.

5FCD = glis. 3 m. sur 1 aig. aux. placée derr. le trav., tric. 2 m. end., remettre 1 m. glis. sur l'aig. G. et la tric. à l'env., tric. à l'end. les 2 m. de l'aig. aux.

3MCD = glis. 1 m. sur 1 aig. aux. placée derr. le trav., tric. 2 m. end. puis tric. à l'env. la m. de l'aig. aux.

3MCG = glis. 2 m. sur 1 aig. aux. placée dev. le trav., tric. 1 m. env. puis tric. à l'end. les 2 m. de l'aig. aux.

Rg 1 : (end. du trav.) 6 m. env., 2 m. end., 1 m. env., 2 m. end., 6 m. env.

Rg 2 : 6 m. end., 2 m. env., 1 m. end., 2 m. env., 6 m. end.

Rg 3 : 6 m. env., 5FCD, 6 m. env.

Rg 4 : comme le rg 2.

Rg 5 : 5 m. env., 3MCD, 1 m. end., 3MCG, 5 m. env.

Rg 6 : 5 m. end., 2 m. env., 1 m. end., 1 m. env., 1 m. end., 2 m. env., 5 m. end.

Rg 7 : 4 m. env., 3MCD, 1 m. end., 1 m. env., 1 m. end., 3MCG, 4 m. env.

Rg 8 : 4 m. end., 2 m. env., 2 fs (1 m. end., 1 m. env.), 1 m. end., 2 m. env., 4 m. end.

Rg 9 : 3 m. env., 3MCD, 2 fs (1 m. end., 1 m. env.), 1 m. end., 3MCG, 3 m. env.

Rg 10 : 3 m. end., 2 m. env., 3 fs (1 m. end., 1 m. env.), 1 m. end., 2 m. env., 3 m. end.

Rg 11 : 2 m. env., 3MCD, 3 fs (1 m. end., 1 m. env.), 1 m. end., 3MCG, 2 m. env.

Rg 12 : 2 m. end., 2 m. env., 4 fs (1 m. end., 1 m. env.), 1 m. end., 2 m. env., 2 m. end.

Rg 13 : 2 m. env., 3MCG, 3 fs (1 m. env., 1 m. end.), 1 m. env., 3MCD, 2 m. env.

Rg 14 : comme le rg 10.

Rg 15 : 3 m. env., 3MCG, 2 fs (1 m. env., 1 m. end.), 1 m. env., 3MCD, 3 m. env.

Rg 16 : comme le rg 8.

Rg 17 : 4 m. env., 3MCG, 1 m. env., 1 m. end., 1 m. env., 3MCD, 4 m. env.

Rg 18 : comme le rg 6.

Rg 19 : 5 m. env., 3MCG, 1 m. env., 3MCD, 5 m. env.

Rg 20 : comme le rg 2.

Rép. ces 20 rgs.

Torsade ASYMÉTRIQUE

Torsade de 6 m. bordée de jers. env.

Rgs 1 et 5 : (end. du trav.) 2 m. end., 4ECG.

Rg 2 et ts les rgs pairs : tric. ttes les m. à l'env.

Rg 3 : tric. ttes les m. à l'end.

Rgs 7 et 11 : 4ECD, 2 m. end.

Rg 9 : tric. ttes les m. à l'end.

Rg 12 : tric. ttes les m. à l'env.

Rép. ces 12 rgs.

LOSANGE ET POINT DE BLÉ

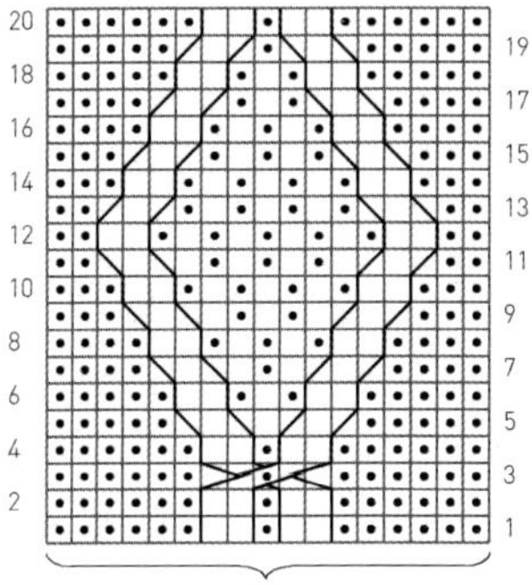

répétition sur 17 m.

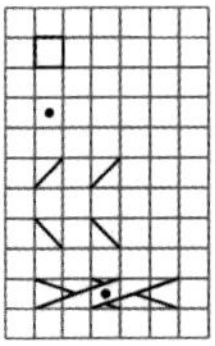

tric. à l'end. sur l'end. du trav. et à l'env. sur l'env.

tric. à l'env. sur l'end. du trav. et à l'end. sur l'env.

3MCD

3MCG

5FCD

CHAÎNE FANTAISIE (gauche)
LOSANGE ET POINT DE BLÉ (milieu)
TORSADE ASYMÉTRIQUE (droite)

Torsades CROISÉES

Multiple de 8 m. plus 6

Rg 1 et ts les rgs impairs : (env. du trav.) *2 m. end., 2 m. env., rép. depuis * jusqu'à 2 m. de la fin du rg, 2 m. end.

Rgs 2, 4 et 6 : *2 m. env., 2 m. end., rép. depuis * jusqu'à 2 m. de la fin du rg, 2 m. env.

Rg 8 : *2 m. env., 6ECG, rép. depuis * jusqu'à 6 m. de la fin du rg, 2 m. env., 2 m. end., 2 m. env.

Rgs 10, 12 et 14 : *2 m. env., 2 m. end., rép. depuis * jusqu'à 2 m. de la fin du rg, 2 m. env.

Rg 16 : 2 m. env., 2 m. end., 2 m. env., *6ECD, 2 m. env., rép. depuis * jusqu'à la fin du rg.

Rép. ces 16 rgs.

Torsade IMBRIQUÉE

Torsade de 8 m. bordée de jers. env.

Rgs 1, 3, 5 et 7 : (env. du trav.) tric. ttes les m. à l'env.

Rg 2 : 4ECD, 4ECG.

Rgs 4, 6 et 8 : tric. ttes les m. à l'end.

Rép. ces 8 rgs.

TOUR DE TAILLE

Motif de 8 m. bordé de jers. env.

Rgs 1 et 3 : (end. du trav.) tric. ttes les m. à l'end.

Rg 2 : tric. ttes les m. à l'env.

Rg 4 : fil dev. le trav., 1 m. glis., 6 m. env., 1 m. glis.

Rg 5 : glis. 1 m. sur 1 aig. aux. placée dev. le trav., 3 m. env., tric. à l'end. la m. de l'aig. aux., glis. 1 m. sur 1 aig. aux. placée derr. le trav., 1 m. end., tric. à l'env. les 3 m. de l'aig. aux.

Rg 6 : 3 m. end., 2 m. env., 3 m. end.

Rg 7 : glis. 3 m. sur 1 aig. aux. placée derr. le trav., 1 m. end., tric. à l'end. les 3 m. de l'aig. aux., glis. 1 m. sur 1 aig. aux. placée dev. le trav., 3 m. end., tric. à l'end. la m. de l'aig. aux.

Rg 8 : tric. ttes les m. à l'env.

Rép. ces 8 rgs.

TORSADES CROISÉES (gauche)
TORSADE IMBRIQUÉE (milieu)
TOUR DE TAILLE (droite)

CADUCÉES

Motif de 4 m. bordé de jers. env.

Rgs 1, 3, 7 et 9 : (end. du trav.) tric. ttes les m. à l'end.

Rg 2 et ts les rgs pairs : tric. ttes les m. à l'env.

Rg 5 : 4ECD.

Rg 11 : 4ECG.

Rg 12 : tric. ttes les m. à l'env.

Rép. ces 12 rgs.

TORSADE ET ÉVENTAIL

Motif de 19 m. bordé de jers. env.

T7D = glis. 4 m. sur 1 aig. aux. placée derr. le trav., tric. 3 m. end. puis tric. à l'end. les 4 m. de l'aig. aux.

Rg 1 : (end. du trav.) 6 m. env., 7 m. end., 6 m. env.

Rg 2 : 6 m. end., 7 m. env., 6 m. end.

Rg 3 : 6 m. env., 1 T7D, 6 m. env.

Rg 4 : comme le rg 2.

Rg 5 : 4 m. env., tric. 3 m. ens. à l'end., 1 jeté, 1 m. end., 1 jeté, tric. 2 m. ens. à l'end., 2 fs (1 jeté, 1 m. end.), 1 jeté, tric. 3 m. ens. à l'end. en piquant sous leur brin arr., 4 m. env.

Rg 6 : 4 m. end., 11 m. env., 4 m. end.

Rg 7 : 3 m. env., 3 fs (tric. 2 m. ens. à l'end., 1 jeté), 1 m. end. torse, 3 fs (1 jeté, 1 SS à l'end.), 3 m. env.

Rg 8 : 3 m. end., 13 m. env., 3 m. end.

Rg 9 : 1 m. env., tric. 3 m. ens. à l'end., 2 fs (1 jeté, tric. 2 m. ens. à l'end.), 1 jeté, 1 m. end. torse, 1 jeté, 1 m. end., 1 jeté, 1 m. end. torse, 2 fs (1 jeté, 1 SS à l'end.), 1 jeté, tric. 3 m. ens. à l'end. en piquant sous leur brin arr., 1 m. env.

Rg 10 : 1 m. end., 17 m. env., 1 m. end.

Rg 11 : 2 m. env., 3 fs (tric. 2 m. ens. à l'end., 1 jeté), 1 m. end. torse, 1 m. end., 1 m. end. torse, 3 fs (1 jeté, 1 SS à l'end.), 2 m. env.

Rg 12 : 2 m. end., 15 m. env., 2 m. end.

Rg 13 : 3 m. env., 2 fs (tric. 2 m. ens. à l'end., 1 jeté), 1 m. end. torse, 3 m. end., 1 m. end. torse, 2 fs (1 jeté, 1 SS à l'end.), 3 m. env.

Rg 14 : comme le rg 8.

Rg 15 : 4 m. env., tric. 2 m. ens. à l'end., 1 jeté, 1 m. end. torse, 5 m. end., 1 m. end. torse, 1 jeté, 1 SS à l'end., 4 m. env.

Rg 16 : comme le rg 6.

Rg 17 : comme le rg 1.

Rg 18 : comme le rg 2.

Rg 19 : comme le rg 3.

Rg 20 : comme le rg 2.

Rgs 21, 23 et 25 : comme le rg 1.

Rgs 22, 24 et 26 : comme le rg 2.

Rg 27 : comme le rg 3.

Rg 28 : comme le rg 2.

Rgs 29 et 31 : comme le rg 1.

Rgs 30 et 32 : comme le rg 2.

Rép. ces 32 rgs.

CHAÎNE

Motif de 8 m. bordé de jers. env.

Rgs 1 et 5 : (end. du trav.) tric. ttes les m. à l'end.

Rg 2 et ts les rgs pairs : tric. ttes les m. à l'env.

Rg 3 : 4ECG, 4ECD.

Rg 7 : 4ECD, 4ECG.

Rg 8 : tric. ttes les m. à l'env.

Rép. ces 8 rgs.

TORSADE ET ÉVENTAIL

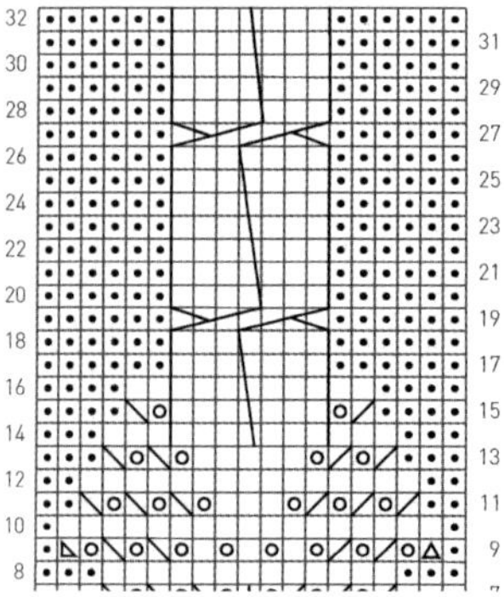

répétition sur 19 m.

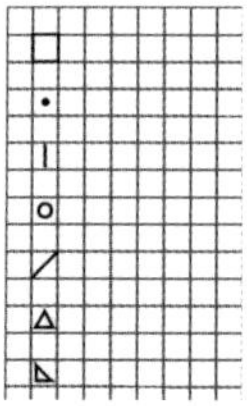

tric. à l'end. sur l'end. et à l'env. sur l'env.
tric. à l'env. sur l'end. et à l'end. sur l'env.
1 m. end. torse
jeté
tric. 2 m. ens. à l'end.
tric. 3 m. ens. à l'end.
tric. 3 m. ens. à l'end. en piq. sous leur brin arr.
SS à l'end.
7ECD

CADUCÉES (gauche)
TORSADE ET ÉVENTAIL (milieu)
CHAÎNE (droite)

Torsade FANTAISIE

Motif de 17 m. bordé de jers. env.

PC3 = 1 m. glis. à l'end., 1 m. end., 1 jeté, 1 m. end., rab. la m. glis. sur la 1re m. end., le jeté et la 2e m. end.

4MCG = glis. 3 m. sur 1 aig. aux. placée dev. le trav., tric. 1 m. env. puis tric. à l'end. les 3 m. de l'aig. aux.

4MCD = glis. 1 m. sur 1 aig. aux. placée derr. le trav., tric. 3 m. end. puis tric. à l'env. la m. de l'aig. aux.

5MCD = glis. 2 m. sur 1 aig. aux. placée derr. le trav., tric. 3 m. end. puis tric. à l'env. les 2 m. de l'aig. aux.

5MCG = glis. 3 m. sur 1 aig. aux. placée dev. le trav., tric. 2 m. env. puis tric. à l'end. les 3 m. de l'aig. aux.

Rg 1 : (end. du trav.) 1 m. env., 4MCG, 5MCD, 3 m. env., 4MCG.

Rg 2 : 3 m. env., 6 m. end., 6 m. env., 2 m. end.

Rg 3 : 2 m. env., 6ECD, 6 m. env., PC3.

Rg 4 : comme le rg 2.

Rgs 5 et 7 : 2 m. env., 6 m. end., 6 m. env., PC3.

Rgs 6 et 8 : comme le rg 2.

Rg 9 : comme le rg 3.

Rg 10 : comme le rg 2.

Rg 11 : 1 m. env., 4MCD, 5MCG, 3 m. env., 4MCD.

Rg 12 : 1 m. end., 3 m. env., 2 fs (3 m. end., 3 m. env.), 1 m. end.

Rg 13 : 4MCD, 3 m. env., 5MCG, 4MCD, 1 m. env.

Rg 14 : 2 m. end., 6 m. env., 6 m. end., 3 m. env.

Rg 15 : PC3, 6 m. env., 6ECG, 2 m. env.

Rg 16 : comme le rg 14.

Rgs 17 et 19 : CP3, 6 m. env., 6 m. end., 2 m. env.

Rgs 18 et 20 : comme le rg 14.

Rg 21 : comme le rg 15.

Rg 22 : comme le rg 14.

Rg 23 : 4MCG, 3 m. env., 5MCD, 4MCG, 1 m. env.

Rg 24 : comme le rg 12.

Rép. ces 24 rgs.

SEMAILLES

Multiple de 4 m. plus 1

Rgs 1 et 5 : (end. du trav.) *2 m. end., 1 m. glis., 1 m. end., rép. depuis * jusqu'à 1 m. de la fin du rg, 1 m. end.

Rgs 2 et 6 : 1 m. env., *1 m. env., 1 m. glis., 2 m. env., rép. depuis * jusqu'à la fin du rg.

Rg 3 : *glis. 2 m. sur 1 aig. aux. placée derr. le trav., tric. à l'end. la m glis. de l'aig. G et les 2 m. de l'aig. aux., 1 m. end., rép. depuis * jusqu'à 1 m. de la fin du rg, 1 m. end.

Rg 4 : tric. ttes les m. à l'env.

Rg 7 : 1 m. end., *1 m. end., glis. la m. glis. sur 1 aig. aux. placée dev. le trav., 2 m. end., tric. à l'end. la m., rép. depuis * jusqu'à la fin du rg.

Rg 8 : tric. ttes les m. à l'env.

Rép. ces 8 rgs.

Torsade NOUÉE

Multiple de 10 m. plus 2

Rgs 1 et 3 : (end. du trav.) 1 m. end., *1 m. env., 4 m. end., 2 m. env., 2 m. end., 1 m. env., rép. depuis * jusqu'à 1 m. de la fin du rg, 1 m. end.

Rgs 2, 4, 6 et 8 : 1 m. env., *1 m. end., 2 m. env., 2 m. end., 4 m. env., 1 m. end., rép. depuis * jusqu'à 1 m. de la fin du rg, 1 m. env.

Rg 5 : 1 m. end., *1 m. env., 4ECD, 2 m. env., 2 m. end., 1 m. env., rép. depuis * jusqu'à 1 m. de la fin du rg, 1 m. end.

Rg 7 : comme le rg 1.

Rgs 9 et 11 : 1 m. end., *2 m. env., 2 m. end., 2 m. env., 4 m. end., rép. depuis * jusqu'à 1 m. de la fin du rg, 1 m. end.

Rgs 10, 12, et 14 : 1 m. env. *4 m. env., 2 m. end., 2 m. env., 2 m. end., rép. depuis * jusqu'à 1 m. de la fin du rg, 1 m. env.

Rg 13 : 1 m. end., * 2 m. env., 2 m. end., 2 m. env., 4ECD, rép. depuis * jusqu'à 1 m. de la fin du rg, 1 m. end.

Rg 15 : comme le rg 9.

Rg 16 : comme le rg 10.

Rép. ces 16 rgs.

TORSADE FANTAISIE (gauche)
SEMAILLES (milieu)
TORSADE NOUÉE (droite)

Torsade IMBRIQUÉE FANTAISIE

Motif de 6 m. bordé de jers. env.

3ECG = glis. 1 m. sur 1 aig. aux. placée dev. le trav., tric. 2 m. end. puis tric. à l'end. la m. de l'aig. aux.

3ECD = glis. 2 m. sur 1 aig. aux. placée derr. le trav., tric. 1 m. end. puis tric. à l'end. les 2 m. de l'aig. aux.

Rgs 1, 3 et 11 : (end. du trav.) tric. ttes les m. à l'end.

Rg 2 et ts les rgs pairs : tric. ttes les m. à l'env.

Rgs 5, 7 et 9 : 3ECD, 3ECG.

Rg 12 : tric. ttes les m. à l'env.

Rép. ces 12 rgs.

Torsade CÔTELÉE TORSE

Torsade de 7 m. bordée de jers. env.

7FCD = glis. 4 m. sur 1 aig. aux. placée dev. le trav., tric. 1 m. end., 1 m. env., 1 m. end., remettre la 4e m. de l'aig. aux. sur l'aig. G. et la tric. à l'env., tric. les m. de l'aig. aux. de la manière suiv. : 1 m. end., 1 m. env., 1 m. end.

Rgs 1, 3 et 5 : (end. du trav.) 1 m. end. torse, 3 fs (1 m. env. torse, 1 m. end. torse).

Rg 2 et ts les rgs pairs : 1 m. env. torse, 3 fs (1 m. end. torse, 1 m. env. torse).

Rg 7 : 7FCD.

Rgs 9, 11, 13 et 15 : comme le rg 1.

Rg 16 : comme le rg 2.

Rép. ces 16 rgs.

Torsade PATCHWORK

Torsade de 15 m. bordée de jers. env.

3MCD = glis. 1 m. sur 1 aig. aux. placée derr. le trav., tric. 2 m. end. puis tric. à l'env. la m. de l'aig. aux.

3MCG = glis. 2 m. sur 1 aig. aux. placée dev. le trav., tric. 1 m. env. puis tric. à l'end. les 2 m. de l'aig. aux.

4MCD = glis. 2 m. sur 1 aig. aux. placée derr. le trav., tric. 2 m. end. puis tric. à l'env. les 2 m. de l'aig. aux.

4MCG = glis. 2 m. sur 1 aig. aux. placée dev. le trav., tric. 2 m. env. puis tric. à l'end. les 2 m. de l'aig. aux.

Rg 1 : (end. du trav.) 2 m. end., 3 fs (1 m. end., 1 m. env.), 5 m. end., 2 m. env.

Rg 2 : 2 m. end., 4 m. env., 3 fs (1 m. end., 1 m. env.), 1 m. end., 2 m. env.

Rg 3 : 3MCG, 3 fs (1 m. env., 1 m. end.), 4ECG, 2 m. env.

Rg 4 : 2 m. end., 4 m. env., 3 fs (1 m. end., 1 m. env.), 2 m. env., 1 m. end.

Rg 5 : 1 m. env., 3MCG, 1 m. end., 1 m. env., 1 m. end., 4MCD, 3ECG, 1 m. env.

Rg 6 : 1 m. end., 2 m. env., 1 m. env. torse, 1 m. end., 1 m. env. torse, 2 m. env., 1 m. end., 1 m. env., 1 m. end., 2 m. env., 2 m. end.

Rg 7 : 2 m. env., 3MCG, 4MCD, 1 m. end. torse, 1 m. env., 1 m. end. torse, 3MCG.

Rg 8 : 2 m. env., 3 fs (1 m. end., 1 m. env. torse), 4 m. env., 3 m. end.

Rg 9 : 3 m. env., 4MCD, 3 fs (1 m. end. torse, 1 m. env.), 2 m. end.

Rg 10 : 2 m. env., 4 fs (1 m. end., 1 m. env. torse), 2 m. env., 3 m. end.

Rg 11 : 1 m. env., 4MCD, 3 fs (1 m. end. torse, 1 m. env.), 1 m. end. torse, 3MCD.

Rg 12 : 1 m. end., 2 m. env., 4 fs (1 m. env. torse, 1 m. end.), 1 m. env. torse, 2 m. env., 1 m. end.

Rg 13 : 3MCD, 3 fs (1 m. end. torse, 1 m. env.), 1 m. end. torse, 4MCD, 1 m. env.

Rg 14 : 3 m. end., 2 m. env., 4 fs (1 m. env. torse, 1 m. end.), 2 m. env.

Rg 15 : 2 m. end., 3 fs (1 m. env., 1 m. end. torse), 4ECD, 3 m. env.

Rg 16 : 3 m. end., 4 m. env., 3 fs (1 m. env. torse, 1 m. end.), 2 m. env.

Rg 17 : 3MCG, 1 m. end. torse, 1 m. env., 1 m. end. torse, 4MCD, 3ECG, 2 m. env.

Rg 18 : 2 m. end., 2 m. env., 1 m. end., 1 m. env., 1 m. end., 2 m. env., 1 m. env. torse, 1 m. end., 1 m. env. torse, 2 m. env., 1 m. end.

Rg 19 : 1 m. env., 3MCG, 4MCD, 1 m. end., 1 m. env., 1 m. end., 3MCG, 1 m. env.

Rg 20 : 1 m. end., 2 m. env., 3 fs (1 m. env., 1 m. end.), 4 m. env., 2 m. end.

Rg 21 : 2 m. env., 4ECG, 3 fs (1 m. end., 1 m. env.), 1 3ECG.

Rg 22 : 2 m. env., 3 fs (1 m. end., 1 m. env.), 1 m. end., 4 m. env., 2 m. end.

Rg 23 : 2 m. env., 4 m. end., 3 fs (1 m. end., 1 m. env.), 3 m. end.

Rg 24 : comme le rg 22.

Rg 25 : 2 m. env., 4ECG, 3 fs (1 m. end., 1 m. env.), 3MCD.

Rg 26 : comme le rg 20.

Rg 27 : 1 m. env., 3ECD, 4MCG, 1 m. end., 1 m. env., 1 m. end., 3MCD, 1 m. env.

Rg 28 : comme le rg 18.

Rg 29 : 3MCD, 1 m. end. torse, 1 m. env., 1 m. end. torse, 4MCG, 3MCD, 2 m. env.

Rg 30 : comme le rg 16.

Rg 31 : 2 m. end., 3 fs (1 m. env., 1 m. end. torse), 4MCG, 3 m. env.

Rg 32 : comme le rg 14.

Rg 33 : 3MCG, 3 fs (1 m. end. torse, 1 m. env.), 1 m. end. torse, 4MCG, 1 m. env.

Rg 34 : comme le rg 12.

Rg 35 : 1 m. env., 4MCG, 3 fs (1 m. end. torse, 1 m. env.), 1 m. end. torse, 3MCG.

Rg 36 : comme le rg 10.

Rg 37 : 3 m. env., 4ECG, 3 fs (1 m. end. torse, 1 m. env.), 2 m. end.

Rg 38 : comme le rg 8.

Rg 39 : 2 m. env., 3ECD, 4MCG, 1 m. end. torse, 1 m. env., 1 m. end. torse, 3MCD.

Rg 40 : comme le rg 6.

Rg 41 : 1 m. env., 3MCD, 1 m. end., 1 m. env., 1 m. end., 4MCG, 3MCD, 1 m. env.

Rg 42 : comme le rg 4.

Rg 43 : 3ECD, 3 fs (1 m. env., 1 m. end.), 4ECG, 2 m. env.

Rg 44 : comme le rg 2.

Rép. ces 44 rgs.

TORSADE IMBRIQUÉE FANTAISIE (bords)
TORSADE CÔTELÉE TORSE (intermédiaire)
TORSADE PATCHWORK (milieu)

Natte à CINQ

Motif de 14 m. bordé de jers. env.

5FCD = glis. 3 m. sur 1 aig. aux. placée derr. le trav., tric. 2 m. end., remettre 1 m. glis. sur l'aig. G. et la tric. à l'env., tric. à l'end. les 2 m. de l'aig. aux.

5FCG = glis. 3 m. sur 1 aig. aux. placée dev. le trav., tric. 2 m. end., remettre 1 m. glis. sur l'aig. G. et la tric. à l'env., tric. à l'end. les 2 m. de l'aig. aux.

Rg 1 : (end. du trav.) 4 fs (2 m. end., 1 m. env.), 2 m. end.

Rg 2 et ts les rgs pairs : 4 fs (2 m. env., 1 m. end.), 2 m. env.

Rg 3 : 2 m. end., 2 fs (1 m. env., 5FCG).

Rg 5 : comme le rg 1.

Rg 7 : 2 fs (5FCD, 1 m. env.), 2 m. end.

Rg 8 : 4 fs (2 m. env., 1 m. end.), 2 m. env.

Rép. ces 8 rgs.

Grande torsade FANTAISIE

Torsade de 16 m. bordée de jers. env.

3MCD = glis. 1 m. sur 1 aig. aux. placée derr. le trav., tric. 2 m. end. puis tric. à l'env. la m. de l'aig. aux.

3MCG = glis. 2 m. sur 1 aig. aux. placée dev. le trav., tric. 1 m. env. puis tric. à l'end. les 2 m. de l'aig. aux.

Rg 1 : (end. du trav.) 2 m. end., 4 m. env., 4 m. end., 4 m. env., 2 m. end.

Rg 2 : 2 m. env., 4 m. end., 4 m. env., 4 m. end., 2 m. env.

Rg 3 : 2 m. end., 4 m. env., 4ECD, 4 m. env., 2 m. end.

Rg 4 : comme le rg 2.

Rg 5 : 2 fs (3MCG, 2 m. env., 3MCD).

Rg 6 : 1 m. end., 2 m. env., 3 fs (2 m. end., 2 m. env.), 1 m. end.

NATTE À CINQ

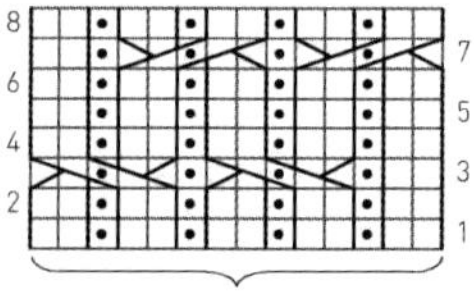

répétition sur 14 m.

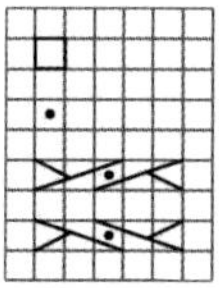

tric. à l'end. sur l'end. du trav. et à l'env. sur l'env.

tric. à l'env. sur l'end. du trav. et à l'end. sur l'env.

5FCD

5FCG

Rg 7 : 1 m. env., 3MCG, 3MCD, 2 m. env., 3MCG, 3MCD, 1 m. env.

Rg 8 : 2 m. end., 4 m. env., 4 m. end., 4 m. env., 2 m. end.

Rg 9 : 2 m. env., 4ECD, 4 m. env., 4ECD, 2 m. env.

Rg 10 : comme le rg 8.

Rg 11 : comme le rg 2.

Rg 12 : comme le rg 8.

Rg 13 : comme le rg 9.

Rg 14 : comme le rg 8.

Rg 15 : 1 m. env., 3MCD, 3MCG, 2 m. env., 3MCD, 3MCG, 1 m. env.

Rg 16 : comme le rg 6.

Rg 17 : 2 fs (3MCD, 2 m. env., 3MCG).

Rg 18 : comme le rg 2.

Rg 19 : comme le rg 3.

Rg 20 : comme le rg 2.

Rép. ces 20 rgs.

Natte à QUATRE

Motif de 13 m. bordé de jers. env.

5FCG = glis. 3 m. sur 1 aig. aux. placée dev. le trav., tric. 2 m. end., remettre 1 m. glis. sur l'aig. G. et la tric. à l'env., tric. à l'end. les 2 m. de l'aig. aux.

3MCD = glis. 1 m. sur 1 aig. aux. placée derr. le trav., tric. 2 m. end. puis tric. à l'env. la m. de l'aig. aux.

3MCG = glis. 2 m. sur 1 aig. aux. placée dev. le trav., tric. 1 m. env. puis tric. à l'end. les 2 m. de l'aig. aux.

Rg 1 : (env. du trav.) 2 m. env., 2 m. end., 2 m. env., 1 m. end., 2 m. env., 2 m. end., 2 m. env.

GRANDE TORSADE FANTAISIE

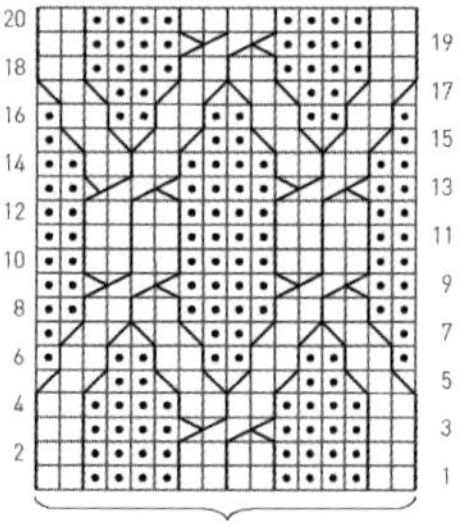

répétition sur 16 m.

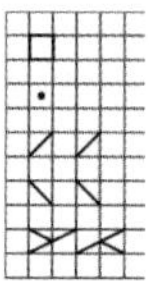

tric. à l'end. sur l'end. du trav. et à l'env. sur l'env.

tric. à l'env. sur l'end. du trav. et à l'end. sur l'env.

3MCD

3MCG

4ECD

Rg 2 : 2 m. end., 2 m. env., 5FCG, 2 m. env., 2 m. end.

Rg 3 : comme le rg 1.

Rg 4 : 3MCG, 3MCD, 1 m. env., 3MCG, 3MCD.

Rg 5 : 1 m. end., 4 m. env., 3 m. end., 4 m. env., 1 m. end.

Rg 6 : 1 m. env., 4ECD, 3 m. env., 4ECG, 1 m. env.

Rg 7 : comme le rg 5.

Rg 8 : 3MCD, 3MCG, 1 m. env., 3MCD, 3MCG.

Rép. ces 8 rgs.

NATTE À QUATRE

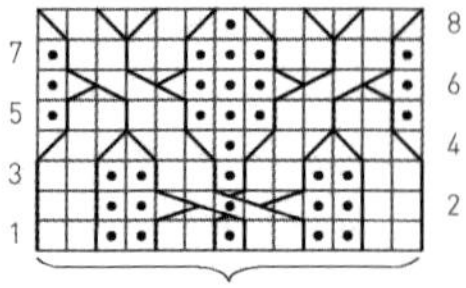

répétition sur 13 m.

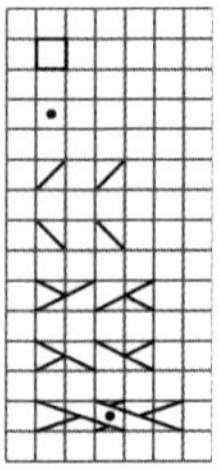

tric. à l'end. sur l'end. du trav. et à l'env. sur l'env.

tric. à l'env. sur l'end. du trav. et à l'end. sur l'env.

3MCD

3MCG

4ECD

4ECG

5FCG

NATTE À CINQ (gauche)

GRANDE TORSADE FANTAISIE (milieu)

NATTE À QUATRE (droite)

Torsade CÂBLÉE, variante

Torsade de 8 m. bordée de jers. env.

Rg 1 : (env. du trav.) tric. ttes les m. à l'env.

Rg 2 : 2 fs 4ECD.

Rg 3 : tric. ttes les m. à l'env.

Rg 4 : 2 m. end., 4ECD, 2 m. end.

Rép. ces 4 rgs.

Torsade MIXTE (jersey et point de riz)

Torsade de 8 m. bordée de jers. env.

Rgs 1 et 3 : (end. du trav.) 4 m. end., 2 fs (1 m. end., 1 m. env.).

Rgs 2 et 4 : 2 fs (1 m. env., 1 m. end.), 4 m. env.

Rg 5 : glis. 4 m. sur 1 aig. aux. placée derr. le trav., 2 fs (1 m. end., 1 m. env.), tric. à l'end. les 4 m. de l'aig. aux.

Rgs 6, 8, 10 et 12 : 4 m. env., 2 fs (1 m. env., 1 m. end.).

Rgs 7, 9 et 11 : 2 fs (1 m. end., 1 m. env.), 4 m. end.

Rg 13 : glis. 4 m. sur 1 aig. aux. placée derr. le trav., 4 m. end., tric. 2 fs (1 m. end., 1 m. env.) sur les m. de l'aig. aux.

Rg 14 : 2 fs (1 m. env., 1 m. end.), 4 m. env.

Rg 15 : 4 m. end., 2 fs (1 m. end., 1 m. env.).

Rg 16 : 2 fs (1 m. env., 1 m. end.), 4 m. env.

Rép. ces 16 rgs.

Torsade FANTAISIE

Torsade de 16 m. bordée de jers. env.

Rg 1 : (end. du trav.) 1 m. end., 2 m. env., 3 fs (2 m. end., 2 m. env.), 1 m. end.

Rg 2 : 1 m. env., 2 m. end., 3 fs (2 m. env., 2 m. end.), 1 m. env.

Rg 3 : glis. 4 m. sur 1 aig. aux. placée derr. le trav., 1 m. end., 2 m. env., 1 m. end., tric. 1 m. end., 2 m. env. et 1 m. end. sur les m. de l'aig. aux., glis. 4 m. sur 1 aig. aux. placée dev. le trav., tric. 1 m. end., 2 m. env., 1 m. end. sur les m. de l'aig. G et 1 m. end., 2 m. env., 1 m. end. sur celles de l'aig. aux.

Rg 4 : 4 fs (1 m. env., 2 m. end., 1 m. env.).

Rgs 5, 7, 9, 11 et 13 : comme le rg 1.

Rgs 6, 8, 10, 12 et 14 : comme le rg 2.

Rg 15 : glis. 4 m. sur 1 aig. aux. placée dev. le trav., tric. sur les m. suiv. de l'aig. G (1 m. end., 2 m. env., 1 m. end.), puis sur les m. de l'aig. aux. (1 m. end., 2 m. env., 1 m. end.), glis. 4 m. sur 1 aig. aux. placée derr. le trav., tric. sur les m. suiv. de l'aig. G (1 m. end., 2 m. env., 1 m. end.), puis sur les m. de l'aig. aux. (1 m. end., 2 m. env., 1 m. end.).

Rg 16 : comme le rg 4.

Rgs 17, 19, 21, 23 : comme le rg 1.

Rgs 18, 20, 22 et 24 : comme le rg 2.

Rép. ces 24 rgs.

TORSADE CÂBLÉE (bords)
TORSADE MIXTE (intermédiaire)
TORSADE FANTAISIE (milieu)

CERCLES ET CROIX

Motif de 8 m. bordé de jers. env.

Rg 1 : (end. du trav.) tric. ttes les m. à l'end.

Rg 2 : tric. ttes les m. à l'env.

Rg 3 : 4ECD, 4ECG.

Rg 4 : tric. ttes les m. à l'env.

Rgs 5 à 8 : comme les rgs 1 à 4.

Rg 9 : tric. ttes les m. à l'end.

Rg 10 : tric. ttes les m. à l'env.

Rg 11 : 4ECG, 4ECD.

Rg 12 : tric. ttes les m. à l'env.

Rgs 13 à 16 : comme les rgs 9 à 12.

Rép. ces 16 rgs.

Torsade TRESSÉE

Torsade de 9 m. bordée de jers. env.

3MCD = glis. 1 m. sur 1 aig. aux. placée derr. le trav., tric. 2 m. end. puis tric. à l'env. la m. de l'aig. aux.

3MCG = glis. 2 m. sur 1 aig. aux. placée dev. le trav., tric. 1 m. env. puis tric. à l'end. les 2 m. de l'aig. aux.

Rg 1 : (end. du trav.) 3MCG, 3MCD, 3MCG.

Rg 2 : 2 m. env., 2 m. end., 4 m. env., 1 m. end.

Rg 3 : 1 m. env., 4ECD, 2 m. env., 2 m. end.

Rg 4 : 2 m. env., 2 m. end., 4 m. env., 1 m. end.

Rg 5 : 3MCD, 3MCG, 3MCD.

Rg 6 : 1 m. end., 4 m. env., 2 m. end., 2 m. env.

Rg 7 : 2 m. end., 2 m. env., 4ECG, 1 m. env.

Rg 8 : 1 m. end., 4 m. env., 2 m. end., 2 m. env.

Rép. ces 8 rgs.

Torsade EN V

Torsade de 16 m. bordée de jers. env.

Rg 1 et ts les rgs impairs : (env. du trav.) tric. ttes les m. à l'env.

Rg 2 : 4 m. end., 4ECD, 4ECG, 4 m. end.

Rg 4 : 2 m. end., 4ECD, 4 m. end., 4ECG, 2 m. end.

Rg 6 : 4ECD, 8 m. end., 4ECG.

Rép. ces 6 rgs.

CERCLES ET CROIX (bords)
TORSADE TRESSÉE (intermédiaire)
TORSADE EN V (milieu)

PANIER TRESSÉ

Multiple de 4 m. plus 2

Rg 1 : (end. du trav.) 2 m. end., *4ECG, rép. depuis * jusqu'à la fin du rg.

Rg 2 : tric. ttes les m. à l'env.

Rg 3 : *4ECD, rép. depuis * jusqu'à 2 m. de la fin du rg, 2 m. end.

Rg 4 : tric. ttes les m. à l'env.

Rép. ces 4 rgs.

Torsade CELTE NOUÉE

Torsade de 20 m. bordée de jers. env.

3MCD = glis. 1 m. sur 1 aig. aux. placée derr. le trav., tric. 2 m. end puis tric. à l'env. la m. de l'aig. aux.

3MCG = glis. 2 m. sur 1 aig. aux. placée dev. le trav., tric. 1 m. env. puis tric. à l'end. les 2 m. de l'aig. aux.

Rg 1 : (end. du trav.) 4 m. env., 4ECD, 4 m. env., 4ECG, 4 m. env.

Rg 2 : 4 m. end., 2 fs (4 m. env., 4 m. end.).

Rg 3 : 3 m. env., 3MCD, 3MCG, 2 m. env., 3MCD, 3MCG, 3 m. env.

Rg 4 : 3 m. end., 3 fs (2 m. env., 2 m. end.), 2 m. env., 3 m. end.

Rg 5 : 2 m. env., 2 fs (3MCD, 2 m. env., 3MCG), 2 m. env.

Rg 6 : 2 m. end., 2 m. env., 4 m. end., 4 m. env., 4 m. end., 2 m. env., 2 m. end.

Rg 7 : 2 m. env., 2 m. end., 4 m. env., 4ECD, 4 m. env., 2 m. end., 2 m. env.

Rg 8 : 2 m. end., 2 m. env., 4 m. end., 4 m. env., 4 m. end., 2 m. env., 2 m. end.

Rg 9 : 2 m. env., 2 m. end., 4 m. env., 4 m. end., 4 m. env., 2 m. end., 2 m. env.

Rg 10 : comme le rg 8.

Rg 11 : comme le rg 7.

Rg 12 : comme le rg 8.

Rg 13 : 2 m. env., 2 fs (3MCG, 2 m. env., 3MCD), 2 m. env.

Rg 14 : comme le rg 4.

Rg 15 : 3 m. env., 3MCG, 3MCD, 2 m. env., 3MCG, 3MCD, 3 m. env.

Rg 16 : comme le rg 2.

Rg 17 : comme le rg 1.

Rg 18 : comme le rg 2.

Rg 19 : comme le rg 3.

Rg 20 : comme le rg 4.

Rg 21 : 3 m. env., 2 fs (2 m. end., 2 m. env.), 2 m. end., glis. les 6 dern. m. sur une aig. G, enrouler le fil 4 fs autour des m. dans le sens inverse des aig. d'une montre et glis. les m sur l'aig. D, 2 m. env., 2 m. end., 3 m. env.

Rg 22 : comme le rg 4.

Rg 23 : comme le rg 15.

Rg 24 : comme le rg 2.

Rép. ces 24 rgs.

TORSADE CELTE NOUÉE

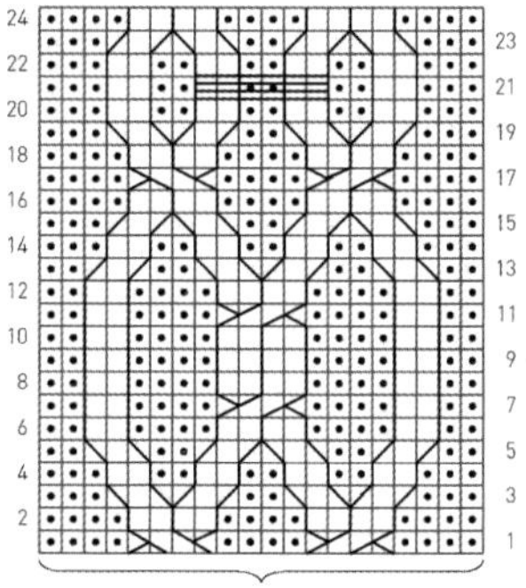

répétition sur 20 m.

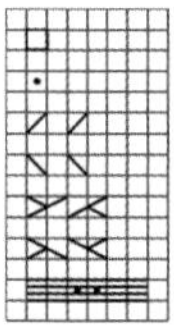

tric. à l'end. sur l'end. et à l'env. sur l'env.

tric. à l'env. sur l'end. et à l'end. sur l'env.

3MCD

3MCG

4ECD

enrouler le fil 4 fs

PANIER TRESSÉ, variante

Multiple de 6 m. plus 2

4MCD = glis. 2 m. sur 1 aig. aux. placée derr. le trav., tric. 2 m. end. puis tric. à l'env. les 2 m. de l'aig. aux.

4MCG = glis. 2 m. sur 1 aig. aux. placée dev. le trav., tric. 2 m. env. puis tric. à l'end. les 2 m. de l'aig. aux.

Rg 1 : (env. du trav.) 3 m. end., 4 m. env., *2 m. end., 4 m. env., rép. depuis * jusqu'à 1 m. de la fin du rg, 1 m. end.

Rg 2 : 1 m. env., 4ECG, *2 m. env., 4ECG, rép. depuis * jusqu'à 3 m. de la fin du rg, 3 m. env.

Rg 3 : comme le rg 1.

Rg 4 : 3 m. env., *2 m. end., 4MCD, rép. depuis * jusqu'à 5 m. de la fin du rg, 4 m. end., 1 m. env.

Rg 5 : 1 m. end., 4 m. env., *2 m. end., 4 m. env., rép. depuis * jusqu'à 3 m. de la fin du rg, 3 m. end.

Rg 6 : 3 m. env., 4ECD, *2 m. env., 4ECD, rép. depuis * jusqu'à 1 m. de la fin du rg, 1 m. env.

Rg 7 : comme le rg 5.

Rg 8 : 1 m. env., 4 m. end., *4MCG, 2 m. end., rép. depuis * jusqu'à 3 m. de la fin du rg, 3 m. env.

Rép. ces 8 rgs.

PANIER TRESSÉ (gauche)
TORSADE CELTE NOUÉE (milieu)
PANIER TRESSÉ, VARIANTE (droite)

La dentelle aux aiguilles

Les exemples qui suivent vont de fines dentelles à des points de filet, en passant par divers points fantaisie. Tous sont très ajourés et ont plus belle allure quand ils sont légèrement tendus et mis en forme. La plupart des échantillons photographiés ont été réalisés avec un fil fin en cachemire afin de mettre leurs jours en valeur. Quelques points, très fréquents dans les dentelles des îles Shetland, ont été tricotés avec une laine shetland extrêmement fine pour montrer l'effet obtenu avec un fil très fin.

Point de CORDOUE

Multiple de 34 m. plus 2

Rg 1 : (end. du trav.) 1 m. end., *3 m. end., tric. 2 m. ens. à l'end., 4 m. end.,1 jeté, 2 m. env., 3 fs (2 m. end., 1 jeté, 1 SS à l'end.), 2 m. env., 1 jeté, 4 m. end., 1 SS à l'end., 3 m. end., rép. depuis * jusqu'à 1 m. de la fin du rg, 1 m. end.

Rg 2 : 1 m. end., *2 m. env., tric. 2 m. ens. à l'env. en piquant sous leurs brins arr., 4 m. env., 1 jeté, 1 m. env., 2 m. end., 3 fs (2 m. env., 1 jeté, tric. 2 m. ens. à l'env.), 2 m. end., 1 m. env., 1 jeté, 4 m. env., tric. 2 m. ens. à l'env., 2 m. env., rép. depuis * jusqu'à 1 m. de la fin du rg, 1 m. end.

Rg 3 : 1 m. end., *1 m. end., tric. 2 m. ens. à l'end., 4 m. end., 1 jeté, 2 m. end., 2 m. env., 3 fs (2 m. end., 1 jeté, 1 SS à l'end.), 2 m. env., 2 m. end., 1 jeté, 4 m. end., 1 SS à l'end., 1 m. end., rép. depuis * jusqu'à 1 m. de la fin du rg, 1 m. end.

Rg 4 : 1 m. end., *tric. 2 m. ens. à l'env. en piquant sous leurs brins arr., 4 m. env., 1 jeté, 3 m. env., 2 m. end., 3 fs (2 m. env., 1 jeté, tric. 2 m. ens. à l'env.), 2 m. end., 3 m. env., 1 jeté, 4 m. env., tric. 2 m. ens. à l'env., rép. depuis * jusqu'à 1 m. de la fin du rg, 1 m. end.

Rgs 5-12 : rép. 2 fs de plus les rgs 1 à 4.

Rg 13 : 1 m. end., *1 jeté, 1 SS à l'end., 2 m. end., 1 jeté, 1 SS à l'end., 2 m. env., 1 jeté, 4 m. end., 1 SS à l'end., 6 m. end., tric. 2 m. ens. à l'end., 4 m. end., 1 jeté, 2 m. env., 2 m. end., 1 jeté, 1 SS à l'end., 2 m. end., rép. depuis * jusqu'à 1 m. de la fin du rg, 1 m. end.

Rg 14 : 1 m. end., *1 jeté, tric. 2 m. ens. à l'env., 2 m. env., 1 jeté, tric. 2 m. ens. à l'env., 2 m. end., 1 m. env., 1 jeté, 4 m. env., tric. 2 m. ens. à l'env., 4 m. env., tric. 2 m. ens. à l'env. en piquant sous leurs brins arr., 4 m. env., 1 jeté, 1 m. env., 2 m. end., 2 m. env., 1 jeté, tric. 2 m. ens. à l'env., 2 m. env., rép. depuis * jusqu'à 1 m. de la fin du rg, 1 m. end.

Rg 15 : 1 m. end., *1 jeté, 1 SS à l'end., 2 m. end., 1 jeté, 1 SS à l'end., 2 m. env., 2 m. end., 1 jeté, 4 m. end., 1 SS à l'end., 2 m. end., tric. 2 m. ens. à l'end., 4 m. end., 1 jeté, 2 m. end., 2 m. env., 2 m. end., 1 jeté, 1 SS à l'end., 2 m. end., rép. depuis * jusqu'à 1 m. de la fin du rg., 1 m. end.

Rg 16 : 1 m. end., *1 jeté, tric. 2 m. ens. à l'env., 2 m. env., 1 jeté, tric. 2 m. ens. à l'env., 2 m. end., 3 m. env., 1 jeté, 4 m. env., tric. 2 m. ens. à l'env., tric. 2 m. ens. à l'env. en piquant sous leurs brins arr., 4 m. env., 1 jeté, 3 m. env., 2 m. end., 2 m. env., 1 jeté, tric. 2 m. ens. à l'env., 2 m. env., rép. depuis * jusqu'à 1 m. de la fin du rg, 1 m. end.

Rgs 17 à 24 : rép. 2 fs de plus les rgs 13 à 16.

Rép. ces 24 rgs.

Point de CORDOU

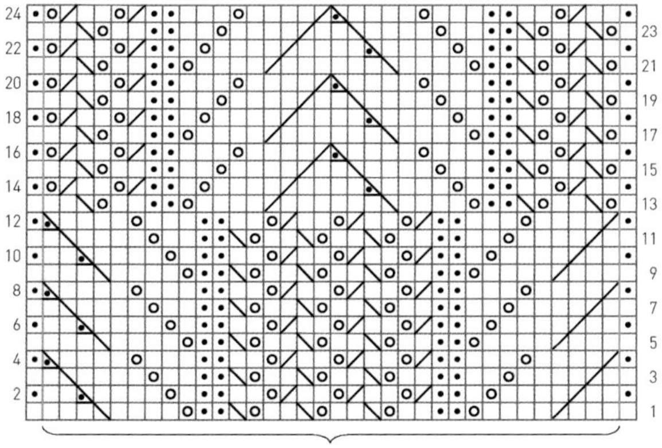

répétition sur 34 m.

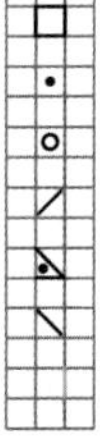

tric. à l'end. sur l'end. du trav. et à l'env. sur l'env.

tric. à l'env. sur l'end. du trav. et à l'end. sur l'env.

jeté

tric. 2 m. ens. à l'end. en piq. sous leurs brins arr.

tric. 2 m. ens. à l'env. sur les rgs env.

SS à l'end.

début et fin de la section à répéter

FOUGÈRES EN DENTELLE

Multiple de 16 m.

Rg 1 : (end. du trav.) *9 m. end., 1 jeté, 1 m. end., 1 jeté, 3 m. end., 1 SD à l'end., rép. depuis * jusqu'à la fin du rg.

Rg 2 et ts les rgs pairs : tric. ttes les m. à l'env.

Rg 3 : *10 m. end., 1 jeté, 1 m. end., 1 jeté, 2 m. end., 1 SD à l'end., rép. depuis * jusqu'à la fin du rg.

Rg 5 : *tric. 3 m. ens. à l'end., 4 m. end., 1 jeté, 1 m. end., 1 jeté, 3 m. end., 2 fs (1 jeté, 1 m. end.), 1 SD à l'end., rép. depuis * jusqu'à la fin du rg.

Rg 7 : *tric. 3 m. ens. à l'end., 3 m. end., 1 jeté, 1 m. end., 1 jeté, 9 m. end., rép. depuis * jusqu'à la fin du rg.

Rg 9 : *tric. 3 m. ens. à l'end., 2 m. end., 1 jeté, 1 m. end., 1 jeté, 10 m. end., rép. depuis * jusqu'à la fin du rg.

Rg 11 : *tric. 3 m. ens. à l'end., 2 fs (1 m. end., 1 jeté), 3 m. end., 1 jeté, 1 m. end., 1 jeté, 4 m. end., 1 SD à l'end., rép. depuis * jusqu'à la fin du rg.

Rg 12 : tric. ttes les m. à l'env.

Rép. ces 12 rgs.

JOURS VERTICAUX ALTERNÉS

Multiple de 6 m. plus 1

Rgs 1, 3, 5, 7, 9 et 11 : (end. du trav.) *1 m. end., tric. 2 m. ens. à l'end., 1 jeté, 1 m. end., 1 jeté, 1 SS à l'end., rép. depuis * jusqu'à 1 m. de la fin du rg, 1 m. end.

Rg 2 et ts les rgs pairs : tric. ttes les m. à l'env.

Rgs 13, 15, 17, 19, 21 et 23 : *1 m. end., 1 jeté, 1 SS à l'end., 1 m. end., tric. 2 m. ens. à l'end., 1 jeté, rép. depuis * jusqu'à 1 m. de la fin du rg, 1 m. end.

Rg 24 : tric. ttes les m. à l'env.

Rép. ces 24 rgs.

Point de DENTELLE

Multiple de 6 m. plus 1

Rg 1 et ts les rgs impairs : (env. du trav.) tric. ttes les m. à l'env.

Rgs 2, 4 et 6 : 1 m. end., *1 jeté, 1 SS à l'end., 1 m. end., tric. 2 m. ens. à l'end., 1 jeté, 1 m. end., rép. depuis * jusqu'à la fin du rg.

Rg 8 : 2 m. end., *1 jeté, 1 SD à l'end., 1 jeté, 3 m. end., rép. depuis *, en term. par 2 m. end.

Rg 10 : 1 m. end., *tric. 2 m. ens. à l'end., 1 jeté, 1 m. end., 1 jeté, 1 SS à l'end., 1 m. end., rép. depuis * jusqu'à la fin du rg.

Rg 12 : tric. 2 m. ens. à l'end., *1 jeté, 3 m. end., 1 jeté, 1 SD à l'end., rép. depuis *, en term. par 1 SS à l'end.

Rép. ces 12 rgs.

FOUGÈRES EN DENTELLE

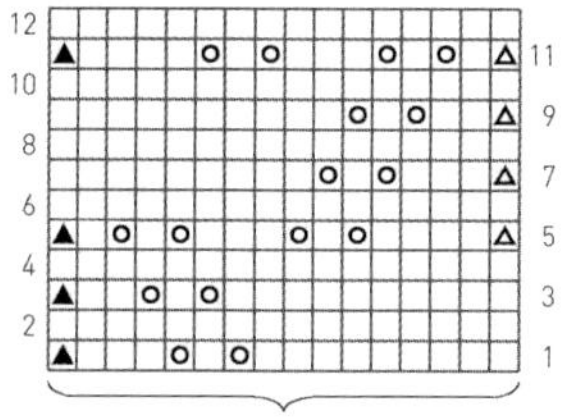

répétition sur 16 m.

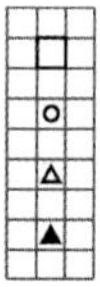

JOURS VERTICAUX ALTERNÉS (haut)
POINT DE DENTELLE (milieu)
FOUGÈRES EN DENTELLE (bas)

ŒIL DE CHAT (réversible)

Multiple de 4 m.

Rg 1 : (end. du trav.) 2 m. env., *1 jeté, tric. 4 m. ens. à l'env., rép. depuis * jusqu'à 2 m. de la fin du rg, 2 m. env.

Rg 2 : 2 m. end., *1 m. end., tric. (1 m. end., 1 m. env., 1 m. end.) dans le jeté, rép. depuis * jusqu'à 2 m. de la fin du rg, 2 m. end.

Rg 3 : tric. ttes les m. à l'end.

Rép. ces 3 rgs.

CHANDELLES

Multiple de 10 m. plus 11

Rg 1 : (end. du trav.) *3 m. end., tric. 2 m. ens. à l'end., 1 jeté, 1 m. end., 1 jeté, 1 SS à l'end., 2 m. end., rép. depuis * jusqu'à 1 m. de la fin du rg, 1 m. end.

Rg 2 et ts les rgs pairs : tric. ttes les m. à l'env.

Rg 3 : *2 m. end., tric. 2 m. ens. à l'end., 2 fs (1 m. end., 1 jeté), 1 m. end., 1 SS à l'end., 1 m. end., rép. depuis * jusqu'à 1 m. de la fin du rg, 1 m. end.

Rg 5 : *1 m. end., tric. 2 m. ens. à l'end., 2 m. end., 1 jeté, 1 m. end., 1 jeté, 2 m. end., 1 SS à l'end., rép. depuis * jusqu'à 1 m. de la fin du rg, 1 m. end.

Rg 7 : tric. 2 m. ens. à l'end., 3 m. end., 1 jeté, 1 m. end., 1 jeté, 3 m. end., *1 SD à l'end., 3 m. end., 1 jeté, 1 m. end., 1 jeté, 3 m. end., rép. depuis * jusqu'à 2 m. de la fin du rg, 1 SS à l'end.

Rg 9 : *1 m. end., 1 jeté, 1 SS à l'end., 5 m. end., tric. 2 m. ens. à l'end., 1 jeté, rép. depuis * jusqu'à 1 m. de la fin du rg, 1 m. end.

Rg 11 : *1 m. end., 1 jeté, 1 m. end., 1 SS à l'end., 3 m. end., tric. 2 m. ens. à l'end., 1 m. end., 1 jeté, rép. depuis * jusqu'à 1 m. de la fin du rg, 1 m. end.

Rg 13 : *1 m. end., 1 jeté, 2 m. end., 1 SS à l'end., 1 m. end., tric. 2 m. ens. à l'end., 2 m. end., 1 jeté, rép. depuis * jusqu'à 1 m. de la fin du rg, 1 m. end.

Rg 15 : *1 m. end., 1 jeté, 3 m. end., 1 SD à l'end., 3 m. end., 1 jeté, rép. depuis * jusqu'à 1 m. de la fin du rg, 1 m. end.

Rg 16 : tric. ttes les m. à l'env.

Rép. ces 16 rgs.

CHANDELLES

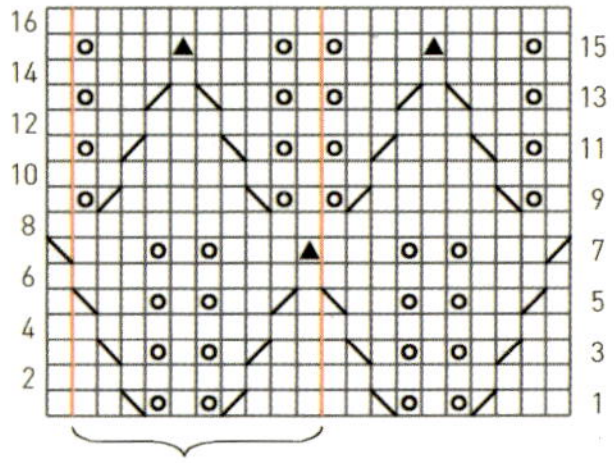

répétition sur 10 m.

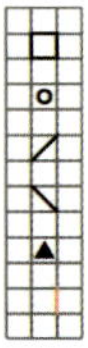

tric. à l'end. sur l'end. et à l'env. sur l'env.

jeté

tric. 2 m. ens. à l'end.

SS à l'end.

SD à l'end.

début et fin de la section à répéter

VAGUES ajourées

Multiple de 10 m. plus 1

Rg 1 : (end. du trav.) tric. 2 m. ens. à l'end., *1 jeté, 3 m. end., 1 jeté, 1 aug. B end., 1 jeté, 3 m. end., 1 jeté, 1 SD à l'end., rép. depuis *, en term. par 1 SS à l'end.

Rg 2 et ts les rgs pairs : tric. ttes les m. à l'env.

Rg 3 : tric. 2 m. ens. à l'end., * 1 jeté, tric. 3 m. ens. à l'end., 1 jeté, tric. 2 m. ens. à l'end., 1 jeté, 1 SS à l'end., 1 jeté, 2 m. glis., 1 m. end., rab. les 2 m. glis., 1 jeté, 1 SD à l'end., rép. depuis *, en term. par 1 SS à l'end.

Rg 5 : 3 m. end., *tric. 2 m. ens. à l'end., 1 jeté, 1 m. end., 1 jeté, 1 SS à l'end., 5 m. end., rép. depuis *, en term. par 3 m. end.

Rg 7 : 2 m. end., *tric. 2 m. ens. à l'end., 1 jeté, 3 m. end., 1 jeté, 1 SS à l'end., 3 m. end., rép. depuis *, en term. par 2 m. end.

Rg 9 : tric. 3 m. ens. à l'end., * 1 jeté, 1 m. end., 1 jeté, 3 m. end., 1 jeté, 1 m. end., 1 jeté, 2 m. glis., 1 m. end., rab. les 2 m. glis., remettre la dern. m. de l'aig. D sur l'aig. G et rab. les 2 m. glis. suiv. dessus, remettre la même m. sur l'aig. D, rép. depuis * jusqu'à 8 m. de la fin du rg, term. par 1 jeté, 1 m. end., 1 jeté, 3 m. end., 1 jeté, 1 m. end., 1 jeté, 2 m. glis., 1 m. end., rab. les 2 m. glis.

Rg 11 : 1 m. end., *tric. 2 m. ens. à l'end., 1 jeté, 1 m. end., 1 jeté, 1 SD à l'end., 1 jeté, 1 m. end., 1 jeté, 1 SS à l'end., 1 m. end., rép. depuis * jusqu'à la fin du rg.

Rg 12 : tric. ttes les m. à l'env.

Rép. ces 12 rgs.

VAGUES AJOURÉES

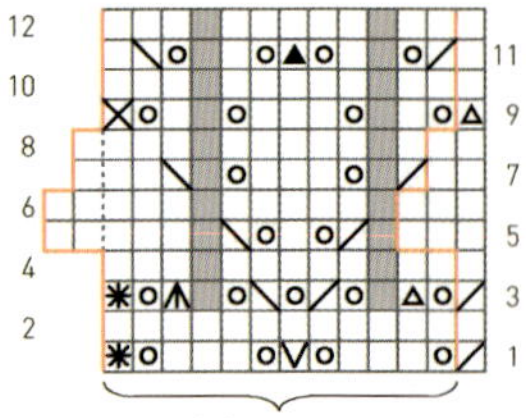

répéter ces mailles

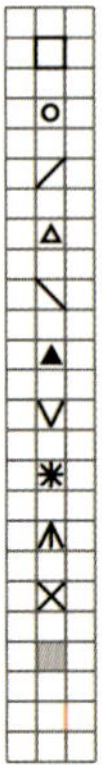

tric. à l'end. sur l'end. et à l'env. sur l'env.

jeté

tric. 2 m. ens. à l'end.

tric. 3 m. ens. à l'end.

SS à l'end.

SD à l'end. (SS à l'end. à la dern. rép.)

1 aug. B end.

SD à l'end. (SS à l'end. à la dernière rép.)

SD à l'end.

2 m. glis., 1 m. end., rab. les m. glis. sur la m. end., remettre sur l'aig. G, rab. les 2 m. suiv. sur la m. tric. (terminer par 2 m. glis, 1 m. end., rab. les 2 m. glis. sur la m. end.)

début et fin de la section à répéter

ŒIL DE CHAT (haut)

CHANDELLES (milieu)

VAGUES AJOURÉES (bas)

Point TURC

Multiple de 2 m.

Ts les rgs : 1 m. end., *1 jeté, 1 SS à l'end., rép. depuis * jusqu'à 1 m. de la fin du rg, 1 m. end.

FEUILLAGE en dentelle

Multiple de 15 m. plus 1

Rg 1 : (end. du trav.) *1 m. end., 1 jeté, 1 m. end., 1 SS à l'end., 1 m. env., tric. 2 m. ens. à l'end., 1 m. end., 1 jeté, 1 m. env., 1 SS à l'end., 1 m. env., tric. 2 m. ens. à l'end., 1 jeté, 1 m. end., 1 jeté, rép. depuis * jusqu'à 1 m. de la fin du rg, 1 m. end.

Rg 2 : 1 m. env., *4 m. env., 1 m. end., 1 m. env., 1 m. end., 3 m. env., 1 m. end., 4 m. env., rép. depuis * jusqu'à la fin du rg.

Rg 3 : *1 m. end., 1 jeté, 1 m. end., 1 SS à l'end., 1 m. env., tric. 2 m. ens. à l'end., 1 m. end., 1 m. env., 1 SD à l'end., 1 jeté, 3 m. end., 1 jeté, rép. depuis * jusqu'à 1 m. de la fin du rg, 1 m. end.

Rg 4 : 1 m. env., *6 m. env., 1 m. end., 2 m. env., 1 m. end., 4 m. env., rép. depuis * jusqu'à la fin du rg.

Rg 5 : *2 fs (1 m. end., 1 jeté), 1 SS à l'end., 1 m. env., tric. 2 fs 2 m. ens. à l'end., 1 jeté, 5 m. end., 1 jeté, rép. depuis * jusqu'à 1 m. de la fin du rg, 1 m. end.

Rg 6 : 1 m. env., *7 m. env., 1 m. end., 1 m. env., 1 m. end., 5 m. env., rép. depuis * jusqu'à la fin du rg.

Rg 7 : *1 m. end., 1 jeté, 3 m. end., 1 jeté, 1 SD à l'end., 1 m. env., 1 jeté, 1 m. end., 1 SS à l'end., 1 m. env., tric. 2 m. ens. à l'end., 1 m. end., 1 jeté, rép. depuis * jusqu'à 1 m. de la fin du rg, 1 m. end.

Rg 8 : 1 m. env., *2 fs (3 m. env., 1 m. end.), 7 m. env., rép. depuis * jusqu'à la fin du rg.

Rg 9 : *1 m. end., 1 jeté, 5 m. end., 1 jeté, tric. 2 m. ens. à l'end. en piquant sous leurs brins arr., 1 m. end., 1 SS à l'end., 1 m. env., tric. 2 m. ens. à l'end., 1 m. end., 1 jeté, rép. depuis * jusqu'à 1 m. de la fin du rg, 1 m. end.

Rg 10 : 1 m. env., *3 m. env., 1 m. end., 2 m. env., 1 m. end., 8 m. env., rép. depuis * jusqu'à la fin du rg.

Rép. ces 10 rgs.

FEUILLAGE EN DENTELLE

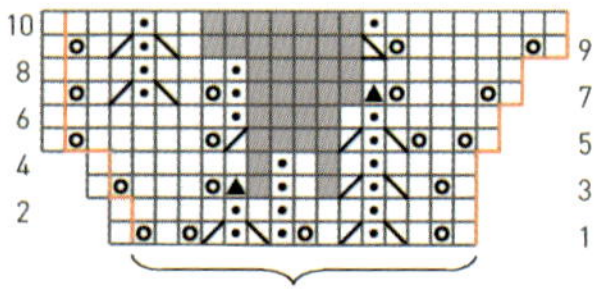

répétition sur 15 m.

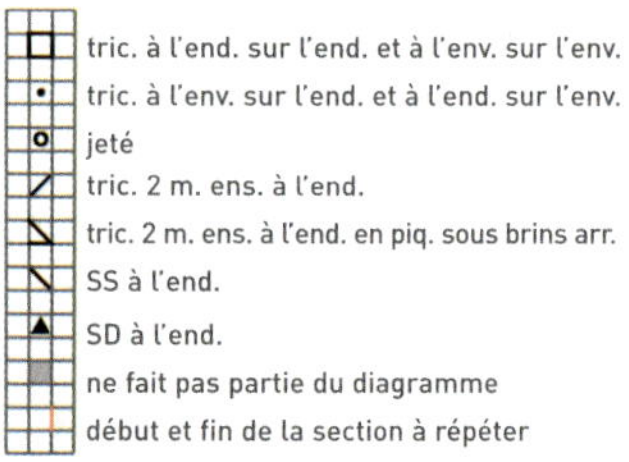

CHUTES DES FEUILLES

Multiple de 10 m. plus 1

Rg 1 : (end. du trav.) 1 m. end., *1 jeté, 3 m. end., 1 SD à l'end., 3 m. end., 1 jeté, 1 m. end., rép. depuis * jusqu'à la fin du rg.

Rg 2 et ts les rgs pairs : tric. ttes les m. à l'env.

Rg 3 : 1 m. end., *1 m. end., 1 jeté, 2 m. end., 1 SD à l'end., 2 m. end., 1 jeté, 2 m. end., rép. depuis * jusqu'à la fin du rg.

Rg 5 : 1 m. end., *2 m. end., 1 jeté, 1 m. end., 1 SD à l'end., 1 m. end., 1 jeté, 3 m. end., rép. depuis * jusqu'à la fin du rg.

Rg 7 : 1 m. end., *3 m. end., 1 jeté, 1 SD à l'end., 1 jeté, 4 m. end., rép. depuis * jusqu'à la fin du rg.

Rg 9 : tric. 2 m. ens. à l'end., *3 m. end., 1 jeté, 1 m. end., 1 jeté, 3 m. end., 1 SD à l'end., rép. depuis *, en term. par 1 SS à l'end.

Rg 11 : tric. 2 m. ens. à l'end., *2 m. end., 1 jeté, 3 m. end., 1 jeté, 2 m. end., 1 SD à l'end., rép. depuis *, en term. par 1 SS à l'end.

Rg 13 : tric. 2 m. ens. à l'end., *1 m. end., 1 jeté, 5 m. end., 1 jeté, 1 m. end., 1 SD à l'end., rép. depuis *, en term. par 1 SS à l'end.

Rg 15 : tric. 2 m. ens. à l'end., *1 jeté, 7 m. end., 1 jeté, 1 SD à l'end., rép. depuis *, en term. par 1 SS à l'end.

Rg 16 : tric. ttes les m. à l'env.

Rép. ces 16 rgs.

CHUTES DES FEUILLES

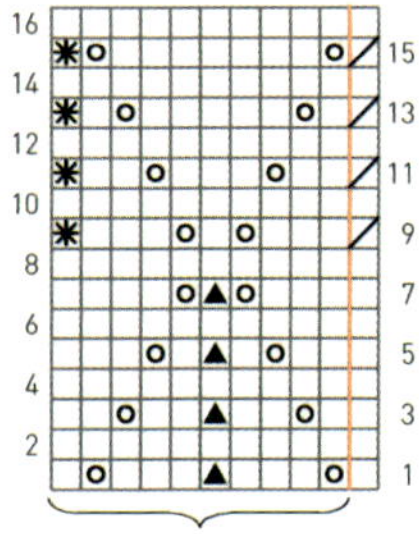

répétition sur 10 m.

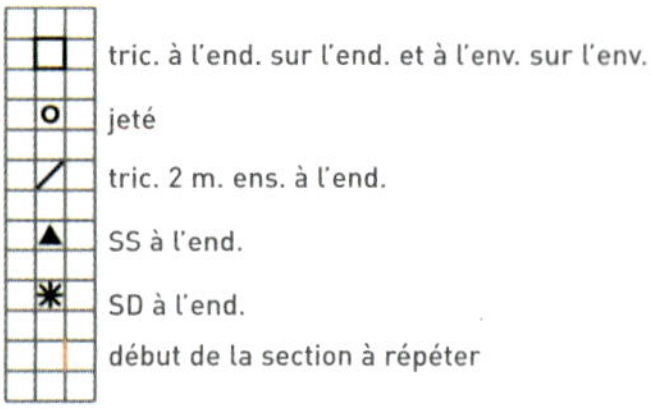

POINT TURC (haut)

FEUILLAGE EN DENTELLE (milieu)

CHUTES DES FEUILLES (bas)

JOURS EN CELLULES

Multiple de 4 m. plus 3

Rg 1 : (end. du trav.) 2 m. end., *1 jeté, 1 SD à l'end., 1 jeté, 1 m. end., rép. depuis * jusqu'à 1 m. de la fin du rg, 1 m. end.

Rg 2 : tric. ttes les m. à l'env.

Rg 3 : 1 m. end., tric. 2 m. ens. à l'end., 1 jeté, 1 m. end., *1 jeté, 1 SD à l'end., 1 jeté, 1 m. end., rép. depuis * jusqu'à 3 m. de la fin du rg, 1 jeté, 1 SS à l'end., 1 m. end.

Rg 4 : tric. ttes les m. à l'env.

Rép. ces 4 rgs.

LOSANGES en dentelle

Multiple de 6 m. plus 1

Rg 1 : (end. du trav.) 1 m. env., *5 m. end., 1 m. env., rép. depuis * jusqu'à la fin du rg.

Rg 2 : 1 m. end., *5 m. env., 1 m. end., rép. depuis * jusqu'à la fin du rg.

Rg 3 : 1 m. env., *1 jeté, 1 SS à l'end., 1 m. end., tric. 2 m. ens. à l'end., 1 jeté, 1 m. env., rép. depuis * jusqu'à la fin du rg.

Rg 4 : 1 m. end., *1 m. end. torse, 3 m. env., 1 m. end. torse, 1 m. end., rép. depuis * jusqu'à la fin du rg.

Rg 5 : 2 m. env., *1 jeté, 1 m. glis., 2 m. end., rab. la m. glis. sur les 2 m. end., 1 jeté, 3 m. env., rép. depuis *, en term. par 2 m. env.

Rg 6 : 2 m. end., *1 m. end. torse, 1 m. env., 1 m. end. torse, 3 m. end., rép. depuis *, en term. par 2 m. end.

Rg 7 : 2 m. env., *tric. 2 m. ens. à l'end., 1 jeté, 1 SS à l'end., 3 m. env., rép. depuis *, en term. par 2 m. env.

Rg 8 : 1 m. end., *tric. 2 m. ens. à l'env. en piquant sous leurs brins arr., 1 jeté, 1 m. env., 1 jeté, tric. 2 m. ens. à l'env., 1 m. end., rép. depuis * jusqu'à la fin du rg.

Rép. ces 8 rgs.

FEUILLES DE POMMIER

Multiple de 19 m. plus 2

Rgs 1 et 3 : (end. du trav.) 1 m. end., *1 SS à l'end., 3 m. end., 2 fs (1 jeté, 1 SS à l'end.), 1 jeté, 1 m. end., 1 jeté, 2 fs (tric. 2 m. ens. à l'end., 1 jeté), 3 m. end., tric. 2 m. ens. à l'end., rép. depuis * jusqu'à 1 m. de la fin du rg, 1 m. end.

Rg 2 et ts les rgs pairs : tric. ttes les m. à l'env.

Rg 5 : 1 m. end., *1 SS à l'end., 2 m. end., 2 fs (1 jeté, tric. 2 m. ens. à l'end.), 1 jeté, 3 m. end., 1 jeté, 2 fs (1 SS à l'end., 1 jeté), 2 m. end., tric. 2 m. ens. à l'end., rép. depuis * jusqu'à 1 m. de la fin du rg, 1 m. end.

Rg 7 : 1 m. end., *1 SS à l'end., 1 m. end., 2 fs (1 jeté, tric. 2 m. ens. à l'end.), 1 jeté, 5 m. end., 1 jeté, 2 fs (1 SS à l'end., 1 jeté), 1 m. end., tric. 2 m. ens. à l'end., rép. depuis * jusqu'à 1 m. de la fin du rg, 1 m. end.

Rg 9 : 1 m. end., *1 SS à l'end., 2 fs (1 jeté, tric. 2 m. ens. à l'end.), 1 jeté, 7 m. end., 1 jeté, 2 fs (1 SS à l'end., 1 jeté), tric. 2 m. ens. à l'end., rép. depuis * jusqu'à 1 m. de la fin du rg, 1 aug. B end.

Rg 11 : 1 m. glis., *1 m. end., rab. la m. glis. sur la m. end., 2 fs (1 jeté, tric. 2 m. ens. à l'end.), 1 jeté, 3 m. end., tric. 2 m. ens. à l'end., 4 m. end., 1 jeté, 2 fs (1 SS à l'end., 1 jeté), 1 m. glis., rép. depuis * jusqu'à 2 m. de la fin du rg, 1 m. end., rab. la m. glis. sur la m. end., 1 m. end.

Rgs 13 et 15 : 1 m. end., *2 fs (1 jeté, tric. 2 m. ens. à l'end.), 1 jeté, 3 m. end., tric. 2 m. ens. à l'end., 1 SS à l'end., 3 m. end., 1 jeté, 2 fs (1 SS à l'end., 1 jeté), 1 m. end., rép. depuis * jusqu'à 1 m. de la fin du rg, 1 m. end.

Rg 17 : 1 m. end., *1 m. end., 2 fs (1 jeté, 1 SS à l'end.), 1 jeté, 2 m. end., tric. 2 m. ens. à l'end., 1 SS à l'end., 2 m. end., 2 fs (1 jeté, tric. 2 m. ens. à l'end.), 1 jeté, 2 m. end., rép. depuis * jusqu'à 1 m. de la fin du rg, 1 m. end.

Rg 19 : 1 m. end., *2 m. end., 2 fs (1 jeté, 1 SS à l'end.), 1 jeté, 1 m. end., tric. 2 m. ens. à l'end., 1 SS à l'end., 1 m. end., 1 jeté, 2 fs (tric. 2 m. ens. à l'end., 1 jeté), 3 m. end., rép. depuis * jusqu'à 1 m. de la fin du rg, 1 m. end.

Rg 21 : 1 m. end., *3 m. end., 2 fs (1 jeté, 1 SS à l'end.), 1 jeté, tric. 2 m. ens. à l'end., 1 SS à l'end., 1 jeté, 2 fs (tric. 2 m. ens. à l'end., 1 jeté), 4 m. end., rép. depuis * jusqu'à 1 m. de la fin du rg, 1 m. end.

Rg 23 : 1 m. end., *4 m. end., 3 fs (1 jeté, 1 SS à l'end.), 1 jeté, 2 fs (tric. 2 m. ens. à l'end., 1 jeté), 3 m. end., tric. 2 m. ens. à l'end., rép. depuis * jusqu'à 1 m. de la fin du rg, 1 m. end.

Rg 24 : tric. ttes les m. à l'env.

Rép. ces 24 rgs.

FEUILLES DE POMMIER

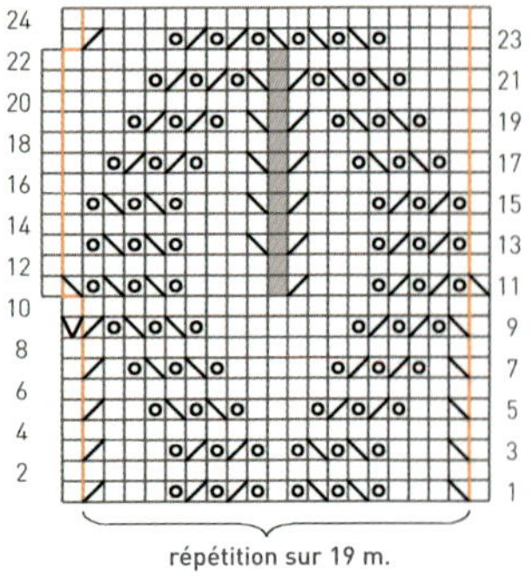

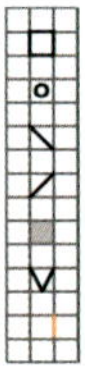

début et fin de la section à répéter

tric. à l'end. sur l'end. et à l'env. sur l'env.

jeté

tric. 2 m. ens. à l'end.

SS à l'end.

ne fait pas partie du diagramme

aug. B end.

JOURS EN CELLULES (haut)

LOSANGES EN DENTELLE (milieu)

FEUILLES DE POMMIER (bas)

GROS JOURS

Multiple de 4 m. plus 1

Rg 1 : (end. du trav.) tric. ttes les m. à l'end.

Rg 2 : *4 m. env., 1 jeté, rép. depuis * jusqu'à 1 m. de la fin du rg, 1 m. env.

Rg 3 : 1 m. end., *faire tomber le jeté du rg précédent, 1 jeté, 1 m. glis., 3 m. end., rab. la m. glis., rép. depuis * jusqu'à la fin du rg.

Rg 4 : tric. ttes les m. à l'env.

Rép. ces 4 rgs.

ÉVENTAIL

Multiple de 20 m. plus 1

Év. (Éventail) = tric. 6 m. end. allongées en piquant dans le 1e œillet du rg 5 et ds les 5 œillets suiv., des rgs 3, 1, 1, 3 et 5 (voir diagramme)

Rg 1 : (end. du trav.) 1 m. end., * 2 end., tric. 2 m. ens. à l'end., 1 jeté, 1 m. end., 1 jeté, 1 SS à l'end., 5 m. end., tric. 2 m. ens. à l'end., 1 jeté, 1 m. end., 1 jeté, 1 SS à l'end., 3 m. end., rép. depuis * jusqu'à la fin du rg.

Rgs 2, 4 et 6 : tric. ttes les m. à l'env.

Rg 3 : 1 m. end., *1 m. end., tric. 2 m. ens. à l'end., 1 jeté, 3 m. end., 1 jeté, 1 SS à l'end., 3 m. end., tric. 2 m. ens. à l'end., 1 jeté, 3 m. end., 1 jeté, 1 SS à l'end., 2 m. end., rép. depuis * jusqu'à la fin du rg.

Rg 5 : 1 m. end., *tric. 2 m. ens. à l'end., 1 jeté, 5 m. end., 1 jeté, 1 SS à l'end., 1 m. end., rép. depuis * jusqu'à la fin du rg.

Rg 7 : 1 m. end., *5 m. end., 1 Év. entier, 10 m. end., 5 m. end., rép. depuis * jusqu'à la fin du rg.

Rg 8 : *5 m. env., tric. ens. à l'env. les 6 bcles et la m. suiv., 9 m. env., tric. ens. à l'env. les 6 bcles et la m. suiv., 4 m. env., rép. depuis * jusqu'à 1 m. de la fin du rg, 1 m. env.

Rg 9 : tric. ttes les m. à l'end.

Rgs 10, 12, 14 et 16 : tric. ttes les m. à l'env.

Rg 11 : 1 m. end., *1 jeté, 1 SS à l'end., 5 m. end., tric. 2 m. ens. à l'end., 1 jeté, 1 m. end., rép. depuis * jusqu'à la fin du rg.

Rg 13 : 1 m. end., *1 m. end., 1 jeté, 1 SS à l'end., 3 m. end., tric. 2 m. ens. à l'end., 1 jeté, 3 m. end., 1 jeté, 1 SS à l'end., 3 m. end., tric. 2 m. ens. à l'end., 1 jeté, 2 m. end., rép. depuis * jusqu'à la fin du rg.

Rg 15 : 1 m. end., *2 m. end., 1 jeté, 1 SS à l'end., 1 m. end., tric. 2 m. ens. à l'end., 1 jeté, 5 m. end., 1 jeté, 1 SS à l'end., 1 m. end., tric. 2 m. ens. à l'end., 1 jeté, 3 m. end., rép. depuis * jusqu'à la fin du rg.

Rg 17 : 1 m. end., 1 demi Év., *10 m. end., 1 Év. entier, 10 m. end., 1 demi Év., rép. depuis * jusqu'à la fin du rg.

Rg 18 : tric. ens. à l'env. 3 bcles et la m. suiv., 9 m. env., tric. ens. à l'env. les 6 bcles et la m. suiv., 9 m. env., rép. depuis * jusqu'à 1 m. de la fin du rg, tric. ens. à l'env. les 3 dern. bcles et la dern. m.

Rg 19 : tric. ttes les m. à l'end.

Rg 20 : tric. ttes les m. à l'env.

Rép. ces 20 rgs.

FEUILLES JUMELÉES

Multiple de 18 m. plus 1

Rg 1 : (end. du trav.) 1 m. env., *4 m. end., tric. 3 m. ens. à l'end., 1 jeté, 1 m. end., 1 jeté, 1 m. env., 1 jeté, 1 m. end., 1 jeté, 2 m. glis., 1 m. end., 1 SD à l'end., 4 m. end., 1 m. env., rép. depuis * jusqu'à la fin du rg.

Rg 2 et ts les rgs pairs : *1 m. end., 8 m. env., rép. depuis * jusqu'à 1 m. de la fin du rg, 1 m. end.

Rg 3 : 1 m. env., *2 m. end., tric. 3 m. ens. à l'end., 2 fs (1 m. end., 1 jeté), 1 m. end., 1 m. env., 1 m. end., 2 fs (1 jeté, 1 m. end.), 2 m. glis., 1 m. end., rab. les 2 m. glis. sur la m. end., 2 m. end., 1 m. env., rép. depuis * jusqu'à la fin du rg.

Rg 5 : 1 m. env., *tric. 3 m. ens. à l'end., 2 m. end., 1 jeté, 1 m. end., 1 jeté, 2 m. end., 1 m. env., 2 m. end., 1 jeté, 1 m. end., 1 jeté, 2 m. end., 2 m. glis., 1 m. end., rab. les 2 m. glis. sur la m. end., 1 m. env., rép. depuis * jusqu'à la fin du rg.

Rg 6 : *1 m. end., 8 m. env., rép. depuis * jusqu'à 1 m. de la fin du rg, 1 m. end.

Rép. ces 6 rgs.

ÉVENTAIL en dentelle

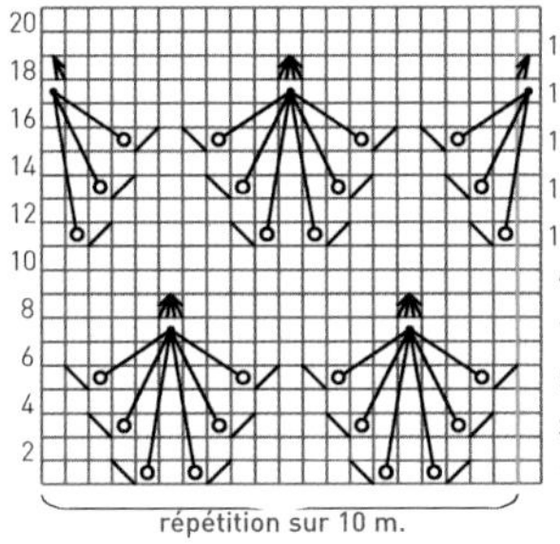

répétition sur 10 m.

- tric. à l'end. sur l'end. et à l'env. sur l'env.
- jeté
- tric. 2 m. ens. à l'end.
- tric. 3 m. ens. à l'env.
- tric. 6 m. ens. à l'env.
- SS à l'end.
- début et fin de la section à répéter

FEUILLES JUMELÉES en dentelle

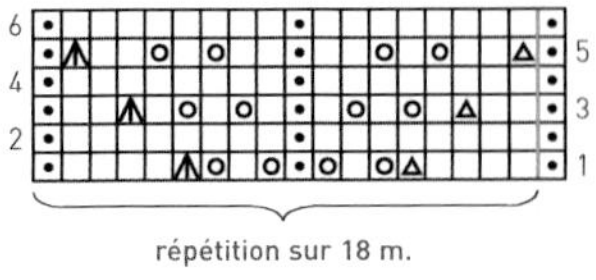

répétition sur 18 m.

- tric. à l'end. sur l'end. et à l'env. sur l'env.
- tric. à l'env. sur l'end. et à l'end. sur l'env.
- jeté
- tric. 3 m. ens. à l'end.
- SD à l'end.
- début et fin de la section à répéter

GROS JOURS (haut)
ÉVENTAIL (milieu)
FEUILLES JUMELÉES (bas)

MOTIF GOTHIQUE

Multiple de 10 m. plus 1

Rg 1 : (end. du trav.) 1 m. end., *1 jeté, 1 SS à l'end., 5 m. end., tric. 2 m. ens. à l'end., 1 jeté, 1 m. end., rép. depuis * jusqu'à la fin du rg.

Rg 2 et ts les rgs pairs : tric. ttes les m. à l'env.

Rg 3 : 2 m. end., *1 jeté, 1 SS à l'end., 3 m. end., tric. 2 m. ens. à l'end., 1 jeté, 3 m. end., rép. depuis *, en term. par 2 m. end.

Rg 5 : 3 m. end., *1 jeté, 1 SS à l'end., 1 m. end., tric. 2 m. ens. à l'end., 1 jeté, 5 m. end., rép. depuis *, en term. par 3 m. end.

Rg 7 : 4 m. end., *1 jeté, 1 SD à l'end., 1 jeté, 7 m. end., rép. depuis *, en term. par 4 m. end.

Rg 9 : 1 m. end., *1 jeté, 1 SS à l'end., tric. 2 m. ens. à l'end., 1 jeté, 1 m. end., rép. depuis * jusqu'à la fin du rg.

Rg 10 : tric. ttes les m. à l'env.

Rgs 11 à 18 : rép. 4 fs les rgs 9 et 10.

Rg 19 : comme le rg 3.

Rg 21 : comme le rg 5.

Rg 23 : comme le rg 7.

Rg 24 : tric. ttes les m. à l'env.

Rép. ces 24 rgs.

JOURS HORIZONTAUX

Multiple de 5 m. plus 2

Rg 1 : (env. du trav.) tric. ttes les m. à l'end.

Rg 2 : tric. ttes les m. à l'env.

Rg 3 : 1 m. end., *piquer l'aig. D dans la m. suiv., faire 3 jetés et les ramener à travers la m. d'origine en la faisant tomber de l'aig. G, rép. depuis * jusqu'à 1 m. de la fin du rg, 1 m. end.

Rg 4 : 1 m. end., *glis. 5 m. en laissant tomber les jetés supplémentaires, remettre les 5 m. sur l'aig. G, tric. en prenant les 5 m. ens. (2 fs [1 m. end., 1 m. env.], 1 m. end.), rép. depuis * jusqu'à 1 m. de la fin du rg, 1 m. end.

Rg 5 : tric. ttes les m. à l'end.

Rg 6 : tric. ttes les m. à l'env.

Rép. ces 6 rgs.

POINT CROISÉ FANTAISIE

Multiple de 6 m.

Rg 1 : (end. du trav.) *1 m. glis., 2 m. end., rab. la m. glis., 3 m. end., rép. depuis * jusqu'à la fin du rg.

Rg 2 : 4 m. env., *1 jeté, 5 m. env., rép. depuis * jusqu'à 1 m. de la fin du rg, 1 jeté, 1 m. env.

Rg 3 : *3 m. end., 1 m. glis., 2 m. end., rab. la m. glis., rép. depuis * jusqu'à la fin du rg.

Rg 4 : 1 m. env., *1 jeté, 5 m. env., rép. depuis * jusqu'à 4 m. de la fin du rg, 1 jeté, 4 m. env.

Rép. ces 4 rgs.

MOTIF GOTHIQUE (haut)
JOURS HORIZONTAUX (milieu)
POINT CROISÉ FANTAISIE (bas)

Point de PERLE

Multiple de 6 m. plus 11

SD à l'env. (Surjet double tric. à l'env.) = glis. 1 m., tric. 2 m. ens. à l'env., rab. la m. glis.

SS à l'env. (Surjet simple tric. à l'env.) = glis. 1 m., tric. 1 m. env., rab. la m. glis.

Rg 1 : (end. du trav.) 3 m. end., tric. 2 m. ens. à l'end., 1 jeté, 1 m. end., 1 jeté, 1 SS à l'end., *1 m. end., tric. 2 m. ens. à l'end., 1 jeté, 1 m. end., 1 jeté, 1 SS à l'end., rép. depuis * jusqu'à 3 m. de la fin du rg, 3 m. end.

Rg 2 : 2 m. env., (1 m. env., remettre la m. sur l'aig. G, rab. la 2e m. dessus et remettre la m. sur l'aig. D), *1 jeté, 3 m. env., 1 jeté, 1 SD à l'env., rép. depuis * jusqu'à 7 m. de la fin du rg, 1 jeté, 3 m. env., 1 jeté, 1 SS à l'env., 2 m. env.

Rg 3 : 3 m. end., 1 jeté, 1 SS à l'end., 1 m. end., tric. 2 m. ens. à l'end., 1 jeté, *1 m. end., 1 jeté, 1 SS à l'end., 1 m. end., tric. 2 m. ens. à l'end., 1 jeté, rép. depuis * jusqu'à 3 m. de la fin du rg, 3 m. end.

Rg 4 : 1 m. env., (tric. 1 m. env., la remettre sur l'aig. G, rab. la 2e m. dessus puis remettre la m. sur l'aig. D), 1 jeté, *1 m. env., 1 jeté, 1 SD à l'env., 1 jeté, 2 m. env., rép. depuis * jusqu'à 7 m. de la fin du rg, 1 m. env., 1 jeté, 1 SD à l'env., 1 jeté, 1 m. env., 1 jeté, 1 SS à l'env., 1 m. env.

Rép. ces 4 rgs.

1 m. end.

Rg 8 : tric. ttes les m. à l'env.

Rép. ces 8 rgs.

FEUILLES en quinconce

Multiple de 12 m. plus 1

Rg 1 : (end. du trav.) 1 m. env., *1 SS à l'end., 3 m. end., 1 jeté, 1 m. env., 1 jeté, 3 m. end., tric. 2 m. ens. à l'end., 1 m. env., rép. depuis * jusqu'à la fin du rg.

Rg 2 : 1 m. end., *5 m. env., 1 m. end., rép. depuis * jusqu'à la fin du rg.

Rgs 3 à 6 : rép. 2 fs de plus les rgs 1 et 2.

Rg 7 : 1 m. env., *1 jeté, 3 m. end., tric. 2 m. ens. à l'end., 1 m. env., 1 SS à l'end., 3 m. end., 1 jeté, 1 m. env., rép. depuis * jusqu'à la fin du rg.

Rg 8 : comme le rg 2.

Rg 9 : 2 m. env., *1 jeté, 2 m. end., tric. 2 m. ens. à l'end., 1 m. env., 1 SS à l'end., 2 m. end., 1 jeté, 3 m. env., rép. depuis *, en term. par 2 m. env.

Rg 10 : 2 m. end., *4 m. env., 1 m. end., 4 m. env., 3 m. end., rép. depuis *, en term. par 2 m. end.

Rg 11 : 3 m. env., *1 jeté, 1 m. end., tric. 2 m. ens. à l'end., 1 m. env., 1 SS à l'end., 1 m. end., 1 jeté, 5 m. env., rép. depuis *, en term. par 3 m. end.

Rg 12 : 3 m. end., *3 m. env., 1 m. end., 3 m. env., 5 m. end., rép. depuis *, en term. par 3 m. end.

Rg 13 : 4 m. env., *1 jeté, tric. 2 m. ens. à l'end., 1 m. env., 1 SS à l'end., 1 jeté, 7 m. env., rép. depuis *, en term. par 4 m. env.

Rg 14 : 4 m. end., *2 m. env., 1 m. end., 2 m. env., 7 m. end., rép. depuis *, en term. par 4 m. env.

Rg 15 : comme le rg 7.

Rg 16 : comme le rg 2.

Rgs 17 à 20 : rép. 2 fs de plus les rgs 15 et 16.

Rg 21 : comme le rg 1.

Rg 22 : comme le rg 2.

Rg 23 : 1 m. env., *1 SS à l'end., 2 m. end., 1 jeté, 3 m. env., 1 jeté, 2 m. end., tric. 2 m. ens. à l'end., 1 m. env., rép. depuis * jusqu'à la fin du rg.

Rg 24 : 1 m. end., *4 m. env., 3 m. end., 4 m. env., 1 m. end., rép. depuis * jusqu'à la fin du rg.

Rg 25 : 1 m. env., *1 SS à l'end., 1 m. end., 1 jeté, 5 m. env., 1 jeté, 1 m. end., tric. 2 m. ens. à l'end., 1 m. env., rép. depuis * jusqu'à la fin du rg.

Rg 26 : 1 m. end., *3 m. env., 5 m. end., 3 m. env., 1 m. end., rép. depuis * jusqu'à la fin du rg.

Rg 27 : 1 m. env., *1 SS à l'end., 1 jeté, 7 m. env., 1 jeté, tric. 2 m. ens. à l'end., 1 m. env., rép. depuis * jusqu'à la fin du rg.

Rg 28 : 1 m. end., *2 m. env., 7 m. end., 2 m. env., 1 m. end., rép. depuis * jusqu'à la fin du rg.

Rép. ces 28 rgs.

OGIVES

Multiple de 8 m. plus 3

Rgs 1 et 3 : (end. du trav.) 1 m. end., tric. 2 m. ens. à l'end., 1 jeté, *5 m. end., 1 jeté, 1 SD à l'end., 1 jeté, rép. depuis * jusqu'à 8 m. de la fin du rg, 5 m. end., 1 jeté, 1 SS à l'end., 1 m. end.

Rg 2 et ts les rgs pairs : tric. ttes les m. à l'env.

Rg 5 : 3 m. end., *1 jeté, 1 SS à l'end., 1 m. end., tric. 2 m. ens. à l'end., 1 jeté, 3 m. end., rép. depuis * jusqu'à la fin du rg.

Rg 7 : 1 m. end., tric. 2 m. ens. à l'end., 1 jeté, *1 m. end., 1 jeté, 1 SD à l'end., 1 jeté, rép. depuis * jusqu'à 4 m. de la fin du rg, 1 m. end., 1 jeté, 1 SS à l'end.,

FEUILLES EN QUINCONCE

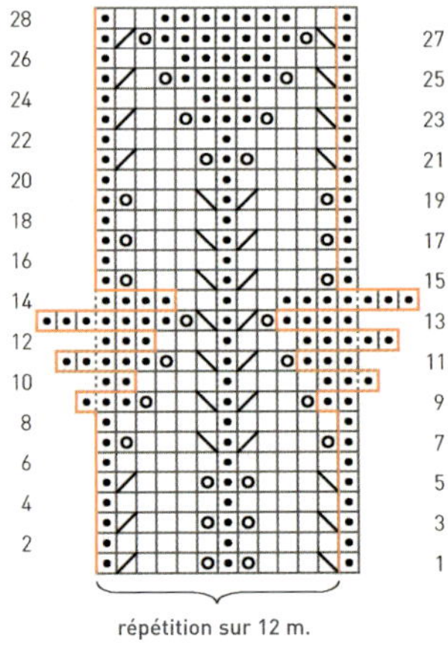

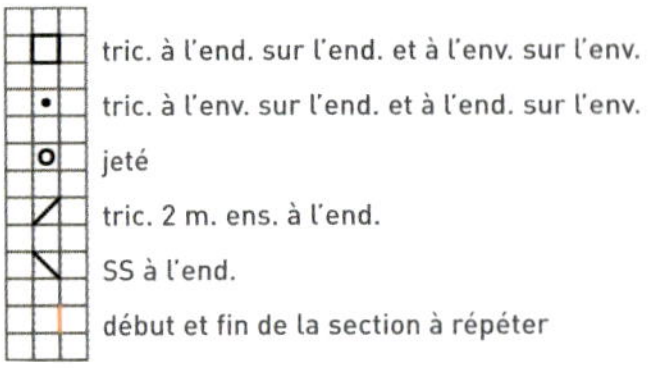

POINT DE PERLE (haut)
OGIVES (milieu)
FEUILLES EN QUINCONCE (bas)

PLUME ET ÉVENTAIL

Multiple de 13 m. plus 15

Rg 1 : (env. du trav.) avec un fil contrasté, term. le rg en m. end.

Rg 2 : avec le fil principal, 7 m. end., * tric. 3 fs (1 m. end., 1 m. env.) ds la m. suiv., 12 m. end., rép. depuis * jusqu'à 8 m. de la fin du rg, tric. 3 fs (1 m. end., 1 m. env.) ds la m. suiv., 7 m. end.

Rg 3 : 7 m. end., *6 m. env., 12 m. end., rép. depuis * jusqu'à 13 m. de la fin du rg, 6 m. env., 7 m. end.

Rg 4 : tric. ttes les m. à l'end.

Rg 5 : comme le rg 3.

Rg 6 : 1 m. end., tric. 2 fs 2 m. ens. à l'end., 4 m. end., *1 jeté, 2 m. end., 1 jeté, 4 m. end., tric. 4 fs 2 m. ens. à l'end., 4 m. end., rép. depuis *, en term. par tric. 2 fs 2 m. ens. à l'end., 1 m. end.

Rg 7 : 5 m. end., *8 m. env., 8 m. end., rép. depuis * jusqu'à 13 m. de la fin du rg, 8 m. env., 5 m. end.

Rg 8 : 1 m. end., tric. 2 fs 2 m. ens. à l'end., *2 fs (tric. 2 m. ens. à l'end. en piquant sous leurs brins arr., 1 jeté, 1 m. end., 1 jeté), tric. 5 fs 2 m. ens. à l'end., rép. depuis *, en term. par tric. 3 fs 2 m. ens. à l'end., 1 m. end.

Rg 9 : 3 m. end., *9 m. env., 4 m. end., rép. depuis * jusqu'à 12 m. de la fin du rg, 9 m. env., 3 m. end.

Rg 10 : 1 m. end., tric. 2 m. ens. à l'end., tric. 2 m. ens. à l'end. en piquant sous leurs brins arr., *5 fs (1 jeté, 1 m. end.), 1 jeté, tric. 3 fs 2 m. ens. à l'end., tric. 2 m. ens. à l'end. en piquant sous leurs brins arr., rép. depuis *, en term. par tric. 2 fs 2 m. ens. à l'end., 1 m. end.

Rg 11 : 1 m. end., *tric. 2 m. ens. à l'env. en piquant sous leurs brins arr., 11 m. env., tric. 2 m. ens. à l'env., rép. depuis * jusqu'à 1 m. de la fin du rg, 1 m. end.

Rgs 12 et 13 : avec un fil contrasté, term. le rg en m. end.

Rép. les rgs 2 à 13.

GUIRLANDE DE COURONNES

Multiple de 14 m. plus 1

Rg 1 : (end. du trav.) 1 m. end., *1 SS à l'end., 9 m. end., tric. 2 m. ens. à l'end., 1 m. end., rép. depuis * jusqu'à la fin du rg.

Rg 2 : *1 m. env., tric. 2 m. ens. à l'env., 7 m. env., tric. 2 m. ens. à l'env. en piquant sous leurs brins arr., rép. depuis * jusqu'à 1 m. de la fin du rg, 1 m. env.

Rg 3 : 1 m. end., *1 SS à l'end., 2 m. end., 3 jetés, 3 m. end., tric. 2 m. ens. à l'end., 1 m. end., rép. depuis * jusqu'à la fin du rg.

Rg 4 : *1 m. env., tric. 2 m. ens. à l'env., 2 m. env., tric. dans chaque jeté (1 m. end., 1 m. env., 1 m. end., 1 m. env., 1 m. end.), 1 m. env., tric. 2 m. ens. à l'env. en piquant sous leurs brins arr., rép. depuis * jusqu'à 1 m. de la fin du rg, 1 m. env.

Rg 5 : 1 m. end., *1 SS à l'end., 6 m. end., tric. 2 m. ens. à l'end., 1 m. end., rép. depuis * jusqu'à la fin du rg.

Rg 6 : *1 m. env., tric. 2 m. ens. à l'env., 6 m. env., rép. depuis *, en term. par 1 m. env.

Rg 7 : 1 m. end., *1 m. end., 6 fs (1 jeté, 1 m. end.), 1 m. end., rép. depuis * jusqu'à la fin du rg.

Rgs 8 et 11 : tric. ttes les m. à l'env.

Rgs 9 et 10 : tric. ttes les m. à l'end.

Rg 12 : tric. ttes les m. à l'end.

Rép. ces 12 rgs.

JOURS EN ANGLES

Multiple de 10 m. plus 1

Rg 1 : (end. du trav.) 1 m. end., *1 jeté, 3 m. end., 1 SD à l'end., 3 m. end., 1 jeté, 1 m. end., rép. depuis * jusqu'à la fin du rg.

Rg 2 et ts les rgs pairs : tric. ttes les m. à l'env.

Rg 3 : 1 m. end., *1 m. end., 1 jeté, 2 m. end., 1 SD à l'end., 2 m. end., 1 jeté, 2 m. end., rép. depuis * jusqu'à la fin du rg.

Rg 5 : 1 m. end., *2 m. end., 1 jeté, 1 m. end., 1 SD à l'end., 1 m. end., 1 jeté, 3 m. end., rép. depuis * jusqu'à la fin du rg.

Rg 7 : 1 m. end., *3 m. end., 1 jeté, 1 SD à l'end., 1 jeté, 4 m. end., rép. depuis * jusqu'à la fin du rg.

Rg 8 : tric. ttes les m. à l'env.

Rép. ces 8 rgs.

JOURS EN ANGLES (haut)
GUIRLANDE DE COURONNES (milieu)
PLUME ET ÉVENTAIL (bas)

DENTELLE À L'ANCIENNE

Multiple de 24 m. plus 1

Rg 1 : (end. du trav.) *2 m. end., 1 jeté, tric. 2 m. ens. à l'end., 1 m. end., tric. 2 m. ens. à l'end., 3 m. end., 1 jeté, 1 SS à l'end., 1 jeté, 1 m. env., 1 jeté, 2 m. end., 1 jeté, 2 fs (1 SS à l'end., 1 m. end.), 1 SS à l'end., 1 jeté, 1 m. end., rép. depuis * jusqu'à 1 m. de la fin du rg, 1 m. end.

Rg 2 : 1 m. env., *7 m. env., 1 jeté, tric. 2 m. ens. à l'env., 5 m. env., 1 jeté, tric. 2 m. ens. à l'env., 8 m. env., rép. depuis * jusqu'à la fin du rg.

Rg 3 : *1 m. end., 1 jeté, tric. 2 m. ens. à l'end., 1 m. end., tric. 2 m. ens. à l'end., 3 m. end., 1 jeté, 1 SS à l'end., 2 fs (1 m. end., 1 jeté), 3 m. end., 1 jeté, 2 fs (1 SS à l'end., 1 m. end.), 1 SS à l'end., 1 jeté, rép. depuis * jusqu'à 1 m. de la fin du rg, 1 m. end.

Rg 4 : 1 m. env., *6 m. env., 1 jeté, tric. 2 m. ens. à l'env., 7 m. env., 1 jeté, tric. 2 m. ens. à l'env., 7 m. env., rép. depuis * jusqu'à la fin du rg.

Rg 5 : *3 m. end., tric. 2 m. ens. à l'end., 3 m. end., 1 jeté, 1 SS à l'end., 1 m. end., 1 jeté, 2 fs (3 m. end., 1 jeté), 1 SS à l'end., 1 m. end., 1 SS à l'end., 2 m. end., rép. depuis * jusqu'à 1 m. de la fin du rg, 1 m. end.

Rg 6 : 1 m. env., *5 m. env., 1 jeté, tric. 2 m. ens. à l'env., 9 m. env., 1 jeté, tric. 2 m. ens. à l'env., 6 m. env., rép. depuis * jusqu'à la fin du rg.

Rg 7 : *2 m. end., tric. 2 m. ens. à l'end., 3 m. end., 1 jeté, 1 SS à l'end., 3 m. end., 1 jeté, 1 m. end., 1 jeté, 5 m. end., 1 jeté, 2 fs (1 SS à l'end., 1 m. end.), rép. depuis * jusqu'à 1 m. de la fin du rg, 1 m. end.

Rg 8 : 1 m. env., *4 m. env., 1 jeté, tric. 2 m. ens. à l'env., 11 m. env., 1 jeté, tric. 2 m. ens. à l'env., 5 m. env., rép. depuis * jusqu'à la fin du rg.

Rg 9 : *1 m. end., tric. 2 m. ens. à l'end., 3 m. end., 1 jeté, 1 SS à l'end., 2 fs (3 m. end., 1 jeté), 5 m. end., 1 jeté, 1 SS à l'end., 1 m. end., 1 SS à l'end., rép. depuis * jusqu'à 1 m. de la fin du rg, 1 m. end.

Rg 10 : 1 m. env., *3 m. env., 1 jeté, tric. 2 m. ens. à l'env., 13 m. env., 1 jeté, tric. 2 m. ens. à l'env., 4 m. env., rép. depuis * jusqu'à la fin du rg.

Rg 11 : 1 SS à l'end., *3 m. end., 1 jeté, 1 SS à l'end., 1 m. end., 1 SS à l'end., 1 jeté, 2 m. end., 1 jeté, 1 m. end., 1 jeté, 2 m. end., 1 jeté, tric. 2 m. ens. à l'end., 3 m. end., 1 jeté, 1 SS à l'end., 1 m. end., 1 SD à l'end., rép. depuis *, en term. par 1 SS à l'end.

Rg 12 : 1 m. env., *2 m. env., 1 jeté, tric. 2 m. ens. à l'env., 15 m. env., 1 jeté, tric. 2 m. ens. à l'env., 3 m. env., rép. depuis * jusqu'à la fin du rg.

Rg 13 : 1 SS à l'end., *2 m. end., 1 jeté, 1 SS à l'end., 5 m. end., 1 jeté, 3 m. end., 1 jeté, 7 m. end., 1 jeté, 1 SS à l'end., 1 SD à l'end., rép. depuis *, en term. par 2 SS à l'end.

Rg 14 : 1 m. end., *1 m. env., 1 jeté, tric. 2 m. ens. à l'env., 17 m. env., 1 jeté, tric. 2 m. ens. à l'env., 1 m. env., 1 m. end., rép. depuis * jusqu'à la fin du rg.

Rg 15 : *1 m. env., 1 jeté, 2 m. end., 1 jeté, 2 fs (1 SS à l'end., 1 m. end.), 1 SS à l'end., 1 jeté, 3 m. end., 1 jeté, tric. 2 m. ens. à l'end., 1 m. end., tric. 2 m. ens. à l'end., 3 m. end., 1 jeté, 1 SS à l'end., 1 jeté, rép. depuis * jusqu'à 1 m. de la fin du rg, 1 m. env.

Rg 16 : comme le rg 12.

Rg 17 : *1 m. end., 1 jeté, 3 m. end., 1 jeté, 2 fs (1 SS à l'end., 1 m. end.), 1 SS à l'end., 1 jeté, 1 m. end., 1 jeté, tric. 2 m. ens. à l'end., 1 m. end., tric. 2 m. ens. à l'end., 3 m. end., 1 jeté, 1 SS à l'end., 1 m. end., 1 jeté, rép. depuis * jusqu'à 1 m. de la fin du rg, 1 m. end.

Rg 18 : comme le rg 10.

Rg 19 : *2 m. end., 1 jeté, 3 m. end., 1 jeté, 1 SS à l'end., 1 m. end., 1 SS à l'end., 5 m. end., tric. 2 m. ens. à l'end., 3 m. end., 1 jeté, 1 SS à l'end., 1 m. end., 1 jeté, 1 m. end., rép. depuis * jusqu'à 1 m. de la fin du rg, 1 m. end.

Rg 20 : comme le rg 8.

Rg 21 : *1 m. end., 1 jeté, 5 m. end., 1 jeté, 1 SS à l'end., 1 m. end., 1 SS à l'end., 3 m. end., tric. 2 m. ens. à l'end., 3 m. end., 1 jeté, 1 SS à l'end., 3 m. end., 1 jeté, rép. depuis * jusqu'à 1 m. de la fin du rg, 1 m. end.

Rg 22 : comme le rg 6.

Rg 23 : *2 m. end., 1 jeté, 5 m. end., 1 jeté, 1 SS à l'end., 1 m. end., 1 SS à l'end., 1 m. end., tric. 2 m. ens. à l'end., 3 m. end., 1 jeté, 1 SS à l'end., 3 m. end., 1 jeté, 1 m. end., rép. depuis * jusqu'à 1 m. de la fin du rg, 1 m. end.

Rg 24 : comme le rg 4.

Rg 25 : *1 m. end., 1 jeté, 2 m. end., 1 jeté, tric. 2 m. ens. à l'end., 3 m. end., 1 jeté, 1 SS à l'end., 1 m. end., 1 SD à l'end., 3 m. end., 1 jeté, 1 SS à l'end., 1 m. end., 1 SS à l'end., 1 jeté, 2 m. end., 1 jeté, rép. depuis * jusqu'à 1 m. de la fin du rg, 1 m. end.

Rg 26 : comme le rg 2.

Rg 27 : *2 m. end., 1 jeté, 7 m. end., 1 jeté, 1 SS à l'end., 1 SD à l'end., 2 m. end., 1 jeté, 1 SS à l'end., 5 m. end., 1 jeté, 1 m. end., rép. depuis * jusqu'à 1 m. de la fin du rg, 1 m. end.

Rg 28 : 1 m. env., *8 m. env., 1 jeté, tric. 2 m. ens. à l'env., 1 m. env., 1 m. end., 1 m. env., 1 jeté, tric. 2 m. ens. à l'env., 9 m. env., rép. depuis * jusqu'à la fin du rg.

Rép. ces 28 rgs.

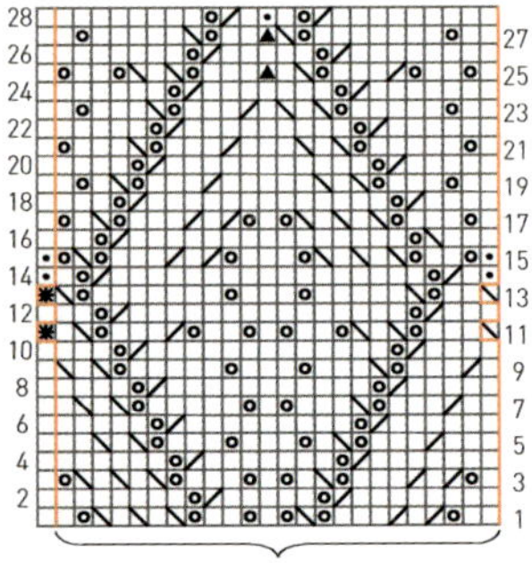

répétition sur 24 m.

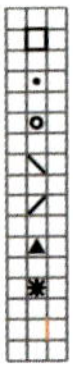

- tric. à l'end. sur l'end. et à l'env. sur l'env.
- tric. à l'env. sur l'end. et à l'end. sur l'env.
- jeté
- tric. 2 m. ens. à l'end.
- SS à l'end.
- SD à l'end.
- SD à l'end. (SS à l'end. à la dern. rép.)
- début et fin de la section à répéter

EMPREINTE DES VAGUES

Multiple de 22 m. plus 3

Rg 1 : (end. du trav.) 4 m. end., *tric. 2 m. ens. à l'end., 3 m. end., 2 fs (1 jeté, tric. 2 m. ens. à l'end.), 1 jeté, 13 m. end., rép. depuis *, en term. par 12 m. end.

Rg 2 et ts les rgs pairs : tric. ttes les m. à l'env.

Rg 3 : 3 m. end., *tric. 2 m. ens. à l'end., 3 m. end., 1 jeté, 1 m. end., 1 jeté, 2 fs (1 SS à l'end., 1 jeté), 3 m. end., 1 SS à l'end., 7 m. end., rép. depuis * jusqu'à la fin du rg.

Rg 5 : 2 m. end., *tric. 2 m. ens. à l'end., 2 fs (3 m. end., 1 jeté), 2 fs (1 SS à l'end., 1 jeté), 3 m. end., 1 SS à l'end., 5 m. end., rép. depuis * jusqu'à 1 m. de la fin du rg, 1 m. end.

Rg 7 : 1 m. end., *tric. 2 m. ens. à l'end., 3 m. end., 1 jeté, 5 m. end., 1 jeté, 2 fs (1 SS à l'end., 1 jeté), 3 m., 1 SS à l'end., 3 m. end., rép. depuis * jusqu'à 2 m. de la fin du rg, 2 m. end.

Rg 9 : *12 m. end., 1 jeté, 2 fs (1 SS à l'end., 1 jeté), 3 m. end., 1 SS à l'end., 1 m. end., rép. depuis * jusqu'à 3 m. de la fin du rg, 3 m. end.

Rg 11 : *7 m. end., tric. 2 m. ens. à l'end., 3 m. end., 2 fs (1 jeté, tric. 2 m. ens. à l'end.), 1 jeté, 1 m. end., 1 jeté, 3 m. end., 1 SS à l'end., rép. depuis * jusqu'à 3 m. de la fin du rg, 3 m. end.

Rg 13 : 6 m. end., *tric. 2 m. ens. à l'end., 3 m. end., 2 fs (1 jeté, tric. 2 m. ens. à l'end.), 2 fs (1 jeté, 3 m. end.), 1 SS à l'end., 5 m. end., rép. depuis * en term. par 2 m. end.

Rg 15 : 5 m. end., *tric. 2 m. ens. à l'end., 3 m. end., 2 fs (1 jeté, tric. 2 m. ens. à l'end.), 1 jeté, 5 m. end., 1 jeté, 3 m. end., 1 SS à l'end., 3 m. end., rép. depuis *, en term. par 1 m. end.

Rg 16 : tric. ttes les m. à l'env.

Rép. ces 16 rgs.

JOURS EN ŒILLETS

Multiple de 4 m. plus 4

Rg 1 : (end. du trav.) 4 m. end., *2 jetés, 4 m. end., rép. depuis * jusqu'à la fin du rg.

Rg 2 : 2 m. env., *tric. 2 m. ens. à l'env., 1 m. env., 1 m. end., tric. 2 m. ens. à l'env., rép. depuis * jusqu'à 2 m. de la fin du rg, 2 m. env.

Rg 3 : 2 m. end., 1 jeté, *4 m. end., 2 jetés, rép. depuis * jusqu'à 6 m. de la fin du rg, 4 m. end., 1 jeté, 2 m. end.

Rg 4 : 3 m. env., *tric. 2 fs 2 m. ens. à l'env., 1 m. env., 1 m. end., rép. depuis * jusqu'à 7 m. de la fin du rg, tric. 2 fs 2 m. ens. à l'env., 3 m. env.

Rép. ces 4 rgs.

ZIGZAGS AJOURÉS

Multiple de 10 m. plus 1

Rg 1 : (end. du trav.) 1 m. end., *tric. 2 m. ens. à l'end., 4 m. end., 1 jeté, 1 m. end., 1 jeté, 1 SS à l'end., 1 m. end., rép. depuis * jusqu'à la fin du rg.

Rg 2 et ts les rgs pairs : tric. ttes les m. à l'env.

Rg 3 : 1 m. end., *tric. 2 m. ens. à l'end., 3 m. end., 2 fs (1 jeté, 1 m. end.), 1 SS à l'end., 1 m. end., rép. depuis * jusqu'à la fin du rg.

Rg 5 : 1 m. end., *tric. 2 m. ens. à l'end., 2 m. end., 1 jeté, 1 m. end., 1 jeté, 2 m. end., 1 SS à l'end., 1 m. end., rép. depuis * jusqu'à la fin du rg.

Rg 7 : 1 m. end., *tric. 2 m. ens. à l'end., 2 fs (1 m. end., 1 jeté), 3 m. end., 1 SS à l'end., 1 m. end., rép. depuis * jusqu'à la fin du rg.

Rg 9 : 1 m. end., *tric. 2 m. ens. à l'end., 1 jeté, 1 m. end., 1 jeté, 4 m. end., 1 SS à l'end., 1 m. end., rép. depuis * jusqu'à la fin du rg.

Rg 11 : 1 m. end., *tric. 2 m. ens. à l'end., 2 fs (1 m. end., 1 jeté), 3 m. end., 1 SS à l'end., 1 m. end., rép. depuis * jusqu'à la fin du rg.

Rg 13 : 1 m. end., *tric. 2 m. ens. à l'end., 2 m. end., 1 jeté, 1 m. end., 1 jeté, 2 m. end., 1 SS à l'end., 1 m. end., rép. depuis * jusqu'à la fin du rg.

Rg 15 : 1 m. end., *tric. 2 m. ens. à l'end., 3 m. end., 2 fs (1 jeté, 1 m. end.), 1 SS à l'end., 1 m. end., rép. depuis * jusqu'à la fin du rg.

Rg 16 : tric. ttes les m. à l'env.

Rép. ces 16 rgs.

ZIGZAGS VERTICAUX

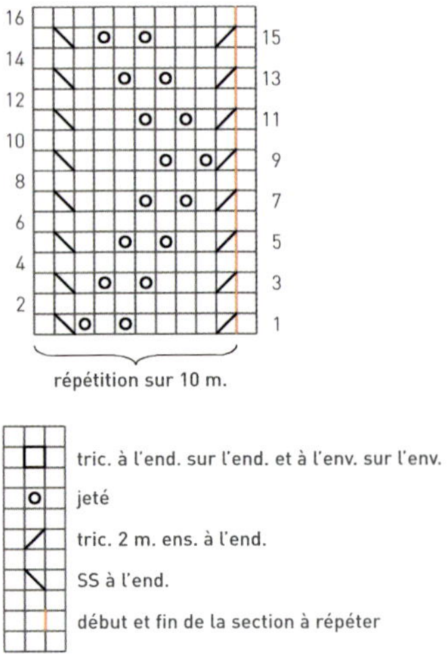

EMPREINTE DES VAGUES

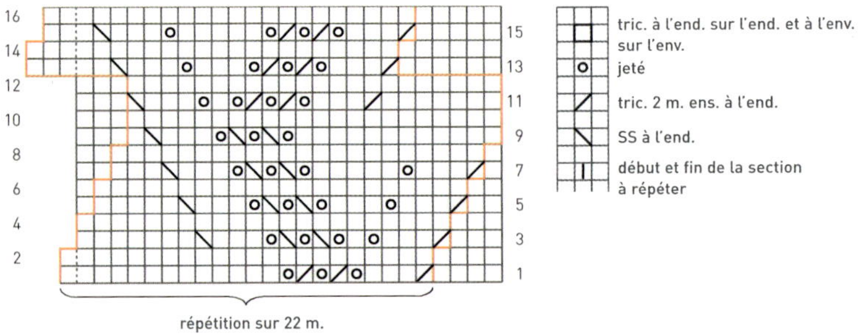

EMPREINTE DES VAGUES (haut)
JOURS EN ŒILLETS (milieu)
ZIGZAGS VERTICAUX (bas)

CHEVRONS

Multiple de 12 m. plus 1

Rg 1 et ts les rgs impairs : (env. du trav.) tric. ttes les m. à l'env.

Rg 2 : 4 m. end., *tric. 2 m. ens. à l'end., 1 jeté, 1 m. end., 1 jeté, 1 SS à l'end., 7 m. end., rép. depuis *, en term. par 4 m. end.

Rg 4 : 3 m. end., *tric. 2 m. ens. à l'end., 1 jeté, 3 m. end., 1 jeté, 1 SS à l'end., 5 m. end., rép. depuis *, en term. par 3 m. end.

Rg 6 : 2 m. end., *2 fs (tric. 2 m. ens. à l'end., 1 jeté), 1 m. end., 2 fs (1 jeté, 1 SS à l'end.), 3 m. end., rép. depuis *, en term. par 2 m. end.

Rg 8 : 1 m. end., *2 fs (tric. 2 m. ens. à l'end., 1 jeté), 3 m. end., 2 fs (1 jeté, 1 SS à l'end.), 1 m. end., rép. depuis * jusqu'à la fin du rg.

Rg 10 : tric. 2 m. ens. à l'end., *1 jeté, tric. 2 m. ens. à l'end., 1 jeté, 5 m. end., 1 jeté, 1 SS à l'end., 1 jeté, 1 SD à l'end., rép. depuis *, en term. par 1 SS à l'end.

Rg 12 : 1 m. end., *tric. 2 m. ens. à l'end., 1 jeté, 1 m. end., 1 jeté, 1 SS à l'end., 1 m. end., rép. depuis * jusqu'à la fin du rg.

Rg 14 : tric. 2 m. ens. à l'end., *1 jeté, 3 m. end., 1 jeté, 1 SD à l'end., rép. depuis *, en term. par 1 SS à l'end.

Rép. ces 14 rgs.

CHEVRONS

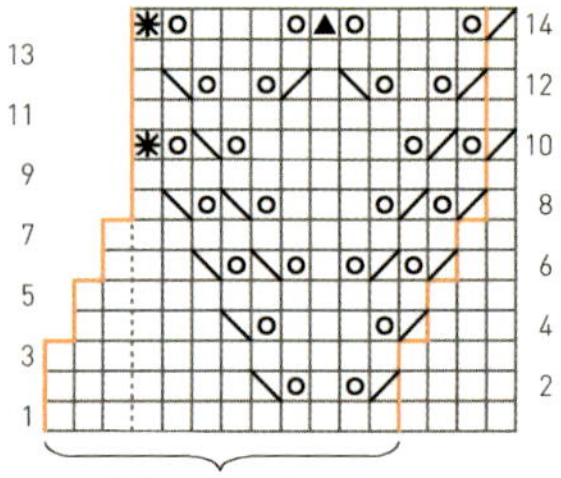

répétition sur 12 m.

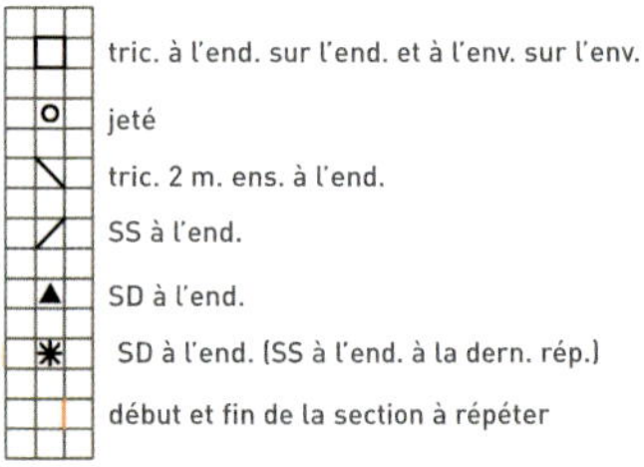

RÉSILLE

Multiple de 3 m. (au moins 6 m.)

Rg 1 : (end. du trav.) 2 m. end., *1 jeté, 1 m. glis., 2 m. end., rab. la m. glis. les 2 m. end., rép. depuis * jusqu'à 1 m. de la fin du rg, 1 m. end.

Rg 2 : tric. ttes les m. à l'env.

Rg 3 : 1 m. end., *1 m. glis., 2 m. end., rab. la m. glis. sur les 2 m. end., 1 jeté, rép. depuis * jusqu'à 2 m. de la fin du rg, 2 m. end.

Rg 4 : tric. ttes les m. à l'env.

Rép. ces 4 rgs.

POMME DE PIN

Multiple de 12 m. plus 1

Rg 1 : (end. du trav.) 1 m. env., *3 m. env., 5 m. end., 4 m. env., rép. depuis * jusqu'à la fin du rg.

Rg 2 et ts les rgs pairs : tric. ttes les m. à l'env.

Rg 3 : tric. 2 m. ens. à l'env., *2 m. env., 2 m. end., 1 jeté, 1 m. end., 1 jeté, 2 m. end., 2 m. env., tric. 3 m. ens. à l'env., rép. depuis *, en term. par 2 m. ens. à l'env.

Rg 5 : tric. 2 m. ens. à l'env., *1 m. env., 2 m. end., 1 jeté, 3 m. end., 1 jeté, 2 m. end., 1 m. env., tric. 3 m. ens. à l'env., rép. depuis *, en term. par 2 m. ens. à l'env.

Rg 7 : tric. 2 m. ens. à l'env., *2 m. end., 1 jeté, 5 m. end., 1 jeté, 2 m. end., tric. 3 m. ens. à l'env., rép. depuis *, en term. par 2 m. ens. à l'env.

Rg 8 : tric. ttes les m. à l'env.

Rép. ces 8 rgs.

POMME DE PIN,

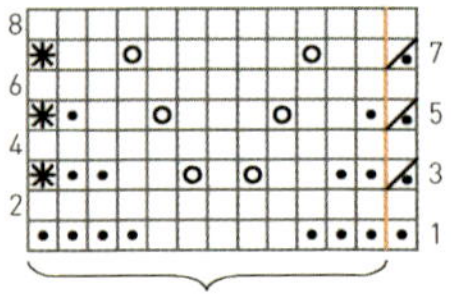

répétition sur 12 m.

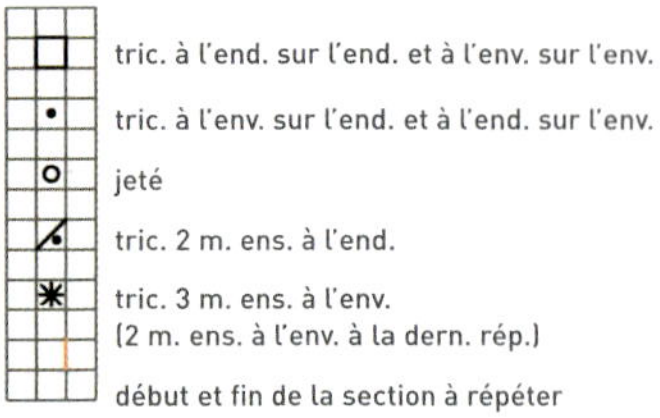

CHEVRONS (haut)
RÉSILLE (milieu)
POMME DE PIN (bas)

Les points texturés de plusieurs couleurs

De simples rayures permettent de confectionner de splendides tricots multicolores. Les points qui suivent vont un peu plus loin en ajoutant une notion de texture au mélange des couleurs. Ils sont plus simples qu'il n'y paraît. De simples mailles glissées (prises comme pour les tricoter à l'envers) sur des rangs tricotés avec un même fil d'un bout à l'autre permettent de créer rapidement des effets variés.

Les points qui suivent donnent de meilleurs résultats quand ils sont tricotés avec des fils lisses et unis. Choisissez des couleurs contrastées pour éviter qu'elles se fondent les unes dans les autres au détriment du point. Pour des points plus complexes que ceux en mailles glissées, comme les points d'étoile et de guirlande bicolores, mieux vaut également opter pour des fils un peu élastiques.

Point BICOLORE À FILS TENDUS

Multiple de 2 m. plus 1

Rg 1 : (end. du trav.) avec le fil A, ttes les m. à l'end.

Rg 2 : avec le fil A, ttes les m. à l'env.

Rg 3 : avec le fil B, 1 m. end., *1 m. glis., 1 m. end., rép. depuis * jusqu'à la fin du rg.

Rg 4 : comme le rg 3.

Rg 5 : avec le fil B, ttes les m. à l'end.

Rg 6 : avec le fil B, ttes les m. à l'env.

Rg 7 : avec le fil A, 2 m. end., 1 m. glis., *1 m. end., 1 m. glis., rép. depuis * jusqu'à 2 m. de la fin du rg, 2 m. end.

Rg 8 : avec le fil A, 1 m. env., 1 m. end., *1 m. glis., 1 m. end., rép. depuis * jusqu'à 1 m. de la fin du rg, 1 m. env.

Rép. ces 8 rgs.

POINT MOUSSE TWEED

Multiple de 2 m.

Utiliser des aiguilles à deux pointes

Rg 1 : (end. du trav.) avec le fil A, *1 m. end., 1 m. glis., rép. depuis * jusqu'à la fin du rg. ; reprendre au début du rg.

Rg 2 : avec le fil B, *1 m. glis., 1 m. end., rép. depuis * jusqu'à la fin du rg.

Rg 3 : avec le fil A, *1 m. glis., passer le fils derr., 1 m. end., ramener le fil dev., rép. depuis * jusqu'à la fin du rg. ; reprendre au début du rg.

Rg 4 : avec le fil B, *1 m. end., passer le fil dev., 1 m. glis., ramener le fil derr., rép. depuis * jusqu'à la fin du rg.

Rg 5 : avec le fil A, *1 m. glis., 1 m. end., rép. depuis * jusqu'à la fin du rg. ; reprendre au début du rg.

Rg 6 : avec le fil B, *1 m. end., 1 m. glis., rép. depuis * jusqu'à la fin du rg.

Rg 7 : avec le fil A, *1 m. end., passer le fil dev., 1 m. glis., ramener le fil derr., rép. depuis * jusqu'à la fin du rg. ; reprendre au début du rg.

Rg 8 : avec le fil B, *1 m. glis., passer le fil derr., 1 m. end., ramener le fil dev., rép. depuis * jusqu'à la fin du rg.

Rép. ces 8 rgs.

ÉCHELLES BICOLORES

Multiple de 6 m. plus 5

Rg 1 : (end. du trav.) avec le fil A, 2 m. end., *1 m. glis., 5 m. end., rép. depuis * jusqu'à 3 m. de la fin du rg, 1 m. glis., 2 m. end.

Rg 2 : avec le fil A, 2 m. env., *1 m. glis., 5 m. env., rép. depuis * jusqu'à 3 m. de la fin du rg, 1 m. glis., 2 m. env.

Rg 3 : avec le fil B, *5 m. end., 1 m. glis., rép. depuis * jusqu'à 5 m. de la fin du rg, 5 m. end.

Rg 4 : avec le fil B, *5 m. end., passer le fil dev., 1 m. glis., ramener le fil derr., rép. depuis * jusqu'à 5 m. de la fin du rg, 5 m. end.

Rép. ces 4 rgs.

POINT BICOLORE À FILS TENDUS (haut)
POINT MOUSSE TWEED (milieu)
ÉCHELLES BICOLORES (bas)

RAYURES EN CHEVRONS

Multiple de 14 m.

Rg 1 : (end. du trav.) tric. ttes les m. à l'end.

Rg 2 : tric. ttes les m. à l'env.

Rg 3 : *1 m. end., tric. 1 m. end. sans la faire tomber de l'aig. G, tric. 1 m. D et faire passer les 2 m. sur l'aig. D, 4 m. end., 1 SD à l'end., 4 m. end., tric. 1 m. D sans la faire tomber de l'aig., 1 m. end., faire passer les 2 m. sur l'aig. D, rép. depuis * jusqu'à la fin du rg.

Rg 4 : tric. ttes les m. à l'env.

Rép. ces 4 rgs.

Point BICOLORE FAÇON TOILE

Multiple de 4 m. plus 3

Rg 1 : (env. du trav.) avec le fil A, ttes les m. à l'env.

Rg 2 : avec le fil B, 1 m. end., passer le fil dev., 1 m. glis., ramener le fil derr., 1 m. end., *1 m. glis., 1 m. end., passer le fil dev., 1 m. glis., ramener le fil derr., 1 m. end., rép. depuis * jusqu'à la fin du rg.

Rg 3 : avec le fil B, 3 m. env., *1 m. glis., 3 m. env., rép. depuis * jusqu'à la fin du rg.

Rg 4 : avec le fil A, 1 m. end., *1 m. glis., 3 m. end., rép. depuis * jusqu'à 2 m. de la fin du rg, 1 m. glis., 1 m. end.

Rg 5 : comme le rg 1.

Rg 6 : avec le fil B, 1 m. end., 1 m. glis., 1 m. end., *passer le fil dev., 1 m. glis., ramener le fil derr., 1 m. end., 1 m. glis., 1 m. end., rép. depuis * jusqu'à la fin du rg.

Rg 7 : avec le fil B, 1 m. env., *1 m. glis., 3 m. env., rép. depuis * jusqu'à 2 m. de la fin du rg, 1 m. glis., 1 m. env.

Rg 8 : avec le fil A, 3 m. end., *1 m. glis., 3 m. end., rép. depuis * jusqu'à la fin du rg.

Rép. ces 8 rgs.

Point DE RIZ BICOLORE

Multiple de 2 m.

Il est conseillé d'utiliser des aig. à 2 pointes

Rg 1 : (end. du trav.) avec le fil A, *1 m. end., 1 m. glis., rép. depuis * jusqu'à la fin du rg. ; reprendre au début du rg.

Rg 2 : avec le fil B, *1 m. env., 1 m. end., rép. depuis * jusqu'à la fin du rg.

Rg 3 : avec le fil A, *1 m. env., 1 m. glis. à l'end., rép. depuis * jusqu'à la fin du rg. ; reprendre au début du rg.

Rg 4 : avec le fil B, *1 m. end., 1 m. env., rép. depuis * jusqu'à la fin du rg.

Rép. ces 4 rgs.

RAYURES EN CHEVRONS (haut)

POINT BICOLORE FAÇON TOILE (milieu)

POINT DE RIZ BICOLORE (bas)

ABAT-JOUR

Multiple de 4 m.

Rgs 1 et 3 : (end. du trav.) avec le fil A, ttes les m. à l'end.

Rgs 2 et 4 : avec le fil A, ttes les m. à l'env.

Rg 5 : avec le fil B, *3 m. end., piq. dans la m. suiv. du rg 1 et ramener une bcle de fil, 1 m. end., rab. la bcle sur la dern. m. tric., rép. depuis * jusqu'à la fin du rg.

Rgs 6 et 8 : avec le fil B, ttes les m. à l'env.

Rg 7 : avec le fil B, ttes les m. à l'end.

Rg 9 : avec le fil A, *1 m. end., piq. dans la m. suiv. du rg 5 et ramener une bcle, 1 m. end., rab. la bcle sur la dern. m. tric., 2 m. end., rép. depuis * jusqu'à la fin du rg.

Rép. les rgs 2 à 9.

Point de LACET

Multiple de 4 m. plus 3

Rg 1 : (end. du trav.) avec le fil A, ttes les m. à l'end.

Rg 2 : avec le fil A, ttes les m. à l'env.

Rg 3 : avec le fil B, 3 m. end., *1 m. glis., 3 m. end., rép. depuis * jusqu'à la fin du rg.

Rg 4 : avec le fil B, 3 m. end., *passer le fil dev., 1 m. glis., ramener le fil derr., 3 m. end., rép. depuis * jusqu'à la fin du rg.

Rg 5 : avec le fil A, 2 m. end., *1 m. glis., 1 m. end., rép. depuis * jusqu'à 1 m. de la fin du rg, 1 m. end.

Rg 6 : avec le fil A, 2 m. env., *1 m. glis., 1 m. env., rép. depuis * jusqu'à 1 m. de la fin du rg, 1 m. env.

Rg 7 : avec le fil B, 1 m. end., *1 m. glis., 3 m. end., rép. depuis * jusqu'à 2 m. de la fin du rg, 1 m. glis., 1 m. end.

Rg 8 : avec le fil B, 1 m. end., *passer le fil dev., 1 m. glis., ramener le fil derr., 3 m. end., rép. depuis * jusqu'à 2 m. de la fin du rg, passer le fil dev., 1 m. glis., ramener le fil derr., 1 m. end.

Rg 9 : comme le rg 1.

Rg 10 : comme le rg 2.

Rg 11 : comme le rg 7.

Rg 12 : comme le rg 8.

Rg 13 : comme le rg 5.

Rg 14 : comme le rg 6.

Rg 15 : comme le rg 3.

Rg 16 : comme le rg 4.

Rép. ces 16 rgs.

Point de TOILE TRICOLORE

Multiple de 2 m.

Rg 1 : (end. du trav.) avec le fil A, *passer le fil dev., 1 m. glis., ramener le fil derr., 1 m. end., rép. depuis * jusqu'à la fin du rg.

Rg 2 : avec le fil B, *passer le fil derr., 1 m. glis., ramener le fil dev., 1 m. env., rép. depuis * jusqu'à la fin du rg.

Rg 3 : avec le fil C, comme le rg 1.

Rg 4 : avec le fil A, comme le rg 2.

Rg 5 : avec le fil B, comme le rg 1.

Rg 6 : avec le fil C, comme le rg 2.

Rép. ces 6 rgs.

Astuce

Ce point n'est pas réversible mais est aussi beau à l'envers qu'à l'endroit.

ABAT-JOUR (haut)

POINT DE LACET (milieu)

POINT DE TOILE TRICOLORE (bas)

RECTANGLES EN MAILLES GLISSÉES

Multiple de 6 m. plus 5

Rg 1 : (end. du trav.) avec le fil A, ttes les m. à l'end.

Rg 2 : avec le fil A, ttes les m. à l'env.

Rg 3 : avec le fil B, 2 m. end., *1 m. glis., 1 m. end., rép. depuis * jusqu'à 1 m. de la fin du rg, 1 m. end.

Rg 4 : avec le fil B, 1 m. end., *1 m. end., passer le fil dev., 1 m. glis., ramener le fil derr., 1 m. end., passer le fil dev., 1 m. glis., 1 m. env., 1 m. glis., rép. depuis * jusqu'à 4 m. de la fin du rg, 1 m. end., passer le fil dev., 1 m. glis., ramener le fil derr., 2 m. end.

Rgs 5 et 7 : avec le fil A, 5 m. end., *1 m. glis., 5 m. end., rép. depuis * jusqu'à la fin du rg.

Rgs 6 et 8 : avec le fil A, 5 m. env., *1 m. glis., 5 m. env., rép. depuis * jusqu'à la fin du rg.

Rg 9 : avec le fil A, comme le rg 1.

Rg 10 : avec le fil A, comme le rg 2.

Rg 11 : avec le fil B, 1 m. end., *1 m. glis., 1 m. end., rép. depuis * jusqu'à la fin du rg.

Rg 12 : avec le fil B, 1 m. end., *passer le fil dev., 1 m. glis., 1 m. env., 1 m. glis., ramener le fil derr., 1 m. end., passer le fil dev., 1 m. glis., ramener le fil derr., 1 m. end., rép. depuis * jusqu'à 4 m. de la fin du rg, fil dev., 1 m. glis., 1 m. env., 1 m. glis., fil derr., 1 m. end.

Rgs 13 et 15 : avec le fil A, 2 m. end., *1 m. glis., 5 m. end., rép. depuis * jusqu'à 3 m. de la fin du rg, 1 m. glis., 2 m. end.

Rgs 14 et 16 : avec le fil A, 2 m. env., *1 m. glis., 5 m. env., rép. depuis * jusqu'à 3 m. de la fin du rg, 1 m. glis., 2 m. env.

Rép. ces 16 rgs.

GUIRLANDE BICOLORE

Multiple de 7 m. plus 2

Rgs 1 et 5 : (end. du trav.) avec le fil A, ttes les m. à l'end.

Rgs 2 et 6 : avec le fil A, ttes les m. à l'env.

Rgs 3, 4, 7 et 8 : avec le fil B, ttes les m. à l'end.

Rg 9 : avec le fil A, *3 m. end., piq. 3 rgs sous la 2e m. et ramener une bcle, 1 m. end., 1 m. glis., 2 m. end., former une autre bcle en piq. dans la même m. (3 rgs dessous), rép. depuis * jusqu'à 2 m. de la fin du rg., 2 m. end.

Rg 10 : avec le fil A, 2 m. env., *tric. 2 m. ens. à l'env., 1 m. env., 1 m. glis., 1 m. env., tric. 2 m. ens. à l'env., 2 m. env., rép. depuis * jusqu'à la fin du rg.

Rép. ces 10 rgs.

Point D'ÉTOILE BICOLORE

Multiple de 4 m. plus 3

Ét. (Étoile) = tric. 3 m. ens. à l'end. en piq. 3 fs alternativement sous leurs brins av. et arr.

Rg 1 : (end. du trav.) avec le fil A, ttes les m. à l'env.

Rg 2 : avec le fil A, * 1 Ét., 1 m. end., rép. depuis * jusqu'à 3 m. de la fin du rg, 1 Ét.

Rg 3 : avec le fil B, ttes les m. à l'env.

Rg 4 : avec le fil B, 2 m. end., *1 Ét., 1 m. end., rép. depuis * jusqu'à 1 m. de la fin du rg, 1 m. end.

Rép. ces rgs.

Astuce

Tricotez ce point assez lâche ou avec un fil élastique.

RECTANGLES EN MAILLES GLISSÉES (haut)
GUIRLANDE BICOLORE (milieu)
POINT D'ÉTOILE BICOLORE (bas)

LIGNES BRISÉES IMBRIQUÉES

Multiple de 4 m. plus 3

Rg 1 : (end. du trav.) avec le fil A, ttes les m. à l'end.

Rg 2 : avec le fil A, ttes les m. à l'env.

Rg 3 : avec le fil B, 3 m. end., *1 m. glis., 3 m. end., rép. depuis * jusqu'à la fin du rg.

Rg 4 : avec le fil B, 3 m. env., *1 m. glis., 3 m. env., rép. depuis * jusqu'à la fin du rg.

Rg 5 : avec le fil C, 1 m. end., *1 m. glis., 3 m. end., rép. depuis * jusqu'à 2 m. de la fin du rg, 1 m. glis., 1 m. end.

Rg 6 : avec le fil C, 1 m. env., *1 m. glis., 3 m. env., rép. depuis * jusqu'à 2 m. de la fin du rg, 1 m. glis., 1 m. env.

Rg 7 : avec le fil B, comme le rg 3.

Rg 8 : avec le fil B, comme le rg 4.

Rg 9 : avec le fil A, comme le rg 5.

Rg 10 : avec le fil A, comme le rg 6.

Rép. ces 10 rgs.

ŒIL DE PERDRIX BICOLORE

Multiple de 2 m.

Rg 1 : (end. du trav.) avec le fil A, *1 m. glis., 1 m. end., rép. depuis * jusqu'à la fin du rg.

Rg 2 : avec le fil A, ttes les m. à l'env.

Rg 3 : avec le fil B, *1 m. end., 1 m. glis., rép. depuis * jusqu'à la fin du rg.

Rg 4 : avec le fil B, ttes les m. à l'env.

Rép. ces 4 rgs.

Point de CROIX

Multiple de 2 m. plus 1

Rgs 1 et 5 : (end. du trav.) avec le fil A, ttes les m. à l'end.

Rgs 2 et 6 : avec le fil A, ttes les m. à l'end.

Rg 3 : avec le fil B, *1 m. end., 1 m. glis., rép. depuis * jusqu'à 1 m. de la fin du rg, 1 m. end.

Rg 4 : avec le fil B, *1 m. end., passer le fil dev., 1 m. glis., ramener le fil derr., rép. depuis * jusqu'à 1 m. de la fin du rg, 1 m. end.

Rg 7 : avec le fil B, *1 m. glis., 1 m. end., rép. depuis * jusqu'à 1 m. de la fin du rg, 1 m. glis.

Rg 8 : avec le fil B, *1 m. glis., passer le fil derr., 1 m. end., ramener le fil dev., rép. depuis * jusqu'à 1 m. de la fin du rg, 1 m. glis.

Rép. ces 8 rgs.

LIGNES BRISÉES IMBRIQUÉES (haut)
ŒIL DE PERDRIX BICOLORE (milieu)
POINT DE CROIX (bas)

DAMIER BICOLORE À MAILLES ALLONGÉES

Multiple de 4 m. plus 3

Rg 1 : (env. du trav.) avec le fil A, ttes les m. à l'env.

Rg 2 : avec le fil B, 3 m. end., *1 m. glis. à l'end., 3 m. end., rép. depuis * jusqu'à la fin du rg.

Rg 3 : avec le fil B, 3 m. env., *1 m. glis., 3 m. env., rép. depuis * jusqu'à la fin du rg.

Rg 4 : avec le fil B, comme le rg 2.

Rg 5 : avec le fil B, ttes les m. à l'env.

Rg 6 : avec le fil A, comme le rg 2.

Rg 7 : avec le fil A, comme le rg 3.

Rg 8 : avec le fil A, 3 m. end., *1 m. glis. à l'end., 3 m. end., rép. depuis * jusqu'à la fin du rg.

Rép. ces 8 rgs.

Point TWEED

Multiple de 3 m.

Rg 1 : (end. du trav.) avec le fil A, *1 m. glis., 2 m. end., rép. depuis * jusqu'à la fin du rg.

Rg 2 : avec le fil A, ttes les m. à l'end.

Rg 3 : avec le fil B, *2 m. end., 1 m. glis., rép. depuis * jusqu'à la fin du rg.

Rg 4 : avec le fil B, ttes les m. à l'end.

Rép. ces 4 rgs.

Point TWEED TRICOLORE

Multiple de 3 m. plus 1

Rg 1 : (env. du trav.) avec le fil A, ttes les m. à l'end.

Rg 2 : avec le fil B, 3 m. end., *1 m. glis. à l'end., 2 m. end., rép. depuis * jusqu'à 1 m. de la fin du rg, 1 m. end.

Rg 3 : avec le fil B, 3 m. end., *passer le fil dev., 1 m. glis., ramener le fil derr., 2 m. end., rép. depuis * jusqu'à 1 m. de la fin du rg, 1 m. end.

Rg 4 : avec le fil C, *2 m. end., 1 m. glis. à l'end., rép. depuis * jusqu'à 1 m. de la fin du rg, 1 m. end.

Rg 5 : avec le fil C, 1 m. end., *passer le fil dev., 1 m. glis., ramener le fil derr.,2 m. end., rép. depuis * jusqu'à la fin du rg.

Rg 6 : avec le fil A, 1 m. end., *1 m. glis. à l'end., 2 m. end., rép. depuis * jusqu'à la fin du rg.

Rg 7 : avec le fil A, *2 m. end., passer le fil dev., 1 m. glis., ramener le fil derr., rép. depuis * jusqu'à 1 m. de la fin du rg, 1 m. end.

Rép. les rgs 2 à 7.

DAMIER BICOLORE À MAILLES ALLONGÉES (haut)
POINT TWEED (milieu)
POINT TWEED TRICOLORE (bas)

RAYURES À MAILLES GLISSÉES

Multiple de 4 m. plus 3

Rg 1 : (env. du trav.) avec le fil A, ttes les m. à l'env.

Rg 2 : avec le fil B, 2 m. end., *1 m. glis. à l'end., 1 m. end., rép. depuis * jusqu'à 1 m. de la fin du rg, 1 m. end.

Rg 3 : avec le fil B, 2 m. env., *1 m. glis., 1 m. env., rép. depuis * jusqu'à 1 m. de la fin du rg, 1 m. env.

Rg 4 : avec le fil C, 1 m. end., *1 m. glis. à l'end., 1 m. end., rép. depuis * jusqu'à la fin du rg.

Rg 5 : avec le fil C, ttes les m. à l'env.

Rg 6 : using D, 1 m. end., *1 m. glis. à l'end., 3 m. end., rép. depuis * jusqu'à 2 m. de la fin du rg, 1 m. glis. à l'end., 1 m. end.

Rg 7 : avec le fil D, 1 m. env., *1 m. glis., 3 m. env., rép. depuis * jusqu'à 2 m. de la fin du rg, 1 m. glis., 1 m. env.

Rg 8 : avec le fil B, 2 m. end., *3 m. glis. à l'end., 1 m. end., rép. depuis * jusqu'à 1 m. de la fin du rg, 1 m. end.

Rg 9 : avec le fil B, *3 m. env., 1 m. glis., rép. depuis * jusqu'à 3 m. de la fin du rg, 3 m. env.

Rg 10 : avec le fil A, 1 m. end., *1 m. glis. à l'end., 3 m. end., rép. depuis * jusqu'à 2 m. de la fin du rg, 1 m. glis. à l'end., 1 m. end.

Rép. ces 10 rgs.

PETITS PAVÉS

Multiple de 4 m. plus 3

Rg 1 : (env. du trav.) avec le fil A, ttes les m. à l'end.

Rg 2 : avec le fil B, 3 m. end., *1 m. glis. à l'end., 3 m. end., rép. depuis * jusqu'à la fin du rg.

Rg 3 : avec le fil B, 3 m. end., *passer le fil dev., 1 m. glis. à l'end., ramener le fil derr., 3 m. end., rép. depuis * jusqu'à la fin du rg.

Rg 4 : avec le fil A, 1 m. end., *1 m. glis. à l'end., 3 m. end., rép. depuis * jusqu'à 2 m. de la fin du rg, 1 m. glis. à l'end., 1 m. end.

Rg 5 : avec le fil A, 1 m. end., *passer le fil dev., 1 m. glis. à l'end., ramener le fil derr., 3 m. end., rép. depuis * jusqu'à 2 m. de la fin du rg, passer le fil dev., 1 m. glis. à l'end., ramener le fil derr., 1 m. end.

Rép. les rgs 2 à 5.

Point GRANITÉ BICOLORE

Multiple de 2 m. plus 1

Rg 1 : (end. du trav.) avec le fil A, ttes les m. à l'end.

Rg 2 : avec le fil B, *1 m. end., 1 m. glis., rép. depuis * jusqu'à 1 m. de la fin du rg, 1 m. end.

Rg 3 : avec le fil B, *1 m. end., passer le fil dev., 1 m. glis., ramener le fil derr., rép. depuis * jusqu'à 1 m. de la fin du rg, 1 m. end.

Rgs 4 et 5 : avec le fil A, ttes les m. à l'end.

Rg 6 : avec le fil B, 1 m. end., *1 m. end., 1 m. glis., rép. depuis * jusqu'à 2 m. de la fin du rg.2 m. end.

Rg 7 : avec le fil B, 2 m. end., * passer le fil dev., 1 m. glis., ramener le fil derr., 1 m. end., rép. depuis * jusqu'à 1 m. de la fin du rg, 1 m. end.

Rg 8 : avec le fil A, ttes les m. à l'end.

Rép. ces 8 rgs.

RAYURES À MAILLES GLISSÉES (haut)
PETITS PAVÉS (milieu)
POINT GRANITÉ BICOLORE (bas)

CROISILLONS

Multiple de 8 m. plus 4

Rg 1 : (end. du trav.) avec le fil A, 3 m. end., * avec le fil B, 2 m. end., avec le fil A, 6 m. end., rép. depuis * jusqu'à 1 m. de la fin du rg, avec le fil B, 1 m. end.

Rg 2 : avec le fil B, 1 m. end. laisser le fil derr., * avec le fil A, avec le fil B, 6 m. env. 2 m. end. laisser le fil derr., rép. depuis * jusqu'à 3 m. de la fin du rg, avec le fil A, 3 m. env.

Rg 3 : avec le fil B, 1 m. end. * avec le fil A, 6 m. end., 2 fs (avec le fil B, 1 m. end. en piq. sous les fils tendus au rg précédent), rép. depuis * jusqu'à 3 m. de la fin du rg, avec le fil A, 3 m. end.

Rg 4 : avec le fil A, 3 m. env. * avec le fil B, 2 m. end. laisser le fil derr., avec le fil A, 6 m. env. rép. depuis * jusqu'à 1 m. de la fin du rg, avec le fil B, 1 m. end.

Rg 5 : avec le fil A, 3 m. end. *2 fs (avec le fil B, 1 m. end. en piq. sous les fils tendus au rg précédent), avec le fil A, 6 m. end. rép. depuis * jusqu'à 1 m. de la fin du rg, avec le fil B, 1 m. end.

Rép. les rgs 2 à 5.

TREILLIS BICOLORE

Multiple de 6 m. plus 2

Rg 1 : (env. du trav.) avec le fil A, ttes les m. à l'end.

Rg 2 : avec le fil B, 1 m. end., 1 m. glis., *4 m. end., 2 m. glis., rép. depuis * jusqu'à 6 m. de la fin du rg, 4 m. end., 1 m. glis., 1 m. end.

Rg 3 : avec le fil B, 1 m. env., 1 m. glis., *4 m. env., 2 m. glis., rép. depuis * jusqu'à 6 m. de la fin du rg, 4 m. env., 1 m. glis., 1 m. env.

Rg 4 : avec le fil A, comme le rg 2.

Rg 5 : avec le fil A, 1 m. end., passer le fil dev., 1 m. glis., ramener le fil derr., *4 m. end., passer le fil dev., 2 m. glis., ramener le fil derr., rép. depuis * jusqu'à 6 m. de la fin du rg, 4 m. end., passer le fil dev., 1 m. glis., ramener le fil derr., 1 m. end.

Rg 6 : avec le fil B, 3 m. end., *2 m. glis., 4 m. end., rép. depuis * jusqu'à 5 m. de la fin du rg, 2 m. glis., 3 m. end.

Rg 7 : avec le fil B, 3 m. env., *2 m. glis., 4 m. env., rép. depuis * jusqu'à 5 m. de la fin du rg, 2 m. glis., 3 m. env.

Rg 8 : avec le fil A, comme le rg 6.

Rg 9 : avec le fil A, 3 m. end., *passer le fil dev., 2 m. glis., ramener le fil derr., 4 m. end., rép. depuis * jusqu'à 5 m. de la fin du rg, passer le fil dev., 2 m. glis., ramener le fil derr., 3 m. end.

Rép. les rgs 2 à 9.

CHAÎNETTE, MOTIF BICOLORE

Multiple de 8 m. plus 6

Rg 1 : (end. du trav.) avec le fil A, ttes les m. à l'end.

Rg 2 : avec le fil A, ttes les m. à l'env.

Rgs 3 et 4 : avec le fil B, ttes les m. à l'end.

Rg 5 : avec le fil A, 6 m. end., *2 m. glis., 6 m. end., rép. depuis * jusqu'à la fin du rg.

Rg 6 : avec le fil A, 6 m. env., *2 m. glis., 6 m. env., rép. depuis * jusqu'à la fin du rg.

Rg 7 : avec le fil B, comme le rg 5.

Rg 8 : avec le fil B, ttes les m. à l'end.

Rg 9 : avec le fil A, ttes les m. à l'end.

Rg 10 : avec le fil A, ttes les m. à l'env.

Rgs 11 et 12 : avec le fil C, ttes les m. à l'end.

Rg 13 : avec le fil A, 2 m. end., *2 m. glis., 6 m. end., rép. depuis * jusqu'à 4 m. de la fin du rg, 2 m. glis., 2 m. end.

Rg 14 : avec le fil A, 2 m. env., *2 m. glis., 6 m. env., rép. depuis * jusqu'à 4 m. de la fin du rg, 2 m. glis., 2 m. env.

Rg 15 : avec le fil C, comme le rg 13.

Rg 16 : avec le fil C, ttes les m. à l'end.

Rép. ces 16 rgs.

CROISILLONS (haut)
TREILLIS BICOLORE (milieu)
CHAÎNETTE, MOTIF BICOLORE (bas)

COLONNES BICOLORES

Multiple de 4 m. plus 3

Rg 1 : (env. du trav.) avec le fil A, ttes les m. à l'env.

Rg 2 : avec le fil B, 1 m. end., *1 m. glis., 3 m. end., rép. depuis * jusqu'à 2 m. de la fin du rg, 1 m. glis., 1 m. end.

Rg 3 : avec le fil B, 1 m. end., *passer le fil dev., 1 m. glis., ramener le fil derr., 1 m. end., 1 m. end. en enroulant le fil 3 fs autour de l'aig., 1 m. end., rép. depuis * jusqu'à 2 m. de la fin du rg, passer le fil dev., 1 m. glis., ramener le fil derr., 1 m. end.

Rg 4 : avec le fil A, 3 m. end., *glis. 1 m. en laissant tomber les jetés supplémentaires, 3 m. end., rép. depuis * jusqu'à la fin du rg.

Rgs 5 et 7 : avec le fil A, 3 m. env., *passer le fil derr., 1 m. glis., ramener le fil dev., 3 m. env., rép. depuis * jusqu'à la fin du rg.

Rgs 6 et 8 : avec le fil A, 3 m. end., *1 m. glis., 3 m. end., rép. depuis * jusqu'à la fin du rg.

Rép. ces 8 rgs.

NID D'ABEILLES BICOLORE

Multiple de 2 m.

Rg 1 : (end. du trav.) avec le fil A, ttes les m. à l'end.

Rg 2 : avec le fil A, ttes les m. à l'end.

Rg 3 : avec le fil B, *1 m. D, 1 m. end., rép. depuis * jusqu'à la fin du rg.

Rg 4 : avec le fil B, ttes les m. à l'end.

Rg 5 : avec le fil A, *1 m. end., 1 m. D, rép. depuis * jusqu'à la fin du rg.

Rg 6 : avec le fil A, ttes les m. à l'end.

Rép. les rgs 3 à 6.

NID D'ABEILLES TRICOLORE

Multiple de 4 m.

Rg 1 : (env. du trav.) avec le fil A, ttes les m. à l'env.

Rg 2 : avec le fil B, *3 m. end., 1 m. glis., rép. depuis * jusqu'à la fin du rg.

Rg 3 : avec le fil B, *passer le fil dev., 1 m. glis., ramener le fil derr., 3 m. end., rép. depuis * jusqu'à la fin du rg.

Rg 4 : avec le fil C, *1 m. end., 1 m. glis., 2 m. end., rép. depuis * jusqu'à la fin du rg.

Rg 5 : avec le fil C, *2 m. end., passer le fil dev., 1 m. glis., ramener le fil derr., 1 m. end., rép. depuis * jusqu'à la fin du rg.

Rg 6 : avec le fil A, comme le rg 2.

Rg 7 : avec le fil A, comme le rg 3.

Rg 8 : avec le fil B, comme le rg 4.

Rg 9 : avec le fil B, comme le rg 5.

Rg 10 : avec le fil C, comme le rg 2.

Rg 11 : avec le fil C, comme le rg 3.

Rg 12 : avec le fil A, comme le rg 4.

Rg 13 : avec le fil A, comme le rg 5.

Rép. les rgs 2 à 13.

COLONNES BICOLORES (haut)
NID D'ABEILLES BICOLORE (milieu)
NID D'ABEILLES TRICOLORE (bas)

Le jacquard

Les points qui suivent sont typiques des tricots traditionnels des îles Fair Isles, tricotés en jersey multicolores en utilisant deux fils à chaque rang. Le fil en attente est tendu souplement derrière quelques mailles sur l'envers du travail. Cette technique permet de confectionner des tricots chauds et épais.
Jadis, les « Fair Isles » étaient réalisés avec des laines shetland fines aux nuances douces, en changeant de couleur tous les deux rangs. Pour reproduire le même effet, prenez au moins six fils : deux de même ton, un plus foncé ou plus clair pour chacun, un contrasté et un dernier pour le fond. Pour un résultat différent mais tout aussi attrayant, choisissez des fils fins en coton ou en soie de couleurs vives ou tricotez les motifs avec un fil dégradé sur un fond uni.
Les motifs qui suivent peuvent sembler compliqués mais une fois commencés, ils sont faciles à mémoriser ou à tricoter en regardant les rangs précédents, grâce à leur symétrie et à la disposition en diagonale de nombre d'entre eux. Les points sont souvent tricotés les uns à la suite des autres, en bandes horizontales, mais vous pouvez aussi orner d'une seule bande un fond uni ou les exécuter sous forme de bandes verticales. Les grands motifs, comme le point d'étoile norvégien, et les points qui couvrent l'ensemble du tricot, comme le point de jersey carrelé, donnent aussi des résultats spectaculaires.
Les Fair Isles peuvent se tricoter en rond. Cette technique permet de travailler en voyant toujours l'endroit du travail et fait gagner du temps car elle n'oblige ni à tourner le travail, ni à rentrer autant de fils ni à faire de coutures sur les côtés.

ÉTOILE NORVÉGIENNE

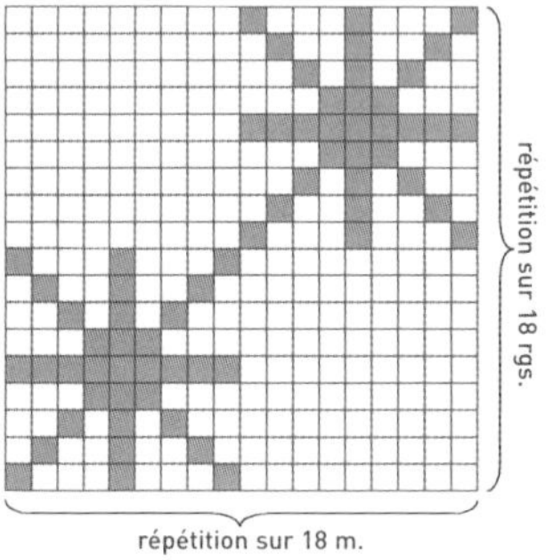

CÔTES BICOLORES

Multiple de 2 m. plus 1

Ts les rgs : * avec le fil A, 1 m. end. ; avec le fil B, passer le fil dev., tric. 1 m. env., ramener le fil derr. ; rép. depuis * jusqu'à 1 m. de la fin du rg., avec le fil A, 1 m. end.

LES PETITS PAVÉS

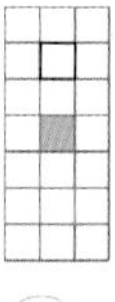

couleur(s) du motif

couleur(s) du fond

début et/ou fin de la section à répéter

De haut en bas : ÉTOILE NORVÉGIENNE, CÔTES BICOLORES, LES PETITS PAVÉS

Bordure à LOSANGES

répétition sur 8 m.

FRISE

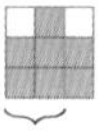

répétition sur 2 m.

ZIGZAG

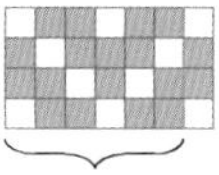

répétition sur 6 m.

TREILLIS FLEURI

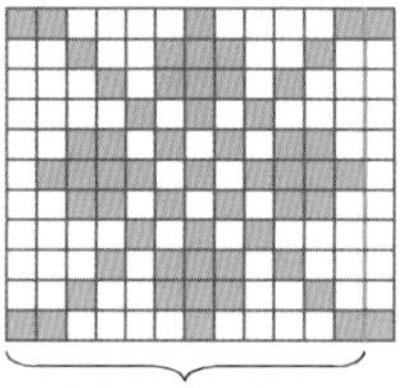

répétition sur 12 m.

FRISE OXO

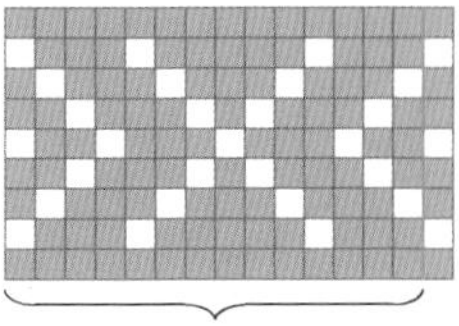

répétition sur 14 m.

ÉTOILE NORVÉGIENNE ET LOSANGE

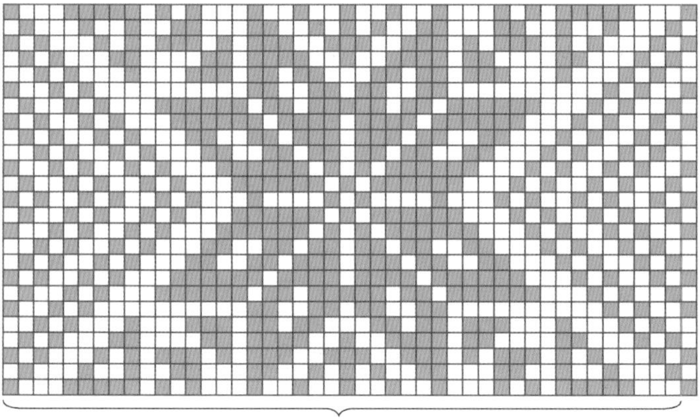

répétition sur 44 m.

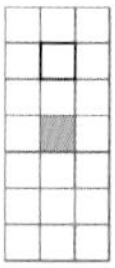

De haut en bas : bordure à LOSANGES, FRISE, TREILLIS FLEURI, ZIGZAG, ÉTOILE NORVÉGIENNE ET LOSANGE, ZIGZAG, TREILLIS FLEURI, FRISE OXO

Jersey CARRELÉ

Multiple de 4 m. plus 2

Rg 1 : (end. du trav.) avec le fil A, 2 m. end., * avec le fil B, 2 m. end., avec le fil A, 2 m. end., rép. depuis * jusqu'à la fin du rg.

Rg 2 : avec le fil A, 2 m. env., * avec le fil B, 2 m. env., avec le fil A, 2 m. env., rép. depuis * jusqu'à la fin du rg.

Rg 3 : avec le fil B, 2 m. end. ; * avec le fil A, 2 m. end., avec le fil B, 2 m. end., rép. depuis * jusqu'à la fin du rg.

Rg 4 : avec le fil B, 2 m. env., * avec le fil A, 2 m. env., avec le fil B, 2 m. env., rép. depuis * jusqu'à la fin du rg.

Rép. ces 4 rgs.

PIED DE POULE

Multiple de 4 m.

Rg 1 : (end. du trav.) avec le fil A, 2 m. end., *avec le fil B, 1 m. end., avec le fil A, 3 m. end., rép. depuis * jusqu'à 2 m. de la fin du rg., avec le fil B, 1 m. end., avec le fil A, 1 m. end.

Rg 2 : * avec le fil A, 1 m. env., avec le fil B, 3 m. env., rép. depuis * jusqu'à la fin du rg.

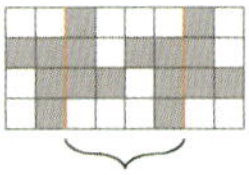

répétition sur 4 m.

LOSANGES en jacquard

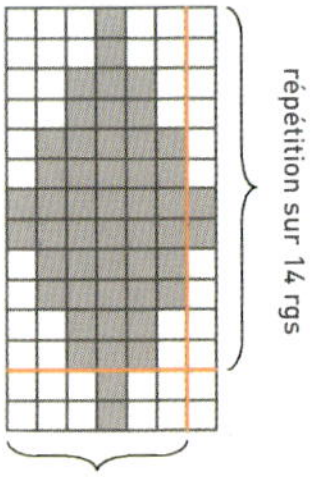

répétition sur 6 m.

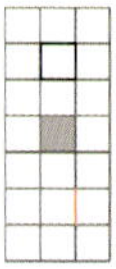

couleur(s) du motif

couleur(s) du fond

début et/ou fin de la section à répéter

De haut en bas : JERSEY CARRELÉ, PIED DE POULE, LOSANGES EN JACQUARD

Motif ARGYLE

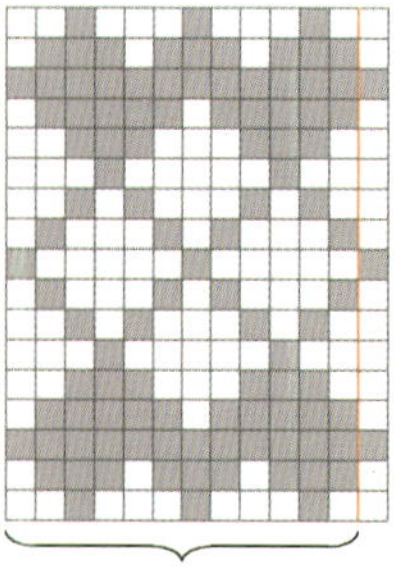

répétition sur 12 m.

CHEVRON

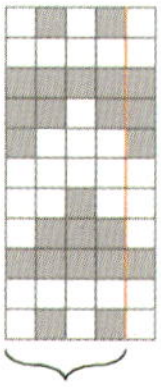

répétition sur 4 m.

CHAÎNETTE

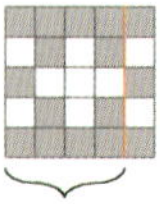

répétition sur 4 m.

Motif OXO

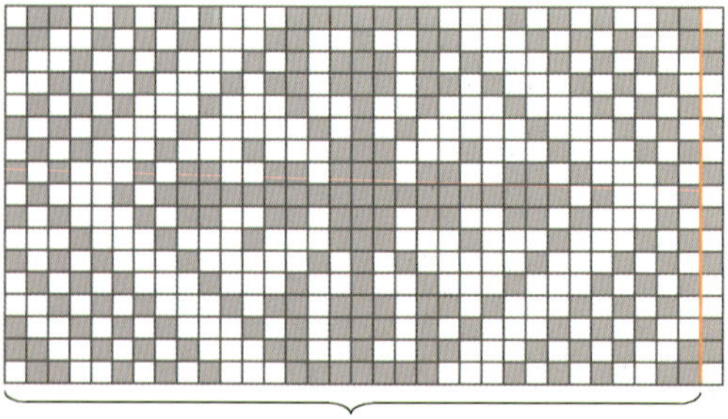

répétition sur 32 m.

CŒUR ET CROIX

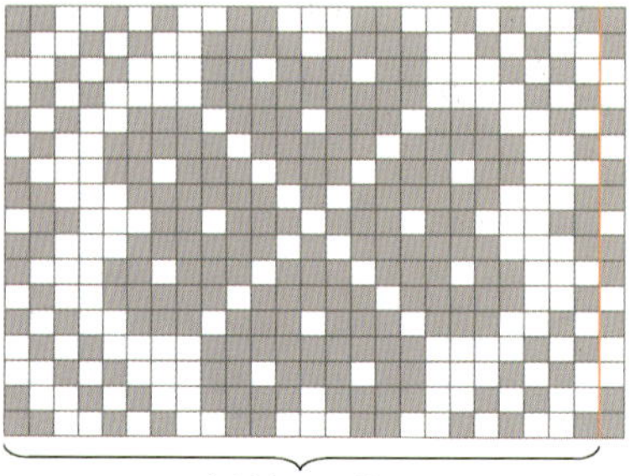

répétition sur 24 m.

couleur(s) du motif

couleur(s) du fond

début et/ou fin de la section à répéter

De haut en bas : MOTIF ARGYLE, CHAÎNETTE, MOTIF OXO, CHEVRON, CŒUR ET CROIX

Losanges ABSTRAITS

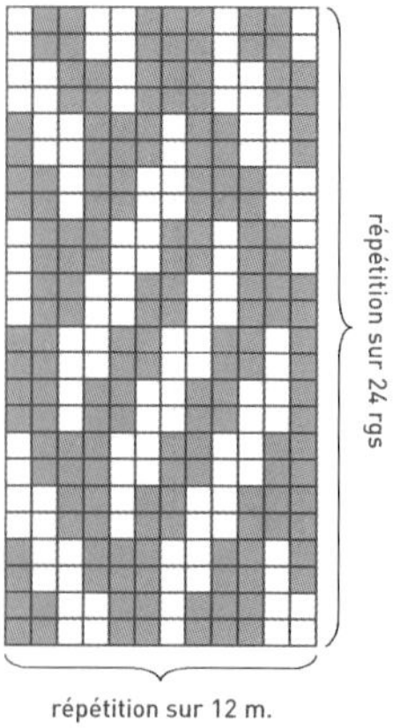

DOMINO

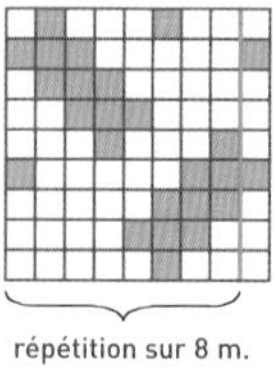

DENTS DE SCIE

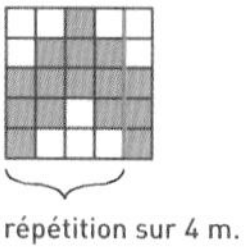

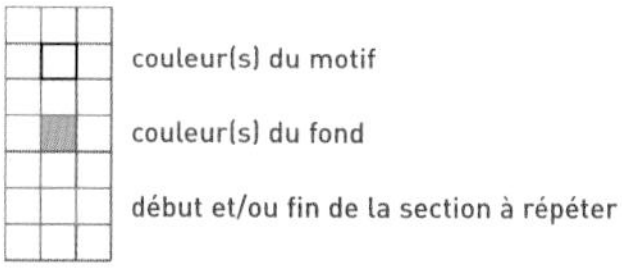

De haut en bas : LOSANGES ABSTRAITS, DOMINO, DENTS DE SCIE

FRISE DE BASE

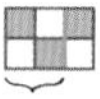

répétition sur 2 m.

PETITES CROIX

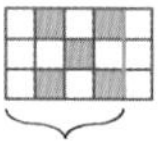

répétition sur 4 m.

LOSANGES FANTAISIE

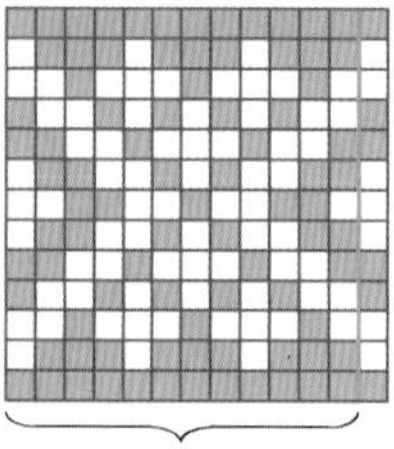

répétition sur 12 m.

PETIT ZIGZAG

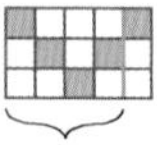

répétition sur 4 m.

ÉTOILE ET SAPIN

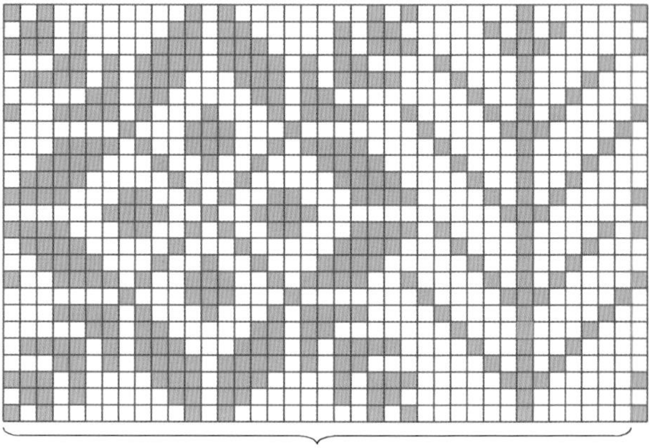

répétition sur 38 m.

LOSANGES ET CROIX

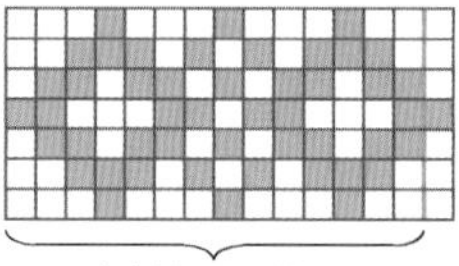

répétition sur 12 m.

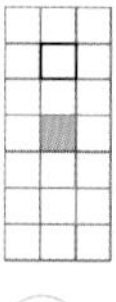

couleur(s) du motif

couleur(s) du fond

début et/ou fin de la section à répéter

De haut en bas : FRISE DE BASE, PETITES CROIX, LOSANGES FANTAISIE, ÉTOILE ET SAPIN, PETIT ZIGZAG, LOSANGES ET CROIX

Bande OXO

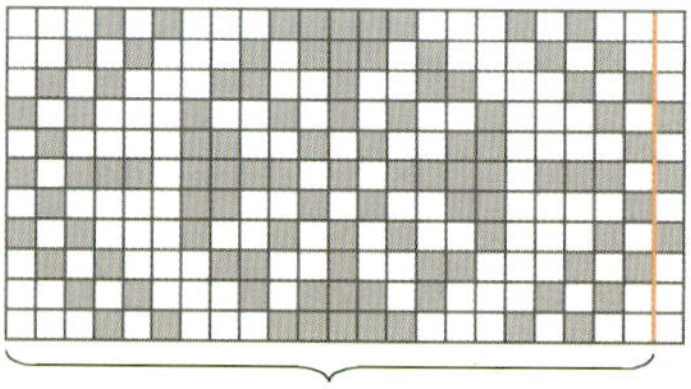

répétition sur 22 m.

OCTOGONE ET BARRE

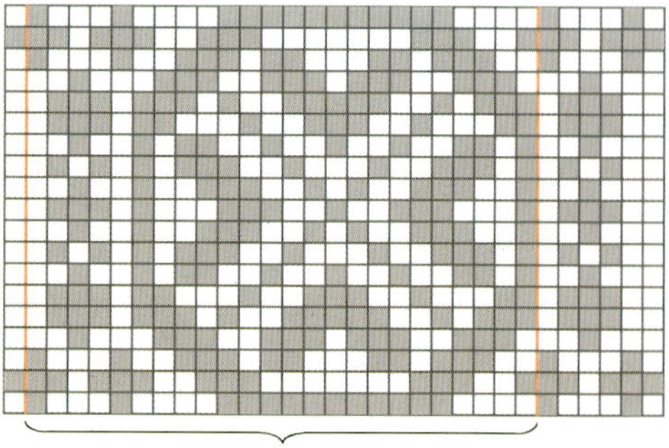

répétition sur 24 m.

TIRETS

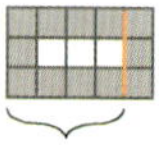

répétition sur 4 m.

FLEUR ET CROIX

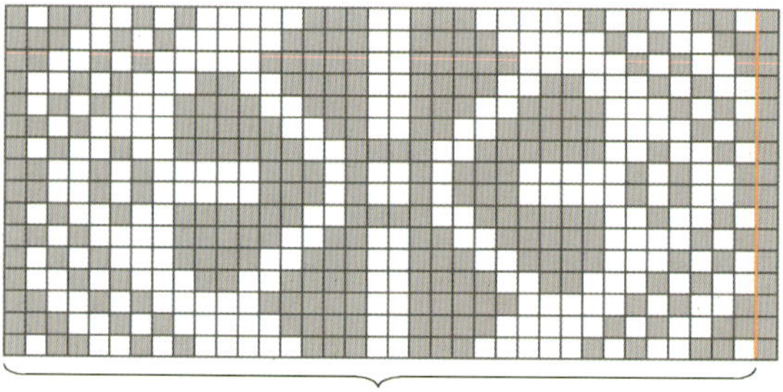

répétition sur 35 m.

VAGUELETTE

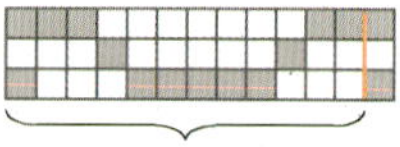

répétition sur 12 m.

PETITS LOSANGES

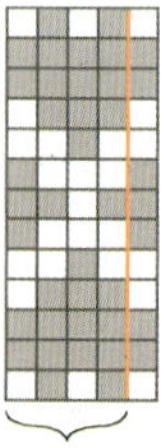

répétition sur 4 m.

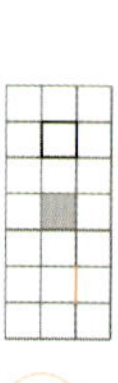

couleur(s) du motif

couleur(s) du fond

début et/ou fin de la section à répéter

De haut en bas : BANDE OXO, TIRETS, FLEUR ET CROIX, VAGUELETTE, OCTOGONE ET BARRE, PETITS LOSANGES

ÉCHIQUIER FLEURI

répétition sur 36 rgs

répétition sur 36 m.

LOSANGE CLOISONNÉ

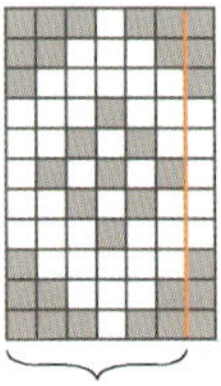

répétition sur 6 m.

Frise JARRETIÈRE

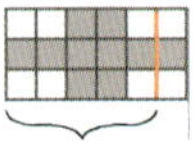

répétition sur 5 m.

Frise à PETITS CARREAUX

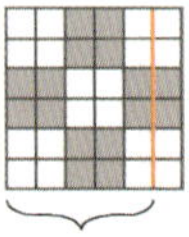

répétition sur 4 m.

couleur(s) du motif

couleur(s) du fond

début et/ou fin de la section à répéter

De haut en bas : ÉCHIQUIER FLEURI, FRISE À PETITS CARREAUX, FRISE JARRETIÈRE, LOSANGE CLOISONNÉ

GUIRLANDE DE FEUILLES

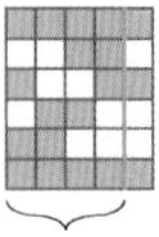

répétition sur 4 m.

CEINTURE

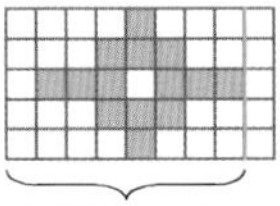

répétition sur 8 m.

CŒURS EN QUINCONCE

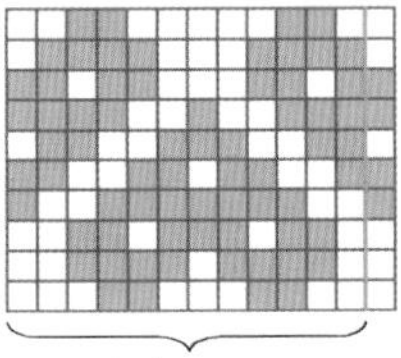

répétition sur 12 m.

ÉTOILE ET FLOCON

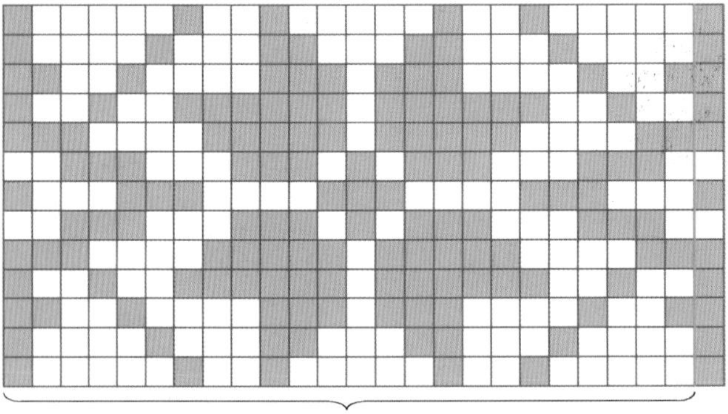

répétition sur 24 m.

CŒURS ET CHAÎNES

répétition sur 38 m.

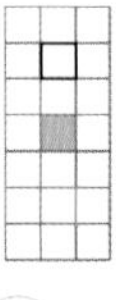

couleur(s) du motif

couleur(s) du fond

début et/ou fin de la section à répéter

De haut en bas : CŒURS EN QUINCONCE, ÉTOILE ET FLOCON, CEINTURE, CŒURS ET CHAÎNES, GUIRLANDE DE FEUILLES

TREILLIS FLEURI

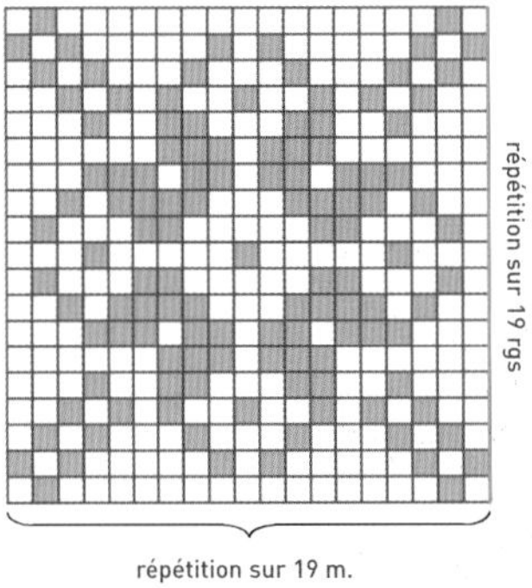

FLEURS ET CROIX

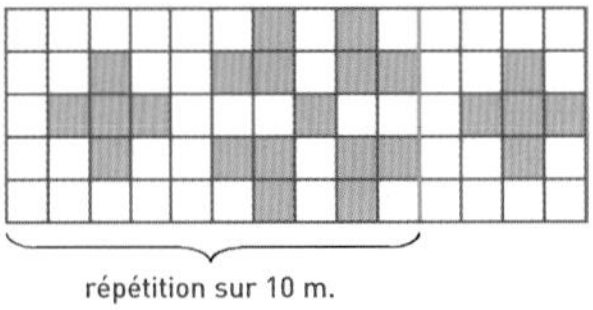

ZIGZAG FANTAISIE

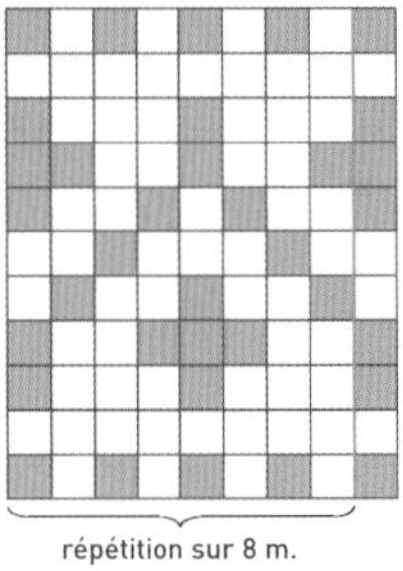

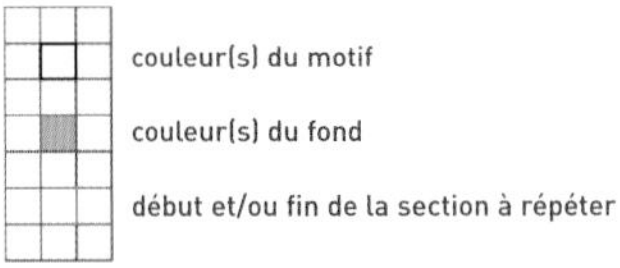

De haut en bas : TREILLIS FLEURI, FLEURS ET CROIX, ZIGZAG FANTAISIE, FLEURS ET CROIX

Glossaire & index

Glossaire

Alpaga
Laine fabriquée avec du poil d'alpaga et de lama.

Angora
Laine fabriquée avec du poil de lapin angora.

Brin
Filament qui constitue un fil. Également, en tricot, partie de la maille située devant ou derrière l'aiguille en cours de travail.

Cachemire
Fil fabriqué avec du poil de chèvre du Cachemire.

Coton
Fil issu de la plante du même nom.

Échantillon
Carré en tricot réalisé pour compter le nombre de mailles et de rangs pour 10 cm.

Grafting
Couture invisible qui permet de réunir deux bords en reformant entre eux un rang de mailles.

Intarsia
Tricot fait en utilisant plusieurs pelotes, en croisant les fils entre les zones colorées, sans les faire courir derrière le travail.

Jacquard
Tricot réalisé en utilisant plusieurs fils au cours d'un même rang, en les tendant ou en les fixant derrière le travail entre les mailles qu'ils servent à tricoter. Ce livre présente plus particulièrement des motifs de « Fair Isles », tricots traditionnels originaires des îles Shetland, situées au nord de l'Écosse.

Jacquard à fils tendus
Jacquard tricoté en tendant les fils sur l'envers du travail derrière quelques mailles entre les mailles qu'ils servent à tricoter.

Jacquard à fils tissés
Jacquard tricoté en fixant régulièrement les fils sur l'envers du tricot entre les mailles tricotées avec eux.

Jeté
Fil enroulé autour de l'aiguille pour créer une nouvelle maille. Il existe différentes façons de faire un jeté en fonction des mailles qui le précèdent et qui le suivent.

Kid mohair
Fil fabriqué avec du poil de chevreau angora.

Laine mérinos
Fil fabriqué avec du poil de mouton mérinos.

Lambswool
Laine fabriquée avec la première tonte d'un agneau.

Lin
Fil issu de la plante du même nom.

Maille endroit
Maille qui forme une boucle verticale plate sur l'endroit du travail.

Maille envers
Maille qui forme une boucle horizontale sur l'endroit du travail.

Maille glissée
Maille transférée d'une aiguille sur l'autre sans la tricoter.

Maille(s) lisière(s)
Maille(s) tricotée(s) aux bords d'un tricot, en plus des mailles du point ou du motif, pour qu'ils soient nets et ne roulent pas.

Mailles fantaisie croisées à droite ou à gauche (FCD ou FCG)
Dans ce livre, mailles croisées en plaçant une maille envers entre certaines mailles endroit ou en utilisant des mailles allongées.

Mailles mixtes croisées à droite ou à gauche (MCD ou MCG)
Dans ce livre, mailles croisées en faisant systématiquement passer les mailles endroit sur les mailles envers.

Mise en forme
Procédé qui consiste à laisser sécher un tricot humide épinglé de manière à lui donner la forme et les dimensions voulues.

Mohair
Fil fabriqué avec du poil de chèvre angora.

Montage
Technique qui consiste à créer les mailles qui serviront de base au tricot.

Nœud coulant
Nœud qui peut être agrandi ou resserré autour de l'aiguille.

Numéro de bain
Les fils à tricoter sont teints dans des bains de teinture numérotés. Une même couleur peut présenter des nuances légèrement différentes en fonction de son numéro de bain. C'est pourquoi il est important de réaliser chaque ouvrage avec des pelotes ayant le même numéro de bain.

Pull « Guernesey »
Pull-over traditionnel des communautés de pêcheurs qui vivent sur les côtes des îles Britanniques.

Pulls irlandais
Pulls traditionnels ornés de motifs en relief, originaires des îles d'Aran, situées à l'ouest de l'Irlande.

Rabattre des mailles
Technique qui consiste à tricoter les mailles de manière à en réduire le nombre pour faire des diminutions ou arrêter le travail.

Soie
Fil issu de cocons de vers à soie.

Torsade
Point de tricot constitué de mailles croisées, ayant l'aspect d'une corde ou d'une tresse.

Tricot en rond
Tricot circulaire fait d'un seul tenant, sous forme de tube, de manière à éviter les coutures des côtés.

Index

A
Abat-jour 214
Arbre de vie
motif 62
bordure 112
Abréviations 17
Accrocs, réparation 40
Acrylique, fil 12
Aiguille
à deux pointes 10
à torsade 10
à tricoter 10
circulaire 10
Alpaga, fil 12
Ancre marine 66
Angora, fil 12
Anneaux marqueurs 10
Arrêt de maille 10
Arrêt du travail 21
couture tricotée 21
terminaison, rang de 21
Augmentation,
barrée 24
intercalaire 24
jeté 24-25

B
Bambous 102
Bande oxo 240
Bordure à losanges 230
Bordure à festons noués 116
Bordure de grand-mère 126
Bordure dentelée 122
Bordure dentelée
ajourée 120
Bordure en dentelle 122
Bordure en jersey 110
Bordure en vague 112
Bouquet de nopes 142
Boutonnières 38
Brin, fil 12, 14

C
Cachemire, fil 12
Caducées172
Carrés à jours 148
Ceinture 244
Chaîne fantaisie,
torsade 168
Chaîne, torsade 172
Chaînette 234
Chaînette, motif
bicolore 224
Champ fleuri 132
Chandelles 190
Chenille horizontale 54
Chenille verticale 60
Chevron 234
Chevron piqué 48
Chevron tissé horizontal 94
Chevrons 56
Chevrons brisés 52
Chevrons brisés 64
Chevrons doubles 74
Chevrons en dentelle 208
Chevrons rapprochés 72
Chutes des feuilles 192
Clarines, les 154
Cloche, motif 132
Cœur et croix 234
Cœur et étoile 68
Cœurs en quinconce 244
Cœurs et chaînes 244
Colonnes bicolores 226
Colonnes de jours 204
Compte-rangs 10
Côtes bicolores 228
Côtes 1/1 76
Côtes 2/2 76
Côtes à petits jours 86
Côtes à torsades 82
Côtes ajourées 84
Côtes coupées 80
Côtes diagonales 78
Côtes en chevrons 48
Côtes en torsades
câblées 78
Côtes en torsades
et jours 78
Côtes en torsades
tressées 88
Côtes fantaisie 80, 86, 88
Côtes frisées 88
Côtes nattées 164
Côtes souples 84
Côtes tissées 84
Côtes torsadées
ajourées 160
Côtes triangulaires 56, 70,
74
Coton mercerisé 12
Coton, fil 12
Couleurs, intarsia 32
Couture 38-39
tricotée 21
Croisillons 224
Croisillons fantaisie 104

D
Damier à losanges
ajourés 146
Damier au point de riz 58
Damier bicolore à mailles
allongées 220
Damier en jersey et côtes 50
Défaire le tricot 34, 35
Dentelle à l'ancienne 204
Dentelle ancienne 124
Dentelle fantaisie,
bordure 120
Dentelle simple,
bordure 114
Dents de scie 236
Diagramme,
mode d'emploi 15-16
Diminutions 26
Diminutions à mailles
rabattues 26
Domino 236

E
Échantillon 16
Échelle 66
Échelle ajourée 154
Échelles en quinconce 102
Échelles bicolores 210
Échiquier fleuri 242
Éclair 68
Empreinte des vagues 206
Entretien 40-41
Entretien du linge 40-41
symboles 41
Erreur, corriger les 34
Escalier 66

Étoile 72
Étoile et flocon 244
Étoile et sapin 238
Étoile norvégienne
et losange 230
Étoile norvégienne 228
Éventail en dentelle 196
Éventail, bordure 124

F
Fausses côtes anglaises 76
Feston ajouré,
bordure 114, 116, 118
Feston simple 112
Feuillage en dentelle 192
Feuilles de pommier 194
Feuilles en quinconce 200
Feuilles imbriquées 106
Feuilles jumelées
en dentelle 196
Feuilles superposées 102
Feuilles, bordure 128
Fil bouclette 14
Fil dans la main
droite 22, 23
Fil dans la main
gauche 22, 23
Fil dégradé 14
Fil teint irrégulièrement 14
Fleur et croix 240
Fleurs et croix 246
Fougère, bordure 120
Fougères en dentelle 188
Franges en point
de chaînette 140
Franges tricotées 140
Frise 230
Frise à petits carreaux 242
Frise de base 238
Frise jarretière 242
Frise oxo 230

G
Galon ajouré 126
Galon torsadé 128
Grain d'if 130
Grain d'orme 106
Grande torsade
fantaisie 178
Grappes de nopes 142
Grelots 138
Gros jours 196
Guirlande de feuilles 244
Guirlande ajourée,
bande verticale 152
Guirlande bicolore 216
Guirlande de couronnes 202

H
Harris tweed 60

J
Jacquard à fils tissés 31
Jacquard à fils tendus 30-31
Jersey carrelé 232
Jersey à mailles
allongées 108
Jersey croisillon 106
Jersey endroit 44
Jersey envers 44
Jersey lampion 98
Jetés, augmentations 24-25
Jours doubles en côtes 86
Jours en angles 144, 146,
158, 202
Jours en angles brisés 150
Jours en cellules 194
Jours en losange 148
Jours en œillets 206
Jours fantaisie 144
Jours horizontaux en
dentelle 198
Jours obliques, bande
verticale 152
Jours obliques, bordure 128
Jours verticaux alternés 188

K
Kid mohair, fil 12

L
Laine mérinos 12
Lambswool, laine 12
Ligne de feuilles 132
Lignes brisées
imbriquées 218
Lin, fil 12
Lisières 33
Losange cloisonné 242
Losange ajouré au point
mousse 148
Losange et point de blé,
torsade 168
Losanges 70
Losanges en jacquard 232
Losanges et croix 238
Losanges fantaisie 238
Losanges abstraits 236
Losanges ajourés 150
Losanges ajourés 160
Losanges ajourés,
bordure 122
Losanges au point de riz 46
Losanges au point de riz
double 64
Losanges en dentelle
194, 204
Losanges en smocks 136
Losanges et jours,
bordure 126
Losanges, point de blé
et nopes 136

M
Maille
endroit 22
envers, 23
croisées 27
perdues, remaillage 34, 35
tricotées ensemble 26
Mariage 68, 70
Mise en forme 36-37
Montage 19-20, 25
à l'anglaise 20
à la française 20
au bord du travail 25
avec le pouce 19
fin à une aiguille 20
invisible 20
nouvelles mailles 37
Motif Argyle 234
Motif oxo 234
Motif gothique en
dentelle 198

N
Natte à cinq 178
Natte à quatre 178
Nid d'abeilles bicolore 226
Nid d'abeilles tricolore 226
Nœud coulant 19
Nopes 90
Nopes et jours en zigzag 138

O
Obliques et jours 154
Octogone et barre 240
Œil de chat 190
Œil de perdrix bicolore 218
Ogives 200
Ourlet bordé de mailles envers 110
Ourlet dent de chat 110

P
Panier tressé 184
Panier tressé, variante 184
Papillons en quinconce 108
Pastilles 130
Pastilles, variante 108
Pattes de chat, motif ajouré 158
Pavés de 4 mailles 52
Peluches, enlever les 40
Perles, tricoter avec des 29
Petit zigzag 238
Petite bordure dentelée 124
Petites cordes 80
Petites croix 238
Petits losanges 240
Petits pavés 222
Petits pavés, les 228
Pied de poule 232
Pinces de crabe 166
Plume et éventail en dentelle 202
Point « de groseille » 90
Point andalou 56
Point arrière, couture 39
Point bicolore à fils tendus 210
Point bicolore façon toile 212
Point croisé fantaisie 198
Point d'alvéoles 100
Point d'épine 94
Point d'étoile bicolore 216
Point de bourriche 98
Point de Cordou 186
Point de croix 218
Point de damier 2/2 48
Point de dentelle 188
Point de diamant 96
Point de fourrure, variante 140
Point de grille 52
Point de jupon 98
Point de la Trinité 92
Point de lacet 214
Point de manne 54
Point de palourdes 100
Point de perle 200
Point de risotto 100
Point de riz 46
Point de riz bicolore 212
Point de riz double 50
Point de riz, bande verticale 62
Point de toile tricolore 214
Point de vannerie 96
Point fantaisie ajouré 156
Point granité à mailles glissées 92
Point granité bicolore 222
Point invisible, couture 38
Point mosaïque 58
Point moucheté 94
Point mousse 44
Point mousse tweed 210
Point piqué en sautoir 54
Point piqué oblique 50
Point toile 92
Point turc 192
Point tweed 220
Point tweed tricolore 220
« Poissons », pelotons 10
Polyester, fil 12
Pomme de pin, motif ajouré 156
Pomme de pin, motif en dentelle 208

R
Rangée de jours 146
Rangement des tricots finis 40
Rayon de miel 136
Rayures à mailles glissées 222
Rayures en chevrons 212
Rectangles en mailles glissées 216
Rentrer les fils 36
Repassage 37
Résille 208
Ruisseau 104

S
Semailles 174
Semis ajouré 150
Semis de losanges 60
Semis en relief 130
Semis piqué simple 46
Sequins, tricoter des 29
Smocks épais 142
Soie, fil 12
Sonnailles 144
Sycomore 166

T
Tension du fil 16
Tirets 240
Torsade 28
Torsade à mailles torses ajourées 160
Torsade asymétrique 168
Torsade câblée, variante 180
Torsade celte 166
Torsade celte nouée 184
Torsade cercles et croix 182
Torsade côtelée torse 176
Torsade de 4 mailles (sur 4 rgs) 162
Torsade de 4 mailles (sur 6 rgs) 162
Torsade de 6 mailles (sur 6 rgs) 164
Torsade de 6 mailles, variante 164
Torsade en trompe-l'œil 64
Torsade en V 182

Torsade et éventail 172
Torsade fantaisie 174
Torsade fantaisie 180
Torsade imbriquée 170
Torsade imbriquée
fantaisie 176
Torsade mixte
(jersey et point de riz) 180
Torsade nouée, point 134
Torsade nouée 174
Torsade patchwork 176
Torsade tressée 182
Torsades à jours 82
Torsades côtelées 82
Torsades croisées 170
Tour de taille 170
Trèfle, motif ajouré 156
Treillage 96
Treillis fleuri 230, 246
Treillis bicolore 224
Treillis double 104
Treillis fantaisie 90
Triangles 58
Triangles à jours 158
Triangles et rayures 72

V

Vaguelette 240
Vagues 112
Vagues ajourées 190
Vent de sable 160
Viscose, fil en 12
Volant bordé de point
mousse 114
Volant double 118
Volant ruché 116
Volant simple 118

Z

Zigzag 230
Zigzag fantaisie 246
Zigzag ajouré,
bande verticale 152
Zigzags au point de riz,
bande verticale 74
Zigzags ajourés,
dentelle 206

Texte traduit de l'anglais par
Hélène Nicolas

Échantillons réalisés par Lisa Allan, Karen Hemingway, Ruth Hereward-Isaac et Pauline Hornsby
Photographies : Deirdre Rooney
Illustrations : Stephen Pollitt

L'auteur souhaite remercier la société Jamieson & Smith pour avoir fourni tous les fils utilisés pour réaliser les échantillons des points de jacquard et la société Designer Yarns Ltd pour avoir fourni la plupart des fils Debbie Bliss utilisés pour réaliser les échantillons des autres chapitres.

Note : vous trouverez sur Internet des sites spécialisés qui donnent des conseils spécialement destinés aux gauchers.

© Marabout, Paris, 2006
Toute reproduction d'un extrait quelconque de ce livre, par quelque procédé que ce soit, et notamment par photocopie ou microfilm, est interdite sans l'autorisation de l'éditeur.

ISBN: 978-2-501-04742-5
Dépôt légal: 86329 - avril 2007
40 9685 5 / édition 02

Imprimé en Italie par Rotolito Lombarda